것만 공부한다!

시나공

일본어능력시험

JLPT

문법/문자·어휘

김정은 지음

시나공 JLPT N4 문법/문자 · 어휘

Crack the Exam! JLPT N4 Grammar & Vocabulary

초판 발행 · 2023년 4월 20일

지은이 · 김정은
발행인 · 이종원
발행처 · (주)도서출판 길벗
브랜드 · 길벗이지톡
출판사 등록일 · 1990년 12월 24일
주소 · 서울시 마포구 월드컵로 10길 56(서교동)
대표전화 · 02)332-0931 | **팩스** · 02)323-0586
홈페이지 · www.gilbut.co.kr | **이메일** · eztok@gilbut.co.kr

기획 및 책임편집 · 오윤희(tahiti01@gilbut.co.kr), 김대훈 | **디자인** · 최주연 | **제작** · 이준호, 손일순, 이진혁
마케팅 · 이수미, 장봉석, 최소영 | **영업관리** · 김명자, 심선숙 | **독자지원** · 윤정아, 최희창

편집진행 및 교정교열 · 정보경 | **본문 디자인** · 박찬진 | **전산편집** · 수(秀) 디자인
CTP 출력 및 인쇄 · 금강인쇄 | **제본** · 금강제본

ISBN 979-11-407-0173-5 03730
(길벗 도서번호 301081)

정가 18,000원

독자의 1초를 아껴주는 정성 길벗출판사

(주)도서출판 길벗 | IT교육서, IT단행본, 경제경영서, 어학&실용서, 인문교양서, 자녀교육서 www.gilbut.co.kr
길벗스쿨 | 국어학습, 수학학습, 어린이교양, 주니어 어학학습, 학습단행본 www.gilbutschool.co.kr

합격에 필요한 N4 문자 · 어휘/문법을 한방에 끝낸다

본서는 〈시나공 JLPT 일본어능력시험 N4/5 문자 · 어휘/문법〉의 개정판으로 N4에서 반드시 익혀야 할 핵심만 요약 정리하고 최신 출제 경향을 반영한 문제와 문제에 대한 상세한 해설을 제시함으로써 혼자서도 더욱 쉽게 학습할 수 있도록 한 수험 대비서입니다.

기초 일본어 학습에 꼭 필요한 핵심 문자 · 어휘/문법을 빠르게 정복한다!

문자 · 어휘는 일본어 학습의 기본입니다. 일본어를 잘하려면 어휘는 무엇보다 중요한 요소라는 것은 학습자 여러분도 잘 알고 있을 것입니다. 단어가 밑바탕이 되어야 독해나 회화, 청해 실력도 향상될 수 있습니다. 본서의 문자 · 어휘 파트에서는 N4 단계에서 꼭 알아두어야 할 문자 · 어휘를 품사별로 나누고 예문과 함께 제시하였습니다. 아울러 자세한 해설을 강의실 생중계에 정리하여 학습효과를 높일 수 있도록 하였습니다. 또한 일본어를 배우면서 학습자들이 어려워하는 것이 한자입니다. 한자는 형태가 복잡해서 잘 외워지지 않는다고 하는데 눈으로만 보지 말고 쓰면서 뜻과 음을 소리 내어 외워보세요. 그러면 형태는 물론이고 발음까지도 쉽게 외울 수 있습니다. 비록 본서가 수험서이지만 본서를 통해 일본어 학습의 탄탄한 토대를 쌓는다는 마음가짐으로 본서를 학습해 나간다면 일본어 실력 향상에 많은 도움이 될 것입니다.

문법 파트는 초급 과정에서 매우 중요한 접속 형태별로 묶어 문형 습득과 활용에 초점을 두어 엮었습니다. 접속 형태와 활용을 잘 암기해 놓으면 어떤 문법 문제에도 대처할 수 있으며 문형을 이용하여 하고 싶은 말을 얼마든지 만들어서 표현할 수 있게 됩니다. 무엇보다 문제 풀이에 있어 자세한 풀이 과정이나 정답을 찾는 순서와 요령 등을 정리하여 혼자서도 쉽게 문법을 익히고 시험에 효율적으로 대처할 수 있도록 구성하였습니다.

시험에 있어서 문제 유형 파악이야말로 합격 혹은 고득점과도 직결되는 아주 중요한 요소입니다. 수험생들은 문제를 많이 접해서 각 문제 유형과 특징을 확실하게 파악하고 최대한 문제를 많이 풀어보고 시험에 응시하는 것이 좋습니다. 이 교재가 많은 도움이 되길 바라며 포기하지 말고 꾸준히 하면 반드시 좋은 결과를 맺을 것이라 생각합니다.

2023년 3월

김정은

이 책의 구성 및 활용법

이 책은 N4의 가장 핵심이 되는 문자 · 어휘와 문법을 총 8개의 시나공으로 나누어 엮었습니다. 모든 시나공 문자 · 어휘와 문법에는 '적중 예상 문제'를 수록하였으며, 실전처럼 풀어볼 수 있는 모의고사를 수록하였습니다.

* 문법 *

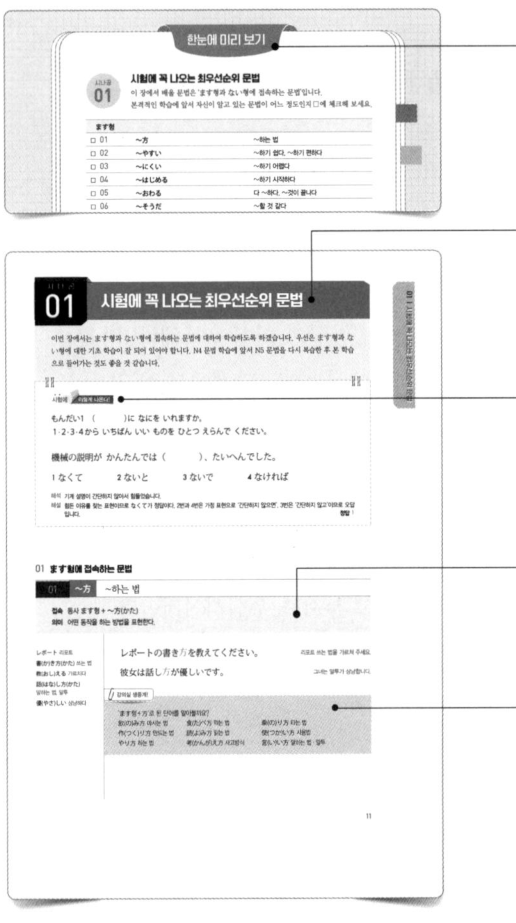

① 한눈에 미리 보기

각 시나공 문법에서 배울 문법과 해석을 학습에 앞서 한눈에 확인할 수 있습니다. 공부 시작하기 전에 알고 있는 문법이 어느 정도인지 미리 체크해볼 수 있습니다.

② 시나공 소개

이 책은 시나공 01에서 시나공 03까지 총 3개의 시나공 문법으로 구성되어 있습니다. 각 시나공 문법에서 배울 내용을 간단하게 요약 정리해두었습니다.

③ 시험에 이렇게 나온다!

각 시나공 문법에 대한 소개와 문제 유형을 살펴볼 수 있도록 예시 문제를 실었습니다. 본 학습 전에 가볍게 풀어보면서 정답 찾기 요령을 익혀보세요.

④ 문법 설명

각 문법의 접속형태와 의미를 정리했으며 예문과 예문에 나오는 어휘까지 꼼꼼하게 실었습니다.

⑤ 강의실 생중계

현장 경험을 토대로 선생님만의 문제 풀이 비법을 실었습니다. 시험에 출제되는 형태, 학습 시 주의할 점, 정답을 찾는 포인트 등 강의실에서만 들을 수 있는 내용을 생생하게 공개합니다!

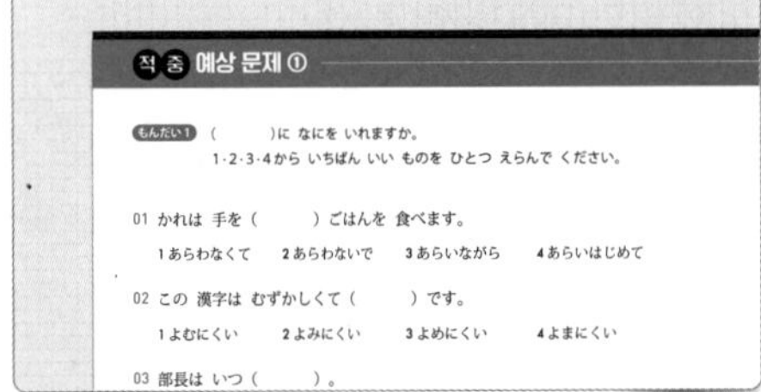

⑥ 적중 예상 문제

실전에 강해지려면 실제 시험과 같은 형식의 문제를 풀어 보는 것이 가장 좋습니다. 문제를 푼 다음에는 예문을 통째로 암기해보세요.

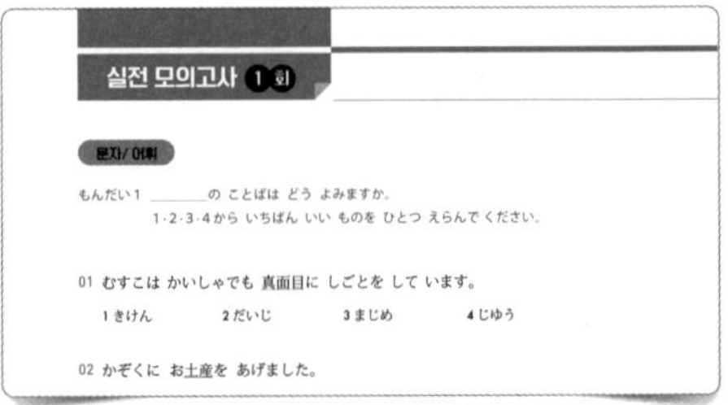

⑦ 실전 모의고사 2회분

실전과 똑같은 형태의 실전 모의고사 2회분을 실었습니다. 실전처럼 시간을 체크하면서 시험 직전에 풀어보세요.

* 문자 · 어휘 *

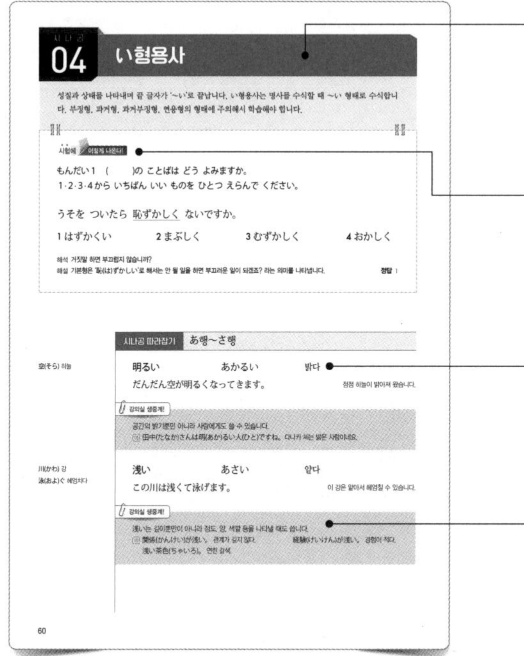

① 시나공 소개

이 책은 시나공 04에서 시나공 08까지 총 5개의 시나공 문자 · 어휘로 구성되어 있습니다. 각 시나공 문자 · 어휘에서 배울 내용을 간단하게 요약 정리해두었습니다.

② 시험에 이렇게 나온다!

각 시나공 문자 · 어휘에 대한 소개와 문제 유형을 살펴볼 수 있도록 예시 문제를 실었습니다. 본 학습 전에 가볍게 풀어보면서 정답 찾기 요령을 익혀보세요.

③ 문자 · 어휘 및 예문 제시

시험에 나오는 문자 · 어휘를 품사별로 정리하고 뜻과 예문을 실었습니다.

④ 강의실 생중계!

현장 경험을 토대로 선생님만의 문제 풀이 비법을 실었습니다. 시험에 출제되는 형태, 학습 시 주의할 점, 정답을 찾는 포인트 등 강의실에서만 들을 수 있는 내용을 생생하게 공개합니다.

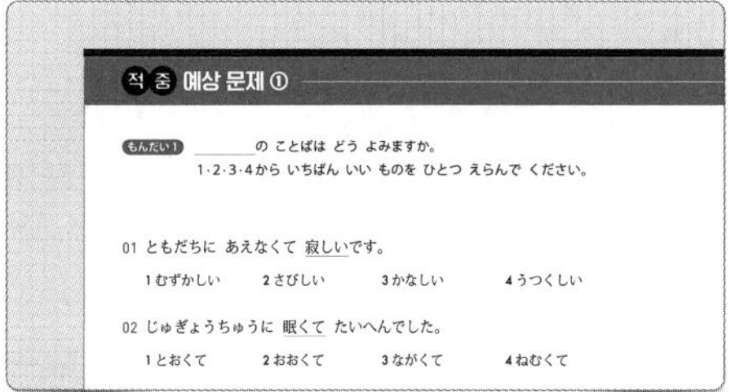

⑤ 적중 예상 문제

실전에 강해지려면 실제 시험과 같은 형식의 문제를 풀어보는 것이 가장 좋습니다. 문제를 푼 다음에는 예문을 통째로 암기해보세요.

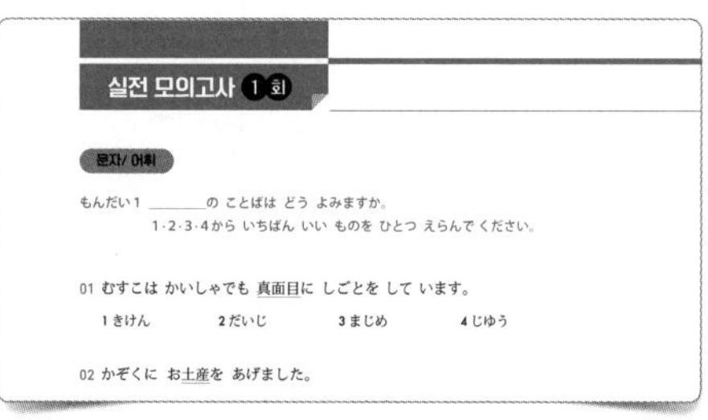

⑥ 실전 모의고사 2회분

실전과 똑같은 형태의 실전 모의고사 2회분을 실었습니다. 실전처럼 시간을 체크하면서 시험 직전에 풀어보세요.

이 책의 차례

JLPT란 무엇인가요?

JLPT는 Japanese-Language Proficiency Test에서 따온 이름으로 일본어를 모국어로 하지 않는 사람을 대상으로 52개 국가에서 응시하고 있는 일본어능력을 평가하는 시험입니다. 일본어와 관련된 지식과 더불어, 실제로 사용할 수 있는 실용적인 일본어 능력을 중시하기 때문에, 문자 · 어휘 · 문법과 같은 언어 지식을 활용한 커뮤니케이션 상의 과제 수행능력을 측정합니다.

- **실시횟수** : 연 2회 (7월과 12월에 실시)
- **시험레벨** : N1, N2, N3, N4, N5의 5단계
- **시험접수** : 능력시험사무국 홈페이지 (http://www.jlpt.or.kr)에 안내
- **주의사항** : 수험표, 신분증 및 필기도구 (HB연필, 지우개)를 반드시 지참

N4 레벨은 구체적으로 어떤 수준인가요?

기본적인 일본어를 이해할 수 있는 수준이며, 읽기와 듣기의 언어행동으로 나누어 제시한 인정기준은 아래와 같습니다.

읽기	기본적인 어휘나 한자로 쓰여진 일상생활에서 흔하게 일어나는 화제의 문장을 읽고 이해할 수 있다.
듣기	일상적인 장면에서 다소 느린 속도의 회화라면 거의 내용을 이해할 수 있다.

N4 시험 시간표를 알려주세요!

1교시		2교시
언어지식(문자 · 어휘)	**언어지식**(문법 · 독해)	**청해**
(25분)	(55분)	(35분)

N4 합격기준은 어떻게 되나요?

새로운 일본어능력시험은 종합득점과 각 과목별 득점의 두 가지 기준에 따라 합격여부를 판정합니다. 즉, 종합득점이 합격에 필요한 점수(합격점) 이상이며, 각 과목별 득점이 과목 별로 부여된 합격에 필요한 최저점(기준점) 이상일 경우 합격입니다.

구분	합격점	기준점		
		언어지식	독해	청해
N4	90	38		19

N4 구성과 득점범위는 어떻게 되나요?

교시	항목	시간	내용		문항	득점범위
1교시	언어지식 (문자 · 어휘)	25분	1	한자읽기	7	0~120
			2	한자쓰기	5	
			3	문맥규정	8	
			4	유의표현	4	
			5	용법	4	
	언어지식 (문법)	55분	1	문법형식 판단	13	
			2	문장 만들기	4	
			3	글의 문법	4	
	독해		4	단문이해	3	
			5	중문이해	3	
			6	정보검색	2	
2교시	청해	35분	1	과제이해	8	0~60
			2	포인트이해	7	
			3	발화표현	5	
			4	즉시응답	8	
		총 115분			**총 85**	**0~180**

※ 문항 수는 매회 시험에서 출제되는 대략적인 기준으로 실제 시험에서의 출제 수는 다소 달라질 수 있습니다.

6주 완성 프로그램

본 교재의 가장 이상적인 학습 일자입니다. 시험 6주 전에 시작해서 4~6일에 한 개의 시나공을 학습하도록 설계한 학습 프로그램입니다. 12주 전에 시작하시는 분은 6주 완성 프로그램을 2회 반복하시거나 6주를 12주로 늘리거나 하여 각자 자신만의 학습계획을 세워보세요.

첫째 주	1일차	2일차	3일차	4일차	5일차	6일차	7일차
학습 내용	시나공 01	시나공 01	시나공 01	적중 예상문제	시나공 02	시나공 02	시나공 02
둘째 주	**8일차**	**9일차**	**10일차**	**11일차**	**12일차**	**13일차**	**14일차**
학습 내용	적중 예상문제	시나공 03	시나공 03	시나공 03	적중 예상문제	복습	복습
셋째 주	**15일차**	**16일차**	**17일차**	**18일차**	**19일차**	**20일차**	**21일차**
학습 내용	시나공 04	시나공 04	시나공 04	적중 예상문제	시나공 05	시나공 05	시나공 05
넷째 주	**22일차**	**23일차**	**24일차**	**25일차**	**26일차**	**27일차**	**28일차**
학습 내용	적중 예상문제	시나공 06	시나공 06	시나공 06	시나공 06	적중 예상문제	시나공 07
다섯째 주	**29일차**	**30일차**	**31일차**	**32일차**	**33일차**	**34일차**	**35일차**
학습 내용	시나공 07	시나공 07	시나공 07	시나공 07	적중 예상문제	시나공 08	시나공 08
여섯째 주	**36일차**	**37일차**	**38일차**	**39일차**	**40일차**	**41일차**	**42일차**
학습 내용	시나공 08	시나공 08	적중 예상문제	실전 모의고사1	실전 모의고사2	복습	복습

첫째마당

N4 문법

시나공 01 **시험에 꼭 나오는 최우선순위 문법**

시나공 02 **합격을 위한 필수 문법**

시나공 03 **고득점을 위한 핵심 문법**

〈문제풀이〉 적중 예상 문제

한눈에 미리 보기

시험에 꼭 나오는 최우선순위 문법

이 장에서 배울 문법은 'ます형과 ない형에 접속하는 문법'입니다.
본격적인 학습에 앞서 자신이 알고 있는 문법이 어느 정도인지 □에 체크해 보세요.

ます형		
□ 01	～方	～하는 법
□ 02	～やすい	～하기 쉽다, ～하기 편하다
□ 03	～にくい	～하기 어렵다
□ 04	～はじめる	～하기 시작하다
□ 05	～おわる	다 ～하다, ～것이 끝나다
□ 06	～そうだ	～할 것 같다
□ 07	～ながら	～하면서
□ 08	～なさい	～하세요, ～하렴
□ 09	～がる	～하고 싶어 하다
□ 10	～すぎる	너무 ～하다
□ 11	お/ご～になる	～하시다 (존경어)
□ 12	お/ご～する	～하다 (겸양어)
□ 13	お/ご～ください	～해 주십시오 (존경어)
ない형		
□ 14	～ないで	～하지 않고
□ 15	～なくて	～않아서
□ 16	～なくなる	～않게 되다

시나공

01 시험에 꼭 나오는 최우선순위 문법

이번 장에서는 ます형과 ない형에 접속하는 문법에 대하여 학습하도록 하겠습니다. 우선은 ます형과 ない형에 대한 기초 학습이 잘 되어 있어야 합니다. N4 문법 학습에 앞서 N5 문법을 다시 복습한 후 본 학습으로 들어가는 것도 좋을 것 같습니다.

시험에 이렇게 나온다!

もんだい1 （　　　　）に なにを いれますか。
1·2·3·4から いちばん いい ものを ひとつ えらんで ください。

機械の説明が かんたんでは（　　　　）、たいへんでした。

1 なくて　　2 ないと　　3 ないで　　4 なければ

해석 기계 설명이 간단하지 않아서 힘들었습니다.
해설 힘든 이유를 찾는 표현이므로 なくて가 정답이다. 2번과 4번은 가정 표현으로 '간단하지 않으면', 3번은 '간단하지 않고'이므로 오답입니다.
정답 1

01 ます형에 접속하는 문법

01 ~方 ~하는 법

접속 동사 ます형 + ~方(かた)
의미 어떤 동작을 하는 방법을 표현한다.

レポート 리포트
書(か)き方(かた) 쓰는 법
教(おし)える 가르치다
話(はな)し方(かた) 말하는 법, 말투
優(やさ)しい 상냥하다

レポートの書き方を教えてください。 리포트 쓰는 법을 가르쳐 주세요.

彼女は話し方が優しいです。 그녀는 말투가 상냥합니다.

강의실 생중계!

'ます형+方'로 된 단어를 알아볼까요?

飲(の)み方 마시는 법　　食(た)べ方 먹는 법　　乗(の)り方 타는 법
作(つく)り方 만드는 법　　読(よ)み方 읽는 법　　使(つか)い方 사용법
やり方 하는 법　　考(かんが)え方 사고방식　　言(い)い方 말하는 법·말투

02 ~やすい 하기 쉽다, ~하기 편하다

접속 동사 ます형+~やすい

의미 어떤 상태로 되기 쉽거나, ~하기가 쉽다는 표현이다.

平仮名(ひらがな) 히라가나
覚(おぼ)える 외우다
割(わ)れる 깨지다
易(やさ)しい 쉽다

平仮名は覚えやすいです。 히라가나는 외우기 쉽습니다.

あのコップは割れやすいです。 저 컵은 깨지기 쉽습니다.

강의실 생중계!

'쉽다'에 해당하는 일본어 표현은 '易(やさ)しい'입니다. '~하기 쉽다'라고 표현할 때는 易(やさ)しい는 사용할 수 없으며 '동사 ます형+やすい' 형태로 표현해야 합니다.

예 日本語は易しいです。(〇)
日本語は勉強しやさしいです。(×)
日本語は勉強しやすいです。(〇)

03 ~にくい ~하기 어렵다

접속 동사 ます형 + ~にくい

의미 어떤 상태로 쉽게 되지 않거나, ~하기 어렵다는 표현이다.

靴(くつ) 구두
はく 신다
道(みち) 길
階段(かいだん) 계단
荷物(にもつ) 짐
通(とお)る 지나가다

この靴ははきにくいです。 이 구두는 신기 어렵습니다.

階段に荷物が多くて、通りにくいです。 계단에 짐이 많아서 지나가기 어렵습니다.

강의실 생중계!

'어렵다'에 해당하는 일본어 표현은 '難(むずか)しい'입니다. '~하기 어렵다'라고 표현할 때는 難(むずか)しい는 사용 할 수 없으며 '동사 ます형+にくい' 형태로 표현해야 합니다.

예 漢字は難しいです。(〇)
漢字は書き難しいです。(×)
漢字は書きにくいです。(〇)

04 ~始める ~하기 시작하다

접속 동사 ます형 + ~始(はじ)める
의미 동작 · 현상 · 습관 등의 시작을 나타낸다.

急(きゅう)に 갑자기
降(ふ)る 내리다
夫(おっと) 남편
習(なら)う 배우다

急に雨が降り始めました。 갑자기 비가 내리기 시작했습니다.

夫は昨日から日本語を習い始めました。 남편은 어제부터 일본어를 배우기 시작했습니다.

강의실 생중계!

비슷한 표현으로 '동사 ます형+~出(だ)す'가 있는데 '갑자기 ~하기 시작하다'라는 뜻과 '동작을 시작하다'라는 뜻이 있습니다. '갑자기 ~하기 시작하다'라는 뜻으로 사용될 경우, 같은 의미로 사용되는 '동사 ます형+~始める'보다 갑자기 시작된다는 뜻의 '돌발성'이 강조됩니다.

05 ~終わる 다 ~하다, ~것이 끝나다

접속 동사 ます형 + ~終(お)わる
의미 동작의 종료를 나타낸다.

ご飯(はん) 밥
お酒(さけ) 술

ご飯を食べ終わった。 밥을 다 먹었다.

本は読み終わったら、友だちに返します。 책은 다 읽으면 친구에게 돌려줍니다.

06 ~そうだ ~할 것 같다

접속 い형용사 어간 · な형용사 어간 · 동사 ます형 + ~そうだ
의미 모양이나 모습, 상태를 보고 느낀 생각이나 느낌을 나타낸다.

雪(ゆき) 눈
止(や)む 그치다, 멈추다
映画(えいが) 영화
おもしろい 재미있다
元気(げんき)だ 건강하다
料理(りょうり) 요리
運転(うんてん) 운전
上手(じょうず)だ 잘하다

雪が止みそうです。 눈이 그칠 것 같습니다.

あの映画はおもしろそうです。 저 영화는 재미있을 것 같습니다.

先生は元気そうです。 선생님은 건강한 것 같습니다.

강의실 생중계!

명사에는 접속하지 않으며, 부정 표현일 때 동사일 경우는 '동사 ます형+そうにもない, そうにない, そうもない' 형태가 됩니다. い형용사일 경우는 'い형용사 어간+くなさそうだ', な형용사일 경우는 'な형용사 어간+では(=じゃ)なさそうだ'의 형태가 됩니다.

예 雨が降りそうもない。 비가 올 것 같지 않다.
この料理はダイエットによくなさそうだ。 이 요리는 다이어트에 좋지 않을 것 같지 않다.

07 ~ながら ~하면서

접속 동사 ます형＋～ながら
의미 동작이 동시에 이루어지는 동시 진행 동작을 나타낸다.

歌(うた) 노래
歌(うた)う 노래하다
掃除(そうじ)する 청소하다
話(はな)す 이야기하다

歌を歌いながら掃除します。 노래를 부르면서 청소합니다.

コーヒーを飲みながら話しましょう。 커피를 마시면서 이야기 합시다.

08 ~なさい ~하세요, ~하렴

접속 동사 ます형＋～なさい
의미 윗사람이 아랫사람에게 하는 명령을 나타낸다.

座(すわ)る 앉다
手(て) 손
洗(あら)う 씻다

一人ずつここに座りなさい。 한 사람씩 여기에 앉으세요.

ご飯を食べる前に手を洗いなさい。 밥을 먹기 전에 손을 씻으렴.

강의실 생중계!

아랫사람에게만 사용하며, 윗사람에겐 사용해서는 안 되며 부드러운 어감의 명령을 나타냅니다.

09 ~がる ~해 하다 / ~하고 싶어 하다

접속 い형용사 어간 · な형용사 어간＋～がる/ 동사 ます형＋～たがる
의미 자신이 아닌 제3자의 감각이나 감정, 희망을 나타낸다.

主人(しゅじん) 남편
両親(りょうしん) 부모님
寂(さび)しい 쓸쓸하다
兄(あに) 형, 오빠
帰(かえ)る 돌아오다
家族(かぞく) 가족
嬉(うれ)しい 기쁘다

主人は車を買いたがっています。 남편은 차를 사고 싶어 합니다.

私がいないから両親は寂しがっています。 내가 없어서 부모님은 쓸쓸해 합니다.

兄が帰ってきて家族は嬉しがっています。 형이 돌아와서 가족은 기뻐합니다.

강의실 생중계!

- 3인칭에 사용하며 보통 형용사와 な형용사 어간에 접속하여 동사를 만들기 때문에 활용은 동사처럼 활용합니다.
- '사고 싶어 합니다'를 일본어로는 '買いたがっています'로 나타내는데 買いたがっています를 직역하면 '사고 싶어 하고 있습니다'로 전부터의 상태를 나타내기 때문에 ～ている로 표현하지만 우리말에서는 '～합니다'로 하는 것이 자연스럽습니다.

10 ～すぎる 너무 ~하다

접속 い형용사 어간 · な형용사 어간 · 동사 ます형 + ～すぎる
의미 '정도가 지나치다'라는 의미를 나타낸다.

体(からだ) 몸
悪(わる)い 나쁘다
部屋(へや) 방
狭(せま)い 좁다

体に悪いから、お酒を飲みすぎないでください。
몸에 나쁘니까 술을 너무 마시지 마세요.

部屋が狭すぎます。 방이 너무 좁습니다.

11 お/ご～になる ~하시다 (존경어)

접속 お/ご + 동사 ます형 + ～になる
의미 상대 또는 제3자의 행위 · 상태 등을 높여서 말할 때 사용하는 존경 표현이다.

毎日(まいにち) 매일
新聞(しんぶん) 신문
社長(しゃちょう) 사장님
待(ま)つ 기다리다
お客様(きゃくさま) 손님

山田さんは毎日、新聞をお読みになります。
야마다 씨는 매일 신문을 읽으십니다.

社長はいつお帰りになりますか。 사장님은 언제 돌아오십니까?

お客様、ここでお待ちになってください。 손님, 여기에서 기다려 주십시오.

강의실 생중계!

일본어 존경어는 여러 패턴으로 만들 수가 있습니다. 그 중 한 가지 패턴입니다. 공식처럼 꼭 암기하세요.

12 お/ご～する ~하다, ~해 드리다 (겸양어)

접속 お/ご + 동사 ます형 + ～する
의미 자신의 행동을 낮게 표현함으로써 상대방을 높이는 겸손한 표현이다.

荷物(にもつ) 짐
お送(おく)る 보내다
手紙(てがみ) 편지
辞書(じしょ) 사전
借(か)りる 빌리다

今日中に荷物をお送りします。 오늘 중으로 짐을 보내드리겠습니다.

田中さんからの手紙をお読みしましょうか。
다나카 씨에게서 온 편지를 읽어 드릴까요?

先生、辞書をお借りしてもいいですか。 선생님, 사전을 빌려도 괜찮습니까?

강의실 생중계!

우리말은 겸양어 표현이 그다지 없지만 일본어는 특수 겸양어 등의 패턴도 있으니 이 또한 공식처럼 암기하세요. する 대신 いたす를 쓰면 한층 더 겸손한 표현이 됩니다.

13 お/ご~ください ~해 주십시오 (존경어)

접속 お + 동사 ます형 + ~ください
의미 부탁의 뜻이 포함된 존경 표현이다.

お名前(なまえ) 성함
入(はい)る 들어오다
お茶(ちゃ) 차
お手洗(てあら)い 화장실
利用(りよう)する 이용하다

ここにお名前をお書きください。 여기에 성함을 써 주십시오.

どうぞ、お入りください。 자, 들어와 주십시오.

お茶をお飲みください。 차를 드십시오.

こちらのお手洗いをご利用ください。 이 쪽 화장실을 이용해 주십시오.

강의실 생중계!

'~てください'보다 더 정중한 표현으로 'お~ください'일 경우에는 て를 사용하지 않는다는 것을 기억해두세요!

02 ない형에 접속하는 문법

14 ~ないで ~하지 않고, ~하지 말고

접속 동사 ない형 + ~ないで
의미 부정을 나타낼 때 사용하며 '어떤 행위를 하지 않다'는 의미이다.

息子(むすこ) 아들
勉強(べんきょう)する 공부하다
遊(あそ)ぶ 놀다
主人(しゅじん) 남편
朝(あさ)ご飯(はん) 아침밥
出(で)かける 외출하다
シャワーを浴(あ)びる 샤워를 하다
寝(ね)る 자다

息子は勉強しないで、遊んでばかりいる。 아들은 공부하지 않고 놀고만 있다.

主人は朝ご飯を食べないで、出かけました。 남편은 밥을 먹지 않고 외출했습니다.

疲れてシャワーを浴びないで、寝ました。 피곤해서 샤워하지 않고 잤습니다.

15 ~なくて ~않아서

접속 명사 · な형용사 어간 + では(じゃ)/ い형용사 어간 + く/동사 ない형 + ~なくて
의미 어떤 행위를 하지 않아서 생긴 감정이나 판단 등 다양한 상황에 대해서 언급하는 표현이다.

事故(じこ) 사고
試験(しけん) 시험
心配(しんぱい)だ 걱정이다
安心(あんしん)だ 안심이다
バイオリン 바이올린

事故ではなくて、よかったです。 사고가 아니어서 다행입니다.

子供が試験勉強をしなくて、心配です。 아이가 시험공부를 하지 않아서 걱정입니다.

バイオリンは思ったより高くなくて、安心しました。 바이올린은 생각보다 비싸지 않아서 안심했습니다.

16 ~なくなる ~없게 되다, ~않게 되다

접속 명사 · な형용사 어간 + では(じゃ) + ~なくなる / い형용사 어간 + く / 동사 ない형 + ~なくなる
의미 '~하지 않게 되다' 라는 변화의 의미를 나타낸다.

会(あ)う 만나다
複雑(ふくざつ)だ 복잡하다
結婚(けっこん)する 결혼하다
寂(さび)しい 쓸쓸하다

留学で彼とは会えなくなりました。 유학으로 그와는 만날 수 없게 되었습니다.

私は来月から社長ではなくなりました。 나는 다음 달부터 사장이 아니게 되었습니다.

結婚して寂しくなくなりました。 결혼해서 쓸쓸하지 않게 되었습니다.

적중 예상 문제 ①

もんだい1 (　　　)に なにを いれますか。
1·2·3·4から いちばん いい ものを ひとつ えらんで ください。

01 かれは 手を（　　　）ごはんを 食べます。

1 あらわなくて　2 あらわないで　3 あらいながら　4 あらいはじめて

02 この 漢字は むずかしくて（　　　）です。

1 よむにくい　2 よみにくい　3 よめにくい　4 よまにくい

03 部長は いつ（　　　）。

1 おもどりになりますか　2 おもどりにしますか
3 おもどりなりますか　4 おもどりしますか

04 A「どうしたんですか。かおいろが 悪いですね。」
B「おさけを（　　　）あたまが いたいです。」

1 のますぎて　2 のみすぎて　3 のんですぎて　4 のむすぎて

05 この ドローンの（　　　）を 教えて ください。

1 つかってかた　2 つかてかた　3 つかいかた　4 つかうかた

06 しゅくだいを（　　　）先生に しかられました。

1 しなくて　2 しないで　3 して　4 したら

07 彼は にほんりょこうに（　　　）。

1 いきたがっています　2 いくたがっています
3 いったがっています　4 いけたがっています

08 わからない ところを せんせいが（　　　）ました。

1 おおしえにください　2 おしえにください
3 おおしえてください　4 おおしえください

もんだい 2 ＿＿★＿＿入る ものは どれですか。
1·2·3·4から いちばん いい ものを ひとつ えらんで ください。

01 今度の 大阪 ＿＿＿ ＿＿＿ ＿★＿ ＿＿＿ ました。

1 には　2 りょこう　3 なり　4 いけなく

02 この みせの ケーキ ＿＿＿ ＿＿＿ ＿★＿ ＿＿＿ です。

1 そう　2 は　3 なさ　4 おいしく

03 友だち ＿＿＿ ＿＿＿ ＿★＿ ＿＿＿ います。

1 あるいて　2 ながら　3 と　4 はなし

04 たんじょうび おいわい ＿＿＿ ＿＿＿ ＿＿＿ ＿★＿ です。

1 うたは　2 おいわいの　3 うたい　4 やすい

05 わたしが 山田さん ＿＿＿ ＿＿＿ ＿＿＿ ＿★＿ します。

1 にもつ　2 の　3 おもち　4 を

06 わたしは せんせい ＿＿＿ 「＿＿＿ ＿★＿」＿＿＿ 言われました。

1 しなさい　2 べんきょう　3 に　4 と

07 かないは えいごの ＿＿＿ ＿＿＿ ＿＿＿ ＿★＿ ました。

1 べんきょう　2 し　3 を　4 はじめ

08 あした ＿＿＿ ＿＿＿ ＿＿＿ ＿★＿ ました。

1 レポート　2 かきおわり　3 だす　4 は

もんだい３ [01] から [05] に 何を いれますか。
1・2・3・4から いちばん いい ものを ひとつ えらんで ください。

先月から 日本語 学校 [01] 通い始めました。最初 ひらがなと かたかなを 習いました。ひらがなは 覚え [02] ですが、かたかなは なかなか 覚えにくかったです。最近は 漢字も 習っていますが、書き方が 分から [03] 大変です。昨日は 作文の 宿題が ありました。[04] 全部 ひらがなで 書いて 出しました。それを 見た 先生に「これからは 漢字で 書き [05]。」と言われました。

01
1 を　　2 で　　3 へ　　4 が

02
1 むずかしい　　2 やさしい　　3 ほしい　　4 やすい

03
1 なくて　　2 なくても　　3 ないで　　4 なければ

04
1 そして　　2 しかし　　3 それで　　4 それから

05
1 ください　　2 ならい　　3 ない　　4 なさい

적중 예상 문제 ②

▶ 정답 및 해설 237쪽

もんだい1 （　　　）に なにを いれますか。
1·2·3·4から いちばん いい ものを ひとつ えらんで ください。

01 A「こんかい ホテルルームの よやくじょうきょうは どうですか。」
B「いま みたら まえより（　　　）そうです。」

1 ふえ　2 ふえよう　3 ふえれば　4 ふえると

02 この ペンは（　　　）やすいです。

1 かか　2 かけ　3 かく　4 かき

03 ふたりは（　　　）ながら はなして います。

1 わらう　2 わらい　3 わらえ　4 わらわ

04 その もんだいは むずかしくないから ふかく（　　　）ください。

1 かんがえながら　2 かんがえにくい　3 かんがえないで　4 かんがえかた

05 ごかぞくに よろしく お（　　　）ください。

1 つたえよう　2 つたえなくて　3 つたえる　4 つたえ

06 あの レストランは ステーキの ねだんが たか（　　　）。

1 なさい　2 すぎます　3 なくなります　4 はじめます

07 ごみの（　　　）が わからないときは しやくしょに きいて ください。

1 すてるかた　2 すてようかた　3 すてかた　4 すてれかた

08 ことしの なつは あつく（　　　）、よかったですね。

1 あつくなくて　2 あつないで　3 あつくなくなる　4 あつなければ

적중 예상 문제 ②

もんだい2 ＿★＿ 入る ものは どれですか。
1・2・3・4から いちばん いい ものを ひとつ えらんで ください。

01 あしたは しゅっぱつ ＿＿ ＿＿ ＿＿ ＿★＿ なさい。

1 から　2 はやい　3 ね　4 が

02 いなかの ＿＿ ＿＿ ＿★＿ ＿＿ ました。

1 なくなり　2 ひつようじゃ　3 オートバイは　4 いえの

03 けいさつが ゆうべの ＿＿ ＿＿ ＿＿ ＿★＿ ました。

1 しらべはじめ　2 じこ　3 を　4 こうつう

04 あめが ふって ＿＿ ＿＿ ＿＿ ＿★＿ ですが。

1 ので　2 かさを　3 いる　4 おかりしたい

05 友達 ＿＿ ＿＿ ＿★＿ ＿＿ います。

1 せんせいに　2 は　3 うれしがって　4 ほめられて

06 この ＿＿ ＿★＿ ＿＿ ＿＿ でした。

1 たいへん　2 つかいかたは　3 きかいの　4 かんたんではなくて

07 レポート ＿＿ ＿＿ ＿★＿ ＿＿ か。

1 かき　2 ました　3 おわり　4 は

08 ここ ＿＿ ＿★＿ ＿＿ ＿＿ ください。

1 おまち　2 に　3 なって　4 おすわりに

もんだい 3 [01] から [05] に 何を いれますか。
1·2·3·4から いちばん いい ものを ひとつ えらんで ください。

日本から 山下先生さんが いらっしゃいました。私が 空港まで [01]。山下先生は 日本の 大学で 韓国語を 教えて いらっしゃいます。今回 いらっしゃったのは 韓国大学の 李先生と お会いになる [02] です。私が ご案内しました。李先生の 研究室に 行きました。李先生はいらっしゃらなかったです。李先生の 学生から 「今、席を外しておりますので、少々 [03]」と言われました。十分ぐらい 待ったら 李先生は [04] 、二人の方は お話を なさいました。お帰りの日は 私が 空港 [05] お送りしました。

01

1 迎えしました　2 お迎えしました　3 お迎えてしました　4 迎えてしました

02

1 から　2 ばかり　3 の　4 ため

03

1 お待ちください　2 待ちください
3 お待ってください　4 お待ちします

04

1 お戻りなって　2 お戻ってなって　3 お戻りになって　4 戻ってなって

05

1 から　2 まで　3 しか　4 くらい

한눈에 미리 보기

합격을 위한 필수 문법

이 장에서 배울 문법은 기본형과 보통형 등에 접속하는 문법'입니다.
본격적인 학습에 앞서 자신이 알고 있는 문법이 어느 정도인지 □에 체크해 보세요.

기본형		
□ 17	～なら	～이라면, ～한다면
□ 18	～な	～하지 마라
□ 19	～までは	～까지는
□ 20	～ことにする	～하기로 하다
□ 21	～ことにしている	～하기로 하고 있다, ～하기로 하다
□ 22	～ことになる	～하게 되다
□ 23	～ことになっている	～하기로 되어 있다
□ 24	～ために	～를 위해서, ～ 때문에
□ 25	～つもりだ	～할 생각이다
□ 26	～ところだ	～하려는 참이다
□ 27	～ように	～하도록
□ 28	～ようにしてください	～하도록 해 주세요
□ 29	～ようにする	～하도록 하다
□ 30	～ようになる	～하게 되다
보통형		
□ 31	～間に	～동안에, ～사이에
□ 32	～か	～인지, ～일지, ～할지
□ 33	～かどうか	～일지 어떨지, ～할지 어떨지
□ 34	～そうだ	～라고 한다
□ 35	～らしい	～인 것 같다
□ 36	～のが	～것이
□ 37	～ので	～이기 때문에, ～여서
□ 38	～のも	～것도
□ 39	～のに	～하는데, ～인데도
□ 40	～のだ/～んだ	～인 것이다, ～이다
□ 41	～はずだ	(당연히) ～하다, ～할 것이다, ～할 터이다
□ 42	～ようだ	～한 것 같다

시나공

02 합격을 위한 필수 문법

이번 장에서 살펴볼 내용은 기본형과 보통형에 접속하는 문법으로 '불확실한 뜻, 전문, 추측, 가정 조건, 결심, 계획, 목적, 습관, 이유, 부탁' 등을 나타내는 표현들을 학습하게 됩니다. 예문을 통해 용법을 잘 익혀 두세요.

시험에 이렇게 나온다!

もんだい1 （　　　）に なにを いれますか。
1·2·3·4から いちばん いい ものを ひとつ えらんで ください。

やまださんは えいごが（　　　）そうです。

1 じょうずに　　2 じょうずだ　　3 じょうずで　　4 じょうずなら

해석 야마다 씨는 영어를 잘한다고 합니다.
해설 전문의 ～そうだ 표현입니다. 동사, い형용사, な형용사의 보통형에 접속합니다.　　정답 2

01 기본형에 접속하는 문법

17 ～なら ~이라면, ~한다면

접속 명사 · な형용사 어간 · い형용사 · 동사 기본형 + ～なら
의미 가정 조건의 표현이다.

冷蔵庫(れいぞうこ) 냉장고
大(おお)きい 크다
美術展覧会(びじゅつてんらんかい) 미술 전람회

冷蔵庫を買うなら、大きいのがいいです。 냉장고를 산다면 큰 것이 좋습니다.

もし美術展覧会に行かないなら、言ってください。 만약 미술 전람회에 가지 않으면 말해 주세요.

강의실 생중계!

상대방이 말한 화제를 받아 충고, 권유, 의뢰할 때 사용하거나 명령, 제안, 요구, 의지, 판단 등의 표현이 올 수 있습니다. ～たら도 뒤쪽에 명령, 의지, 권유, 희망 등의 표현이 올 수 있습니다.

18 ～な ～하지 마라

접속 동사 기본형 + ～な
의미 금지 표현으로 남성이 주로 사용한다.

決(けっ)して 결코, 절대로
お酒(さけ) 술
約束(やくそく) 약속
時間(じかん) 시간
遅(おく)れる 늦다
作(つく)る 만들다
天気(てんき) 날씨

決してうそをつくな。 절대로 거짓말 하지마라.

お酒をたくさん飲むな。 술을 많이 마시지 마라.

約束の時間に遅れるな。 약속 시간에 늦지 마라.

강의실 생중계!

뉘앙스에 따라 감탄을 나타내기도 합니다.
예 夕ご飯を早く作ったな。 저녁밥을 빨리 만들었네.
今日はいい天気だな。 오늘은 좋은 날씨다.

19 ～までは ～까지는

접속 명사 · 동사 기본형 + ～までは
의미 동작이나 상태가 계속되는 마지막 시점을 나타낸다.

家から図書館までは近いです。 집에서 도서관까지는 가깝습니다.

9時から12時までは大丈夫です。 9시부터 12시까지는 괜찮습니다.

あなたが来るまでは帰りません。 당신이 올 때까지는 돌아가지 않습니다.

20 ～ことにする ～하기로 하다

접속 동사 기본형 · 동사 ない형 + ～ことにする
의미 자신의 의지, 결심, 결정을 나타낸다.

土曜日(どようび) 토요일
会(あ)う 만나다
家族(かぞく) 가족
旅行(りょこう) 여행
会社(かいしゃ) 회사
辞(や)める 그만두다

土曜日に友だちと会うことにしました。 토요일에 친구와 만나기로 했습니다.

今度の家族旅行には行かないことにしました。 이번 가족여행에는 가지 않기로 했습니다.

彼は来月、会社を辞めることにしました。 그는 다음 달 회사를 그만두기로 했습니다.

21 ~ことにしている ~하기로 하고 있다, ~하기로 하다

접속 동사 기본형 · 동사 ない형 + ~ことにしている
의미 결심이나 결정의 결과가 계속 지속됨을 나타낸다.

毎日(まいにち) 매일
運動(うんどう)する 운동하다
吸(す)う 피우다
以上(いじょう) 이상
練習(れんしゅう) 연습하다

毎日運動することにしています。 매일 운동하기로 하고 있습니다.

たばこを吸わないことにしています。 담배를 피우지 않기로 하고 있습니다.

毎日1時間以上ピアノの練習をすることにしています。 매일 1시간 이상 피아노 연습을 하기로 하고 있습니다.

22 ~ことになる ~하게 되다

접속 동사 기본형 · 동사 ない형 + ~ことになる
의미 자신의 의지와 상관없이 예정이나 계획이 정해지는 것을 나타낸다. 자신의 의지로 정한 것을 완곡하게 말하고 싶을 때도 사용한다.

授業(じゅぎょう) 수업
美術館(びじゅつかん) 미술관
案内(あんない)する 안내하다
別(わか)れる 헤어지다

今日は授業をしないことになりました。 오늘은 수업을 하지 않게 되었습니다.

私が美術館を案内することになりました。 제가 미술관을 안내하게 되었습니다.

彼と別れることになりました。 그와 헤어지게 되었습니다.

23 ~ことになっている ~하기로 되어 있다

접속 동사 기본형 · 동사 ない형 + ~ことになっている
의미 규칙이나 습관, 예정 등으로 어떤 사항이 이미 결정되어 있음을 나타낸다.

課長(かちょう)과장
出席(しゅっせき)する 출석하다
結婚(けっこん)する 결혼하다

会議は課長が出席することになっています。 회의는 과장님이 출석하기로 되어 있습니다.

日曜日に彼女の家族と食事することになっている。 일요일에 여자 친구 가족과 식사하기로 되어 있다.

来月に彼女と結婚することになっています。 다음 달에 그녀와 결혼하기로 되어 있습니다.

강의실 생중계!

일상생활이나 법률, 규칙 등의 결정을 나타냅니다.

24 ～ために ～를 위해서, ~ 때문에

접속 명사+の/ 동사 기본형 + ～ために
의미 목적이나 이유를 나타낸다.

健康(けんこう) 건강
毎日(まいにち) 매일
運動(うんどう)する 운동하다
一生懸命(いっしょうけんめい) 열심히
働(はたら)く 일하다
交通(こうつう)事故(じこ) 교통사고
遅(おく)れる 늦다

健康のために、毎日運動しています。 건강을 위해서 매일 운동하고 있습니다.

結婚するために、一生懸命働きます。 결혼하기 위해 열심히 일합니다.

交通事故のために、会社に遅れました。 교통사고 때문에 회사에 늦었습니다.

25 ～つもりだ ～할 생각이다

접속 동사 기본형 · 동사 ない형 + ～つもりだ
의미 말하는 사람의 계획이나 예정을 나타낸다.

狭(せま)い 좁다
引(ひ)っ越(こ)す 이사하다
暇(ひま)だ 한가하다
山登(やまのぼ)り 등산
船(ふね) 배
出発(しゅっぱつ)する 출발하다

家が狭いので、引っ越すつもりです。 집이 좁아서 이사할 생각입니다.

彼とは会わないつもりです。 그와는 만나지 않을 생각입니다.

今日暇だから、山登りに行くつもりです。 오늘 한가하니까 등산 갈 생각입니다.

강의실 생중계!

～つもりだ는 계획이나 의도 등 말하는 사람의 의지를 나타내는 표현으로 사람에 대해서만 쓸 수 있는 반면, 予定(よてい)는 '계획, 예정, 결정된 사항'을 나타내며 사람과 사물에 쓸 수 있습니다.
예 船は9時に出発する予定です。 배는 9시에 출발할 예정입니다.

26 ~ところだ ~하려는 참이다

접속 동사 기본형＋～ところだ
의미 행동이 진행되기 직전을 나타낸다.

出(で)かける 외출하다
散歩(さんぽ)する 산보하다

今から出かけるところです。 지금부터 외출하려는 참입니다.

買い物に行くところです。 물건 사러 가려는 참입니다.

犬と散歩するところです。 개와 산책하려는 참입니다.

강의실 생중계!

'今(いま), 今(いま)から, これから' 등과 같이 쓰이는 경우가 많습니다. ～ているところ는 동작이 한창 진행 중임을 나타내며, 今와 같이 쓰이는 경우가 많습니다. ～たところ는 동작이 끝난 직후를 나타내며, たった今, 今, さっき 등과 같이 쓰이는 경우가 많습니다.

예 今電話に出ているところです。 지금 전화를 받고 있는 중입니다.
お茶は今飲んだところです。 차는 지금 막 마셨습니다.

27 ~ように ~하도록

접속 동사 기본형 · 동사 ない형 · 동사 가능형＋～ように
의미 무의지 동사나 가능동사와 함께 쓰여 목적을 나타낸다.

わかる 알다, 알 수 있다
説明(せつめい) 설명
毎晩(まいばん) 매일 밤
運動(うんどう)する 운동하다
遅(おく)れる 늦다

わかるように、説明してください。 알 수 있도록 설명해 주세요.

毎晩運動するように努力します。 매일 밤 운동하도록 노력하겠습니다.

今日は会議に遅れないように急ぎます。 오늘은 회의에 늦지 않도록 서두르겠습니다.

28 ~ようにしてください ~하도록 해 주세요

접속 동사 기본형 · 동사 ない형 + ~ようにしてください
의미 목적을 위해 부탁 또는 명령을 나타낸다.

復習(ふくしゅう) 복습
予習(よしゅう) 예습
野菜(やさい) 야채
病院(びょういん) 병원

復習と予習をするようにしてください。 복습과 예습을 하도록 해 주세요.

野菜も食べるようにしてください。 야채도 먹도록 해 주세요.

毎日病院へ行くようにしてください。 매일 병원에 가도록 해 주세요.

29 ~ようにする ~하도록 하다

접속 동사 기본형 · 동사 ない형 + ~ようにする
의미 목적을 위해 같은 동작을 반복함을 나타낸다.

なるべく 되도록
着(つ)く 도착하다
宿題(しゅくだい) 숙제
忘(わす)れる 잊다
牛乳(ぎゅうにゅう) 우유

会社になるべく早く着くようにします。 회사에 되도록 빨리 도착하도록 하겠습니다.

宿題は忘れないようにします。 숙제는 잊지 않도록 하겠습니다.

毎朝牛乳を飲むようにします。 매일 아침 우유를 마시도록 하겠습니다.

30 ~ようになる ~하게 되다

접속 동사 기본형 · 동사 ない형 · 동사 가능형 + ~ようになる
의미 상태나 습관의 변화를 나타낸다.

漢字(かんじ) 한자
歩(ある)く 걷다
止(や)める 끊다, 그만두다

子供が漢字が読むめるようになりました。 아이가 한자를 읽을 수 있게 되었습니다.

赤ちゃんが歩けるようになりました。 아기가 걸을 수 있게 되었습니다.

主人はたばこを止めるようになりました。 남편은 담배를 끊게 되었습니다.

02 보통형에 접속하는 문법

31 ~間に ~동안에, ~사이에

접속 명사+の/ い형용사・な형용사・동사 보통형+~間(あいだ)に
의미 한정된 시간 내에 동작이 행해지거나 사태가 일어나는 기간을 나타내는 표현입니다.

留守(るす) 집을 비움, 부재중
事務所(じむしょ) 사무소
泥棒(どろぼう) 도둑
入(はい)る 들어오다
赤(あか)ちゃん 아기
洗濯(せんたく)する 세탁하다
泊(と)まる 묵다

留守の間に事務所に泥棒が入りました。 부재중에 사무소에 도둑이 들어왔습니다.

赤ちゃんが寝ている間に、洗濯します。 아기가 자고 있는 동안에 세탁합니다.

シャワーをあびている間に電話が鳴りました。 샤워를 하는 동안에 전화가 울렸습니다.

강의실 생중계!

間に는 동작이나 상태가 기간 내에 행해짐을 나타내는 반면, 間는 같은 행동이나 상태가 기간 내에 지속됨을 나타냅니다.
예 日本にいる間、ホテルに泊まるつもりです。 일본에 있는 동안 호텔에 묵을 생각입니다.

32 ~か ~인지, ~일지, ~할지

접속 명사 · な형용사 어간/ い형용사 · 동사 보통형 + ~か
의미 何(なに), どこ, 誰(だれ), いつ 등 의문사가 있을 때 부조사 ~か는 의문문을 나타낸다.

知(し)る 알다
会議(かいぎ) 회의
終(お)わる 끝나다

彼がどんな人か知りません。 그가 어떤 사람인지 모르겠습니다.

会議はいつ終わるかわかりますか。 회의는 언제 끝날지 압니까?

33 ~かどうか ~일지 어떨지, ~할지 어떨지

접속 명사 · な형용사 어간/ い형용사 · 동사 보통형 + ~かどうか
의미 불확실함이나 망설임, 의문 등을 나타내며, 의문사가 없는 경우에 쓰인다.

会(あ)う 만나다
映画(えいが) 영화
おもしろい 재미있다

彼女と会うかどうかわかりません。 그녀와 만날지 어떨지 모르겠습니다.

映画がおもしろいかどうかは見たらわかります。 영화가 재미있을지 어떨지는 보면 압니다.

34 ~そうだ ~라고 한다

접속 명사 + だ / な형용사 · い형용사 · 동사 보통형 + ~そうだ
의미 남에게 들은 말을 전할 때 쓰는 표현으로 현재, 과거, 긍정, 부정에 모두 쓰인다.

ニュース 뉴스
雪(ゆき) 눈
留学(りゅうがく) 유학

ニュースによると雪だそうです。 뉴스에 의하면 눈이 내린다고 합니다.

友だちは来月留学に行くそうです。 친구는 다음 달 유학 간다고 합니다.

35 ~らしい ~인 것 같다

접속 명사 · な형용사 어간 · い형용사 · 동사 보통형 + ~らしい
의미 객관적인 근거를 바탕으로 한 화자의 추량을 나타낸다.

時計(とけい) 시계
安(やす)い 싸다

あの人は中国の大学を出たらしいです。 저 사람은 중국의 대학을 나온 것 같습니다.

この時計は安いらしいです。 이 시계는 싼 것 같습니다

강의실 생중계!

접미어로써 '명사+らしい'의 형태일 때 '~답다'라는 의미로도 해석 가능합니다.
예 彼(かれ)は男らしい男です。 저 사람은 남자다운 남자입니다.

36 ~のが ~것이

접속 동사 · い형용사의 보통형 / な형용사 어간 + な + ~のが
의미 のが 조사가 아닌 형식명사로 쓰이는 용법이다. 명사의 구실을 하므로 조사가 붙을 수 있다.

外国語(がいこくご) 외국어
習(なら)う 배우다
白(しろ)い 하얗다
黒(くろ)い 검다

姉は外国語を習うのが好きです。 언니는 외국어를 배우는 것을 좋아합니다.

靴下は白いのがいいですか、黒いのがいいですか。 양말은 하얀 것이 좋습니까? 검은 것이 좋습니까?

37 ~ので ~이기 때문에, ~여서

접속 な형용사 어간・명사+な+~ので / い형용사・동사 보통형+~ので
의미 일반적, 객관적 이유나 원인을 나타내며 순접의 의미이다.

約束(やくそく) 약속
先(さき)に 먼저
失礼(しつれい)する 실례하다
風邪(かぜ) 감기
病院(びょういん) 병원
外(そと) 밖

約束があるので、お先に失礼します。 약속이 있어서 먼저 실례하겠습니다.

風邪なので、病院へ行きました。 감기여서 병원에 갔습니다.

外がうるさいので、寝られませんでした。 밖이 시끄러워서 잘 수 없었습니다.

38 ~のも ~것도

접속 동사 · い형용사 · な형용사의 보통형 + ~のも
의미 の가 조사가 아닌 형식명사로 쓰이는 용법이다. 명사의 구실을 하므로 조사가 붙을 수 있다.

娘(むすめ) 딸
辛(から)い 맵다
果物(くだもの) 과일
歌(うた)う 노래 부르다
聞(き)く 듣다

娘は辛いのもよく食べます。 딸은 매운 것도 잘 먹습니다.

果物は嫌いなのもあります。 과일은 싫어하는 것도 있습니다.

歌うのも聞くのも好きです。 노래 부르는 것도 듣는 것도 좋아합니다.

39 ~のに ~하는데도, ~인데도

접속 명사 · な형용사 어간 +な + ~のに / い형용사 · 동사 보통형 + ~のに
의미 역접의 의미로, 예상과 반대되는 결과가 나왔을 때 쓰인다.

金持(かねも)ち 부자
入学(にゅうがく) 입학
試験(しけん) 시험
失敗(しっぱい)する 실패하다
高(たか)い 비싸다, 높다

彼は金持ちなのに車がないです。 그는 부자인데도 차가 없습니다.

一生懸命勉強したのに、大学入学試験に失敗しました。 열심히 공부했는데도 대학 입학시험에 실패했습니다.

その車は高いのに買ってしまいました。 그 차는 비싼데도 사버렸습니다.

40 ～のだ/～んだ ～인 것이다, ～이다

접속 명사 · な형용사 어간 + な + ～のだ/んだ
い형용사 · 동사 보통형 + ～のだ/～んだ

의미 이유나 상황을 설명하는 표현이다.

病気(びょうき) 병
展覧会(てんらんかい) 전람회
英語(えいご) 영어
上手(じょうず)だ 잘하다, 능숙하다

父が病気なんです。 아빠가 아픕니다.

あなたも展覧会に行くんですか。 당신도 전람회에 가는 겁니까?

彼は英語が上手なんです。 그는 영어가 능숙합니다.

강의실 생중계!

～んだ가 회화체이며, 의문문에 사용될 때에는 どうして와 같이 쓰입니다.
예 どうして今回のパーティーには行かないんですか。 왜 이번 파티에는 안가는 겁니까?

41 ～はずだ (당연히) ～하다, ～할 것이다, ～할 터이다

접속 명사 + の + ～はずだ / い형용사 · な형용사 어간 + な · 동사 보통형 + ～はずだ

의미 당연성을 내포하며 근거가 있는 확신이나 판단을 나타낸다.

仕事(しごと) 일
終(おわ)る 끝나다
音楽会(おんがくかい) 음악회
おじいさん 할아버지

仕事は今日も10時に終るはずだ。 일은 오늘도 10시에 끝날 것이다.

彼女は音楽会に来ないはずです。 그녀는 음악회에 오지 않을 겁니다.

おじいさんは元気なはずです。 할아버지는 건강할 겁니다.

42 ～ようだ ～한 것 같다

접속 명사＋の＋～ようだ / い형용사 · な형용사 어간＋な · 동사 보통형＋～ようだ
의미 비유나 추량을 나타낸다.

太(ふと)る 살이 찌다
中国語(ちゅうごくご) 중국어
発音(はつおん) 발음
難(むずか)しい 어렵다
交通(こうつう) 교통
便利(べんり)だ 편리하다

最近、彼女は太ったようです。 요즘 그녀는 살찐 것 같습니다.

中国語の発音は難しいようだ。 중국어 발음은 어려운 것 같다.

この町は交通が便利なようです。 이 동네는 교통이 편리한 것 같습니다.

강의실 생중계!

비유일 때는 보통 'まるで～ようだ'의 형태로 쓰인다.
예 まるで人形のようです。 마치 인형 같습니다.

적중 예상 문제 ①

もんだい 1 （　　　）に なにを いれますか。
1·2·3·4から いちばん いい ものを ひとつ えらんで ください。

01 ぶちょうが どこへ（　　　）か わかりませんか。

1 いった　　2 いって　　3 いったり　　4 いったら

02 A「どんな おさけが すきですか。」
B「おさけ（　　　）にほんの おさけが すきです。」

1 たら　　2 と　　3 ば　　4 なら

03 明日は あめだ（　　　）です。

1 らしい　　2 みたい　　3 そう　　4 よう

04 お酒を のんで（　　　）な。

1 うんてんして　　2 うんてんしろ　　3 うんてんしよう　　4 うんてんする

05 そんなに しんぱい（　　　）いっしょに いきましょう。

1 から　　2 ので　　3 なら　　4 けれど

06 あの 国は ゆにゅうより ゆしゅつの ほうが（　　　）らしいです。

1 おおい　　2 おお　　3 おおく　　4 おおくて

07 さいきん 彼女は とても（　　　）んです。

1 いそがしく　　2 いそがしい　　3 いそがしいだろう　　4 いそがしければ

08 こんしゅうの セミナーに（　　　）かどうか まだ わかりません。

1 いけ　　2 いける　　3 いけよう　　4 いけれ

もんだい 2 ＿＿★＿＿入る ものは どれですか。
1·2·3·4から いちばん いい ものを ひとつ えらんで ください。

01 彼は その ＿＿＿ ＿＿＿ ＿★＿ ＿＿＿ わかりません。

1 えいが　2 かどうか　3 みた　4 を

02 その ＿＿＿ ＿＿＿ ＿★＿ ＿＿＿ そうです。

1 は　2 とけい　3 たかく　4 ない

03 子供が ＿＿＿ ＿★＿ ＿＿＿ ＿＿＿ あんしんします。

1 は　2 なら　3 おや　4 げんき

04 吉田さん ＿＿＿ ＿＿＿ ＿★＿ ＿＿＿ いますか。

1 しって　2 いつ　3 かえったか　4 が

05 この かわ ＿＿＿ ＿＿＿ ＿＿＿ ＿★＿ な。

1 から　2 ふかい　3 はいる　4 は

06 まいにち ＿＿＿ ＿＿＿ ＿★＿ ＿＿＿ ました。

1 さんぽする　2 いぬと　3 し　4 ことに

07 友達の ＿＿＿ ＿＿＿ ＿★＿ ＿＿＿ です。

1 は　2 ごりょうしん　3 らしい　4 げんき

08 かれは やくそくした ＿＿＿ ＿＿＿ ＿★＿ ＿＿＿ です。

1 かならず　2 から　3 はず　4 くる

もんだい3 [01] から [05] に 何を いれますか。
1・2・3・4から いちばん いい ものを ひとつ えらんで ください。

先週 飲み会が ありました。久しぶりの 飲み会でした。一人の 友達が みんなに「お酒を 飲む [01] 運転する [02] 」と言いました。最近、お酒を 飲んで 運転して 交通事故が 増えた という ニュースが [03] 。本当に お酒を 飲んで 運転するのは 危ない ことです [04] 運転する べきでは ないと 思います。私たちは いつ 会うか わかりませんが、 [05] 会う 約束を して 別れました。

01

1 たら　　2 だったら　　3 ば　　4 なら

02

1 よ　　2 な　　3 ね　　4 か

03

1 あったそうです　　2 あるそうです　　3 ありそうです　　4 あらそうです

04

1 し　　2 より　　3 から　　4 や

05

1 また　　2 それでは　　3 そのために　　4 たとえば

적중 예상 문제 ②

▶ 정답 및 해설 249쪽

もんだい 1 （　　　）に なにを いれますか。
1·2·3·4から いちばん いい ものを ひとつ えらんで ください。

01 今日は アルバイトに（　　　）ことに なりました。

1 いかなくて　2 いかない　3 いかないで　4 いかなくても

02 家族の（　　　）いしょうけんめい はたらきます。

1 かわりに　2 ために　3 うちに　4 なかで

03 わたしが いない（　　　）に ともだちが きた そうです。

1 まえ　2 とおり　3 まま　4 あいだ

04 子供は 今 ごはんを たべる（　　　）です。

1 あいだ　2 ところ　3 ばかり　4 だけ

05 明日 しけんが あります（　　　）あそべません。

1 けれども　2 が　3 のに　4 ので

06 これからは やくそくの じかんに おくれない（　　　）します。

1 ように　2 ようで　3 ようだ　4 ような

07 だいがくに はいる ために いっしょうけんめい（　　　）ことに しました。

1 べんきょうした　2 べんきょうして　3 べんきょうする　4 べんきょうしない

08 あの 店は ハンバーグが（　　　）ようです。

1 ゆうめいに　2 ゆうめいな　3 ゆうめいだ　4 ゆうめい

적중 예상 문제 ②

もんだい 2　＿★＿入る ものは どれですか。
1・2・3・4から いちばん いい ものを ひとつ えらんで ください。

01 びじゅつかんで たばこ ＿＿ ＿＿ ＿★＿ ＿＿ ください。

1 すわない　2 して　3 ように　4 は

02 音楽を ＿＿ ＿★＿ ＿＿ ＿＿ ですか。

1 が　2 の　3 きく　4 すき

03 その すうがくの ＿＿ ＿＿ ＿＿ ＿★＿ んです。

1 もんだい　2 は　3 かんたんな　4 とても

04 日本語の ＿＿ ＿＿ ＿★＿ ＿＿ なりました。

1 が　2 かんじ　3 ように　4 かける

05 彼は こんども ＿＿ ＿＿ ＿＿ ＿★＿ です。

1 はず　2 セミナー　3 には　4 いかない

06 りょうしんに 週 ＿＿ ＿＿ ＿★＿ ＿＿ します。

1 いっかい　2 に　3 ように　4 でんわする

07 父が はなしている ＿★＿ ＿＿ ＿＿ ＿＿ いません。

1 きいて　2 だれ　3 も　4 のに

08 私も やまのぼりに ＿＿ ＿★＿ ＿＿ ＿＿ ました。

1 でしたが　2 つもり　3 いけなくなり　4 いく

▶ 정답과 해설 252쪽

もんだい 3 [01] から [05] に 何を いれますか。
1·2·3·4から いちばん いい ものを ひとつ えらんで ください。

最近、体が 弱くなりました。[01] お酒を 飲まない ことにしています。病院にも 行きました。お医者さんに「[02]」と言われました。お医者さんに 言われてから 会社から 帰ってきたら 毎日 1時間ずつ 公園を [03]。最初は 30分 走るのも大変でしたが、 だんだん 慣れてきて 1ヶ月前からは 1時間半 走っています。毎日 運動して いる ので 体が よくなると 思っています。これからも 一生懸命 運動して 前 [04] もっと 体を [05]。

01

1 それで　　2 すると　　3 なぜなら　　4 または

02

1 運動しようにしてください　　2 運動のようにしてください
3 運動しないようにしてください　　4 運動するようにしてください

03

1 走るようにしていました　　2 走らないようにしていました
3 走るようにしています　　4 走らないようにしています

04

1 のに　　2 より　　3 たり　　4 ながら

05

1 強いする つもりです　　2 強する つもりです
3 強くてする つもりです　　4 強くする つもりです。

한눈에 미리 보기

시나공 03

고득점을 위한 핵심 문법

이 장에서 배울 문법은 て, た형에 접속하는 문법'입니다.
본격적인 학습에 앞서 자신이 알고 있는 문법이 어느 정도인지 □에 체크해 보세요.

て형		
□ 43	～てある	～해져 있다
□ 44	～ているところだ	～하고 있는 중이다
□ 45	～ておく	～해 두다
□ 46	～ていく	～해 가다
□ 47	～てくる	～해 오다
□ 48	～てみる	～해 보다
□ 49	～てしまう	～해 버리다, ～하고 말다
□ 50	～てほしい	～해 주기 바라다
□ 51	～てあげる	～해 주다
□ 52	～てやる	～해 주다
□ 53	～てもらう	～해 받다
□ 54	～てくれる	～해 주다
□ 55	～てさしあげる	～해 드리다
□ 56	～てくださる	～해 주시다
□ 57	～ていただく	～해 받다
た형		
□ 58	～たとおりに	～한 대로
□ 59	～たまま	～한 채로
□ 60	～たところだ	막 ～하다
□ 61	～たばかりだ	막 ～하다, ～한 지 얼마 안 되다
기타		
□ 62	～(よ)うと思う	～하려고 생각하다
□ 63	～(よ)うとする	～하려고 하다
□ 64	～がする	～가 나다, ～이 들다

시나공 03

고득점을 위한 핵심 문법

음편이란 동사가 て, た, たり, たら에 연결될 때 발음을 편하게 하기 위해 5단 동사 끝 글자, 즉 어미가 바뀌는 현상입니다. 단, ～す로 끝나는 동사와 1단동사, 불규칙동사는 음편이 일어나지 않습니다. ~ます 형에 て, た, たり, たら를 붙이면 됩니다. 또한 ～ぐ, ～ぬ, ～ぶ, ～む로 끝나는 동사는 て, た, たり, たら가 되므로 주의하세요.

시험에 이렇게 나온다!

もんだい1 （　　　）に なにを いれますか。
1·2·3·4から いちばん いい ものを ひとつ えらんで ください。

テーブルの うえに りょうりが（　　　　）あります。

1 つくて　　2 つくられて　　3 つくれて　　4 つくって

해석 테이블 위에 요리가 만들어져 있습니다.
해설 인위적인 상태 표현을 찾는 문제입니다. '～が + 타동사 + てある'의 형태로 '～해져있다'로 해석하면 쉽게 답을 찾을 수 있습니다.

정답 4

01 て형에 접속하는 문법

43 ～てある ~해져 있다

접속 동사 て형＋～てある
의미 누군가가 한 행동의 결과로써 남아 있는 상태가 지속됨을 나타낸다.

ドア 문
閉(し)める 닫다
ノート 노트
冷蔵庫 냉장고
捨てる 버리다

ドアが閉めてあります。 문이 닫혀 있습니다.

ノートに字が書いてあります。 노트에 글씨가 쓰여 있습니다.

강의실 생중계!

인위적인 상태를 나타내는 '～が + 타동사 + てある' 공식을 반드시 암기하세요.
예 料理を作っている。요리를 만들고 있다.　　料理が作ってある。요리가 만들어져 있다.
冷蔵庫を捨てている。냉장고를 버리고 있다.　　冷蔵庫が捨ててある。냉장고가 버려져 있다.

'～が+자동사+ている' 자연적인 상태, 진행의 의미를 나타내며, '～を+타동사 + ている' 진행의 의미를 나타내므로 반드시 함께 학습해두세요.
예 窓があいている。 창문이 열려 있다. (자연적인 상태)
赤ちゃんが歩いている。아기가 걷고 있다. (진행)　音楽を聞いている。 음악을 듣고 있다. (진행)

44 ～ているところだ ~하고 있는 중이다

접속 동사 て형＋～ているところだ
의미 동작이 진행 중임을 나타낸다.

コーヒー 커피
飲(の)む 마시다

コーヒーを飲んでいるところです。 커피를 마시고 있는 중입니다.

娘は勉強しているところです。 딸은 공부하고 있는 중입니다.

村田さんは何をしているところですか。 무라타 씨는 무엇을 하고 있는 중입니까?

45 ～ておく ~해 두다

접속 동사 て형＋～ておく
의미 '미리 준비를 해서 어떤 행동을 한다'라는 의미와 '어떤 상태로 그대로 두다'는 의미를 나타낸다.

飲(の)み物(もの) 마실 것
窓(まど) 창
開(あ)ける 열다

テーブルの上はそのままにしておきましたか。 테이블 위는 그대로 두었습니까?

午前中に飲み物は買っておきます。 오전 중에 마실 것은 사 두겠습니다.

部屋の窓は開けておきました。 방의 창문은 열어 두었습니다.

46 ～ていく ~해 가다

접속 동사 て형＋～ていく
의미 현재를 기점으로 앞으로의 추이나 변화를 나타내거나 일이나 상황이 화자로부터 점점 멀어져 감을 나타낸다.

少(すこ)しずつ 조금씩
人口(じんこう) 인구
増(ふ)える 늘다
二人(ふたり) 둘
関係(かんけい) 관계
自動車(じどうしゃ) 자동차
営業(えいぎょう) 영업

毎年少しずつ人口が増えていきます。 매년 조금씩 인구가 늘어 갑니다.

二人の関係が遠くなっていきます。 두 사람 관계가 멀어져 갑니다.

自動車の営業はどうなっていきますか。 자동차 영업은 어떻게 되어 갑니까?

47 ~てくる ~해 오다

접속 동사 て형＋~てくる
의미 과거부터 현재로의 추이나 변화를 나타내거나 일이나 상황이 화자로 점점 접근해 오는 상황을 나타낸다.

天気(てんき) 날씨
晴(は)れる 개다, 맑다
生活(せいかつ) 생활
慣(な)れる 익숙해지다
向(むこ)う 맞은편, 건너편
山(やま) 산

天気がだんだん晴れてきます。 점점 날씨가 개어 옵니다.

子供たちは学校の生活に慣れてきます。 아이들은 학교생활에 익숙해져 옵니다.

向うから山が見えてきました。 건너편에서 산이 보입니다.

48 ~てみる ~해 보다

접속 동사 て형＋~てみる
의미 시험 삼아 무언가를 해 본다는 의미이다.

見学(けんがく) 견학
ピアノ 피아노
コート 코트
一度(いちど) 한번

来週の工場見学について先生に聞いてみました。
다음 주 공장 견학에 대해 선생님에게 물어 보았습니다.

友だちの家にあるピアノをひいてみました。
친구 집에 있는 피아노를 쳐 보았습니다.

買ったばかりの姉のコートを一度着てみました。
산 지 얼마 안 된 언니의 코트를 한번 입어 보았습니다.

49 ~てしまう ~해 버리다, ~하고 말다

접속 동사 て형＋~てしまう
의미 행동이나 작용의 완료를 나타내거나, 후회나 유감의 기분을 나타내는 표현이다.

全部(ぜんぶ) 전부
たくさん 많이
お金(かね) 돈
使(つか)う 사용하다
家内(かない) 아내
誕生日(たんじょうび) 생일
忘(わす)れる 잊다

子供は3時間で本を全部読んでしまいました。
아이는 3시간에 책을 전부 읽어 버렸습니다.

デパートでたくさんのお金を使ってしまいました。
백화점에서 많은 돈을 쓰고 말았습니다.

家内の誕生日を忘れてしまいまいた。 아내 생일을 잊고 말았습니다.

50 ～てほしい ~해 주기 바라다

접속 동사 て형 + ～てほしい

의미 제 3자에 대한 희망이나, 요구할 때, 또는 어떤 사태가 일어나기를 바라는 기분을 나타낸다.

子供(こども) 아이
医者(いしゃ) 의사
早(はや)く 빨리
秋(あき) 가을

子供が医者になってほしいです。 아이가 의사가 되어 주기를 바랍니다.

山田さんが駅まで来てほしいです。 야마다 씨가 여기 역까지 와 주기를 바랍니다.

早く秋が来てほしい。 빨리 가을이 오기를 바란다.

51 ～てあげる ~해 주다

접속 동사 て형 + ～あげる

의미 내가 남, 내 가족에게, 또는 남이 남에게 무언가를 해 줄 때 사용한다.

宿題(しゅくだい) 숙제
手伝(てつだ)う 돕다
料理(りょうり) 요리
作(つく)る 만들다
教(おし)える 가르치다

私は友達の宿題を手伝ってあげました。 나는 친구 숙제를 도와주었습니다.

私は妹に料理を作ってあげました。 나는 여동생에게 요리를 만들어 주었습니다.

山田さんはスミスさんに日本語を教えてあげます。 야마다 씨는 스미스 씨에게 일본어를 가르쳐 줍니다.

강의실 생중계!

손윗사람에게 쓰지 못할 경우도 있으며, 받는 사람이 손아랫사람이거나 동 · 식물인 경우는 やる를 쓸 수도 있습니다.

52 ～てやる ~해 주다

접속 동사 て형 + ～てやる

의미 나보다 어린 사람에게 무언가를 해 줄때 쓴다. あげる를 써도 무방하다. 하지만 동 · 식물에게는 반드시 やる만을 써야한다.

お菓子(かし) 과자
作(つく)る 만들다
やる 주다

隣のおばあさんが子供にお菓子を作ってやります。 옆 집 할머니가 아이에게 과자를 줍니다.

私は妹に本を読んでやりました。 나는 여동생에게 책을 읽어 주었습니다.

53 ～てもらう ~해 받다

접속 동사 て형 + ～てもらう
의미 상대방에게 무언가를 해 받을 때 쓰는 표현. 우리말에는 이런 표현을 쓰지 않으므로 의역해서 '상대방이 ~를 해주다'로 해석하야 자연스럽다.

靴(くつ) 구두
磨(みが)く 닦다
周(まわ)り 주위, 주변
撮(と)る 찍다

友達にアイスクリームを買ってもらいました。 친구가 아이스크림을 사 주었습니다.

家内に靴を磨いてもらいます。 아내가 구두를 닦아 줍니다.

周りの人に写真を撮ってもらいました。 주위 사람이 사진을 찍어 주었습니다.

54 ～てくれる ~해 주다

접속 동사 て형 + ～てくれる
의미 남이 나 또는 내 가족에게, 내 가족이 나에게 무언가를 해 줄 때 쓴다.

妻(つま) 처, 아내
ステーキ 스테이크
作(つく)る 만들다
掃除(そうじ) 청소
ハンカチ 손수건

妻がステーキを作ってくれました。 처가 스테이크를 만들어 주었습니다.

姉が部屋を掃除してくれました。 누나가 방을 청소해 주었습니다.

友達がハンカチを買ってくれました。 친구가 손수건을 사 주었습니다.

55 てさしあげる ~해 드리다

접속 동사 て형 + ～てさしあげる
의미 아랫사람이 윗사람에게 무언가를 해 줄 때 쓴다. さしあげる는 あげる의 겸양어이다.

辞書(じしょ) 사전
貸(か)す 빌려주다
マフラー 머플러
道(みち) 길
教(おし)える 가르치다

先生に辞書を貸してさしあげました。 선생님에게 사전을 빌려 드렸습니다.

山田さんにマフラーを送ってさしあげました。 야마다 씨에게 머플러를 보내 드렸습니다.

外国人に道を教えてさしあげました。 외국인에게 길을 가르쳐 드렸습니다.

56 ~てくださる ~해 주시다

접속 동사 て형+~てくださる
의미 윗사람이 아랫사람에게 어떤 행동을 할 때 사용한다. 'くださる'는 'くれる'의 존경어이다.

昔話(むかしばな)し 옛날이야기
話(はな)す 이야기하다
市内(しない) 시내
案内(あんない)する 안내하다

先生が日本の昔話しを話してくださいました。
선생님이 일본 옛날이야기를 이야기해 주셨습니다.

どなたが大阪市内を案内してくださいますか。
어느 분이 오사카 시내를 안내해 주시겠습니까?

57 ~ていただく ~해 받다 (~てもらう의 겸양표현)

접속 동사 て형 + ~ていただく
의미 누군가가 상대방을 위해 어떤 행동을 하는 의미를 나타냅니다. 보통 혜택을 받는 느낌이 포함된다.

教(おし)える 가르치다
パン 빵
買(か)う 사다

先生に日本語を教えていただきます。 선생님이 일본어를 가르쳐 주셨습니다.

山田さんにパンを買っていただきました。 야마다 씨가 빵을 사주셨습니다.

강의실 생중계!

いただく는 もらう의 겸양어로 우리말에는 없는 표현이나 일본어에서는 많이 쓰이는 표현입니다. '~해 받다' 즉 남이 해 줘야 받을 수 있는 것이므로 해석할 때에는 남이 '~을 해 주다'로 하면 자연스럽습니다. 주는 사람 뒤에는 に나 から, 받는 사람 뒤에는 は나 が 가 오지만 주는 쪽이 학교나 은행, 회사 같은 조직일 경우에는 から를 씁니다.

02 た형에 접속하는 문법

58 ～たとおりに ～한 대로

접속 명사 + の + ～とおりに / 동사 た형 + ～とおりに

의미 본대로 들은 대로 그 행동을 할 때 쓰인다. 명사의 경우, 명사+通(どお)り로 탁음이 되지만 의미는 같다. ように '~처럼'보다 '그대로'의 의미가 더 강하다.

計画(けいかく) 계획
説明書(せつめいしょ) 설명서

旅行の計画は彼が言ったとおりに進んでいますか。
여행 계획은 그가 말한 대로 진행되고 있습니까?

料理を説明書のとおりに作ったら、うまくできた。
요리를 설명서대로 만들었더니 잘 되었다.

59 ～たまま ～한 채로

접속 명사 + の · 연체사 + ～まま / 동사 た형 + ～たまま

의미 어떤 행동이나 상태가 지속된 상황에서 다른 행동이 이루어짐을 나타낸다.

服(ふく) 옷
着(き)る 입다
昔(むかし) 옛날

服を着たまま寝ました。 옷을 입은 채로 잤습니다.

昔のままの友達であってほしいです。 옛날 그대로의 친구이기를 바랍니다.

部長が戻ってくるまでこのまま部屋にいてください。
부장님이 돌아올 때까지 이대로 방에 있어 주세요.

60 ～たところだ 막 ~하다

접속 동사 た형 + ～たところだ

의미 행동이 끝난 직후를 나타낸다.

夫は会社から今帰ったところです。 남편은 회사에서 지금 막 돌아왔습니다.

仕事は今終ったところです。 일은 지금 막 끝났습니다.

さっきコーヒーを飲んだところです。 아까 커피를 막 마셨습니다.

61 ~たばかりだ　막 ~하다, ~한 지 얼마 안 되다

접속 동사 た형 + ~たばかりだ
의미 행동이 끝난 직후 또는 어느 정도 시간이 지난 주관적인 시점을 나타낸다.

弟(おとうと) 남동생
起(お)きる 일어나다
卒業(そつぎょう) 졸업
コンピューター 컴퓨터

弟は起きたばかりです。 남동생은 일어난 지 얼마 안 됩니다.

妹は高校を卒業したばかりです。 여동생은 고등학교를 졸업한지 얼마 안 됩니다.

そのコンピューターは買ったばかりです。 그 컴퓨터는 산 지 얼마 안 됩니다.

03 기타

62 ~(よ)うと思う　~하려고 생각하다

접속 동사 의지형 + ~(よ)うと思(おも)う
의미 의지 동사를 사용하여 말하는 사람의 예정이나 의지를 나타낸다.

自転車(じてんしゃ) 자전거
習(なら)う 배우다
両親(りょうしん) 부모님
建(た)てる 짓다, 건설하다
会議(かいぎ) 회의
起(お)きる 일어나다

娘は自転車を習おうと思ってます。 딸은 자전거를 배우려고 생각하고 있습니다.

両親は家を建てようと思っています。 부모님은 집을 지으려고 생각하고 있습니다.

会議があるので明日は早く起きようと思ってます。
회의가 있어서 내일은 빨리 일어나려고 생각하고 있습니다.

63 ~(よ)うとする ~하려고 하다

접속 동사 의지형 + ～(よ)うとする
의미 의지 동사를 사용하여 그 동작 행위를 실현하려고 하거나 시도해 보려고 하는 것을 나타낸다.

ジャム 잼
作(つく)る 만들다
窓(まど) 창
開(あ)ける 열다

仕事が終わって友だちとお酒を飲もうとします。
일이 끝나고 친구와 술을 마시려고 합니다.

久しぶりにジャムを作ろうとします。 오랜만에 잼을 만들려고 합니다.

窓を開けようとしたが、開けられなかったです。
창을 열려고 했지만, 열 수 없었습니다.

64 ~がする (맛, 소리, 냄새, 향기 등이) ~가 나다, (느낌, 기분 등이) 들다

접속 명사 + ～がする
의미 맛, 소리, 향기, 느낌 등의 감각을 나타낸다.

味(あじ) 맛
外(そと) 밖
変(へん)だ 이상하다
音(おと) 소리
売(う)り場(ば) 매장
におい 향기, 냄새
髪(かみ) 머리카락
短(みじか)い 짧다

この料理はどんな味がしますか。 이 요리는 어떤 맛이 납니까?

外で変な音がします。 밖에서 이상한 소리가 납니다.

売り場でいいにおいがします。 매장에서 좋은 향기가 납니다.

髪がちょっと短い気がしました。 머리가 좀 짧은 느낌이 들었습니다.

적중 예상 문제 ①

もんだい1 （　　　）に なにを いれますか。
1·2·3·4から いちばん いい ものを ひとつ えらんで ください。

01 母は 私に フランス りょうりを（　　　）くれました。

1 つくって　　2 つくり　　3 つくる　　4 つくれ

02 あには げんかんの ドアを（　　　）まま でかけました。

1 あけり　　2 あけ　　3 あけっ　　4 あけた

03 むずかしくても にほんごの べんきょうは（　　　）。

1 つづけいきます　　2 つづけたいきます　　3 つづけていきます　　4 つづけっていきます

04 A「ホテルは よやくしましたか。」
B「はい、もう よやく（　　　）。」
1 して ありません　　2 して あります　　3 して います　　4 して いません

05 さいふは ひきだしの 中に いれて（　　　）ください。

1 おいた　　2 おきて　　3 おくて　　4 おいて

06 だんなは かいしゃから いま かえって きた（　　　）です。

1 だけ　　2 ところ　　3 よう　　4 はず

07 せんぱいは ビール 5ほんを 全部（　　　）しまいました。

1 のんだら　　2 のんだり　　3 のんで　　4 のんだ

08 コンサートの じゅんびは せんぱいが（　　　）とおりに しました。

1 いって　　2 いったり　　3 いったら　　4 いった

▶ 정답과 해설 256쪽

もんだい 2　＿＿★＿＿入る ものは どれですか。
1·2·3·4から いちばん いい ものを ひとつ えらんで ください。

01 友達に ＿＿＿ ＿＿＿ ＿★＿ ＿＿＿ ました。

1 もらい　2 に　3 かして　4 ペンを

02 スミスさん ＿＿＿ ＿＿＿ ＿＿＿ ＿★＿ です。

1 えいごを　2 ほしい　3 おしえて　4 が

03 これから ＿＿＿ ＿＿＿ ＿★＿ ＿＿＿ ます。

1 を　2 みようと　3 テレビ　4 おもい

04 ふたり ＿＿＿ ＿＿＿ ＿★＿ ＿＿＿ です。

1 ばかり　2 けっこん　3 は　4 した

05 せんせい ＿＿＿ ＿＿＿ ＿★＿ ＿＿＿ ました。

1 はなを　2 に　3 さしあげ　4 かって

06 田中さんに ＿＿＿ ＿＿＿ ＿★＿ ＿＿＿ ました。

1 いただき　2 ことを　3 きのうの　4 はなして

07 天気が ＿＿＿ ＿＿＿ ＿★＿ ＿＿＿ ます。

1 あつく　2 だんだん　3 なって　4 き

08 あしたは ＿＿＿ ＿＿＿ ＿★＿ ＿＿＿ です。

1 ところ　2 いけないと　3 はなした　4 いそがしくて

もんだい 3 [01] から [05] に 何を いれますか。
1·2·3·4から いちばん いい ものを ひとつ えらんで ください。

昨日は 留学生 [01] パーティーが ありました。パーティーは 一ヶ月に 一回 あります。パーティーは 7時からでしたが 道が 込んで [02]。着いたら たくさんの 人が 来ていました。テーブルの 上には おいし [03] 料理と きれいな 花が [04]。みんなが 楽しく 話したり 食べたり しました。ひさしぶりに 楽しい 時間を 過ごしました。[05] 今度 また 会う 約束を して 別れました。車が ない わたしは スミスさんに 家まで 送ってもらいました。

01

1 に　　2 の　　3 を　　4 で

02

1 遅れてしまいました　　2 飲んでしまいました
3 忘れてしまいました　　4 食べてしまいました

03

1 ような　　2 ように　　3 そうな　　4 そうに

04

1 書いています　　2 置いてありました
3 すてています　　4 かけてありました

05

1 しかし　　2 そして　　3 でも　　4 けれども

적중 예상 문제 ②

▶ 정답 및 해설 262쪽

もんだい 1 （　　　）に なにを いれますか。
1・2・3・4から いちばん いい ものを ひとつ えらんで ください。

01 机の 下に かばんが（　　　）。

1 おいて います　　2 おいて あります
3 おいて おきます　　4 おいて みます

02 さいきん 夜は だんだん（　　　）。

1 さむく なって きました　　2 さむく なりません
3 さむい つもりです　　4 さむい はずです

03 わたしは ゴルフは した ことが ないが、きかいが あれば（　　　）です。

1 しながら　　2 した とおりに　　3 して みたい　　4 しないで

04 エアコンが（　　　）窓が 開けて ありました。

1 つけにくい　　2 つけすぎる　　3 つけたら　　4 ついたまま

05 母は いま せんたく（　　　）いる　ところです。

1 して　　2 した　　3 すれば　　4 しよう

06 この スーツは かった（　　　）です。

1 までに　　2 ばかり　　3 まえ　　4 だけ

07 先生に がいこくじんの ともだちを（　　　）。

1 しょうかいしても いいです　　2 しょうかいしては いけません
3 しょうかいして もらいました　　4 して くださいます

08 毎日 ゴルフの れんしゅうを（　　　）と します。

1 しよう　　2 する　　3 しない　　4 しろ

적중 예상 문제 ②

もんだい2　＿★＿入る ものは どれですか。
1・2・3・4から いちばん いい ものを ひとつ えらんで ください。

01 母は いつも ＿＿ ＿＿ ＿＿ ＿★＿ あげます。

1 かみを　2 の　3 いもうと　4 きって

02 ハンカチ ＿＿ ＿＿ ＿＿ ＿★＿ します。

1 かおり　2 いい　3 が　4 から

03 今日の やまのぼりに ＿＿ ＿★＿ ＿＿ ＿＿ ました。

1 たくさんの　2 きて　3 かたがたが　4 ください

04 かいぎは ＿＿ ＿＿ ＿★＿ ＿＿ たいです。

1 すすめ　2 かんがえた　3 とおりに　4 じぶんが

05 一日も ＿＿ ＿＿ ＿＿ ＿★＿ です。

1 ほしい　2 あきに　3 なって　4 はやく

06 パーティーが おわって ほかの ＿＿ ＿＿ ＿★＿ ＿＿ ました。

1 かえって　2 ひとたちは　3 みんな　4 しまい

07 りょうしんは ＿＿ ＿＿ ＿★＿ ＿＿ です。

1 ついた　2 いま　3 ところ　4 くうこうに

08 たいしかんまで ＿＿ ＿＿ ＿★＿ ＿＿ ました。

1 みちを　2 いただき　3 たなかさんに　4 あんないして

▶ 정답과 해설 265쪽

もんだい 3 [01] から [05] に 何を いれますか。
1·2·3·4から いちばん いい ものを ひとつ えらんで ください。

今日は 会社で 山登りを しました。田中さんも [01] いましたが、おとといから 仕事 [02] 名古屋に [03] 。出発時間になって、私たちは バスに 乗りました。バスから 山が 見えてきました。バスから 降りて みんなが 歩いて 登り始めました。山に 登ったら 花が たくさん 咲いて いました。私が 花を 見ている 間に 前の 人たちとの 間が だんだん [04] いきました。私も がんばって 歩きました。下り坂は 登り坂より 大変でした。今日は 歩きすぎて 足が 痛くなりました。[05] 楽しい 一日でした。

01

1 行きたがって　2 行きたくて　3 行かないで　4 行かなくて

02

1 で　2 を　3 は　4 が

03

1 行っています　2 行ってやります
3 行ってしまいます　4 行ってほしいです

04

1 遅くなり　2 遅くなって　3 遠くなって　4 遠くなり

05

1 そして　2 でも　3 それで　4 そのうえ

: : 둘째마당 : :

N4 문자·어휘

시나공

04 い형용사

성질과 상태를 나타내며 끝 글자가 '~い'로 끝납니다. い형용사는 명사를 수식할 때 ~い 형태로 수식합니다. 부정형, 과거형, 과거부정형, 연용형의 형태에 주의해서 학습해야 합니다.

시험에 이렇게 나온다!

もんだい1 (　　)の ことばは どう よみますか。
1·2·3·4から いちばん いい ものを ひとつ えらんで ください。

うそを ついたら 恥ずかしく ないですか。

1 はずかしく　　2 まぶしく　　3 むずかしく　　4 おかしく

해석 거짓말을 하면 부끄럽지 않습니까?
해설 기본형은 '恥(は)ずかしい'로 해서는 안 될 일을 하면 부끄러운 일이 되겠죠? 라는 의미를 나타냅니다. **정답** 1

시나공 따라잡기 あ행~さ행

空(そら) 하늘

明るい　　あかるい　　밝다

だんだん空が明るくなってきます。　점점 하늘이 밝아져 왔습니다.

강의실 생중계!

공간의 밝기뿐만 아니라 사람에게도 쓸 수 있습니다.
예 田中(たなか)さんは明(あか)るい人(ひと)ですね。 다나카 씨는 밝은 사람이네요.

川(かわ) 강
泳(およ)ぐ 헤엄치다

浅い　　あさい　　얕다

この川は浅くて泳げます。　이 강은 얕아서 헤엄칠 수 있습니다.

강의실 생중계!

浅い는 깊이뿐만이 아니라 정도, 양, 색깔 등을 나타낼 때도 씁니다.
예 関係(かんけい)が浅い。 관계가 깊지 않다.　　経験(けいけん)が浅い。 경험이 적다.
浅い茶色(ちゃいろ)。 연한 갈색.

二人(ふたり) 두 사람
関係(かんけい) 관계

おかしい 이상하다, 수상하다

あの二人の関係はおかしくないですか。 저 두 사람 관계는 이상하지 않습니까?

강의실 생중계!

おかしい는 '우습다'라는 뜻도 있으므로 함께 알아두세요.
예 おかしい話(はなし)で人(ひと)たちを笑(わら)わせる。 우스운 이야기로 사람들을 웃게 한다.

大人しい おとなしい 얌전하다, 온순하다

私には二人の妹がいますが、2番目の妹はとても大人しいです。
나에게는 2명의 여동생이 있는데 2번째 여동생은 매우 얌전합니다.

町(まち) 마을
景色(けしき) 경치
奥(おく)さん 부인
友情(ゆうじょう) 우정
花(はな) 꽃
咲(さ)く 피다
娘(むすめ) 딸
手(て) 손
洗(あら)う 씻다

美しい うつくしい 아름답다

町を美しくしましょう。 마을을 아름답게 만듭시다.

강의실 생중계!

비슷한 뜻의 な형용사 きれいだ와 비교해서 알아볼까요?
美しい는 사람의 모습 등 행위나 태도, 음색이나 색 등이 아름답다는 뜻으로 대상이 구체적, 추상적인 경우 모두 사용합니다.
예 美しい景色 아름다운 경치　美しい奥さん 아름다운 부인　美しい友情 아름다운 우정
きれいだ는 깨끗하다, 예쁘다는 뜻으로 구체적인 경우에만 쓰입니다.
예 きれいな花が咲いている。 예쁜 꽃이 피어 있다.
彼女の娘はきれいだ。 그녀의 딸은 예쁘다.
手をきれいに洗う。 손을 깨끗이 씻다.

薬屋(くすりや) 약국
隣(となり) 이웃(집)
店(みせ) 가게
ケーキ 케이크
歌(うた) 노래

うまい 맛있다, 잘하다

薬屋の隣の店のケーキはうまいです。 약국 옆 가게의 케이크는 맛있습니다.

강의실 생중계!

'おいしい 맛있다'와 같은 뜻입니다. おいしい가 더 점잖은 느낌이 있고 うまい는 예전에는 주로 남성이 썼지만 현재는 남성, 여성 구별 없이 쓰이고 있습니다.
예 彼女(かのじょ)は歌(うた)がうまい。 그녀는 노래를 잘한다.

安(やす)い 싸다
買(か)う 사다

嬉しい うれしい 기쁘다

かばんを安く買えてうれしい。 가방을 싸게 살 수 있어서 기쁘다.

ステーキ 스테이크
ぜんぜん 전혀

固い かたい 딱딱하다, 질기다

このステーキはぜんぜん固くありません。 이 스테이크는 전혀 질기지 않습니다.

ヘアスタイル 헤어스타일, 머리 모양

かっこいい 멋있다, 근사하다

彼のヘアスタイルはいつもかっこいい。 그의 머리모양은 언제나 멋있다.

大学(だいがく) 대학
入学(にゅうがく) 입학
試験(しけん) 시험
落(お)ちる 떨어지다
先生(せんせい) 선생님
生徒(せいと) 학생, 제자

悲しい かなしい 슬프다

大学入学試験に落ちて悲しいです。 대학 입학시험에 떨어져 슬픕니다.

厳しい きびしい 엄하다, 엄격하다

山田先生は生徒に厳しいです。 야마다 선생님은 학생에게 엄격합니다.

地図(ちず) 지도
説明(せつめい)する 설명하다

細かい こまかい 잘다, 세세하다

友だちは街の地図を細かく説明してくれました。 친구는 마을 지도를 세세하게 설명해 주었습니다.

강의실 생중계!

잔돈을 '細(こま)かい金(かね)'라고 합니다.

父(ちち) 아버지
顔(かお) 얼굴

怖い こわい 무섭다

父は今日は怖い顔をしています。 아빠는 오늘은 무서운 얼굴을 하고 있습니다.

彼女(かのじょ) 그녀
笑(わら)う 웃다

寂しい さびしい 쓸쓸하다, 외롭다

彼女は寂しそうに笑いました。 그녀는 쓸쓸한 듯이 웃었습니다.

電車(でんしゃ) 전철
込(こ)む 붐비다

すごい 굉장하다, 대단하다

帰りの電車はすごく込んでいました。 귀가할 때의 전철은 굉장히 붐볐습니다.

강의실 생중계!

정도가 심함을 나타내며 부사적으로 쓰이는 경우가 많습니다.
예 すごい勉強家(べんきょうか)だ。 대단한 노력가다.
すごく速(はや)く走(はし)る。 굉장히 빨리 달린다.

彼(かれ) 그, 남자친구
スーツ 양복
姿(すがた) 모습
すばらしい 멋지다

すばらしい 멋지다, 훌륭하다

彼のスーツ姿はすばらしいと思います。 그의 양복 (입은) 모습은 멋지다고 생각합니다.

강의실 생중계!

사람, 사물에 다 쓰입니다.
예 すばらしい車(くるま)ですね。 멋진 차네요.

시나공 따라잡기 た행～は행

はし 젓가락
使(つか)い方(かた) 사용법

正しい　ただしい　바르다, 옳다
はしの正しい使い方を教えてください。 젓가락의 바른 사용법을 가르쳐 주세요.

薬(くすり) 약
飲(の)む 마시다
～にくい ～하기 힘들다

苦い　にがい　쓰다
この薬は苦くて飲みにくいです。 이 약은 써서 먹기 힘듭니다.

강의실 생중계!

苦(にが)いは '쓰다'라는 뜻 이외에 '괴롭다, 언짢다' 등의 뜻도 있습니다.
예 それは苦い経験(けいけん)だった。 그것은 괴로운 경험이었다.
苦い顔(かお)をしている。 언짢은 얼굴을 하고 있다.

コーヒー 커피

温い　ぬるい　미지근하다
コーヒーが温くなりました。 커피가 미지근해졌습니다.

夕(ゆう)べ 어젯밤
遅(おそ)く 늦게
眠(ねむ)い 졸리다

眠い　ねむい　졸리다
夕べは遅く寝たので、今日は眠いです。 어젯밤은 늦게 자서 오늘은 졸립니다.

강의실 생중계!

같은 한자를 쓰는 동사 眠る는 '자다'의 의미입니다.
예 夕(ゆう)べは眠れませんでした。 어젯밤은 못 잤습니다.

話(はな)す 말하다, 이야기하다

恥ずかしい　はずかしい　창피하다, 부끄럽다
彼女は恥ずかしそうに話しました。 그녀는 부끄러운 듯이 말했습니다.

風(かぜ) 바람

ひどい　심하다
今日は風がひどいですね。 오늘은 바람이 심하군요.

강의실 생중계!

ひどいは '지독하다, 혹독하다'라는 의미로도 쓰입니다.
예 ひどい暑(あつ)さ 지독한 더위　ひどい寒(さむ)さ 혹독한 추위

映画(えいが) 영화
興味(きょうみ) 흥미
持(も)つ 가지다, 들다

深い　ふかい　깊다
兄は映画に深い興味を持っています。 형은 영화에 깊은 흥미를 가지고 있습니다.

시나공 따라잡기 ま행~わ행

買(か)う 사다

短い　　みじかい　　짧다

短いスカートを買いたいです。　짧은 스커트를 사고 싶습니다.

강의실 생중계!

사람의 성질을 나타낼 때도 쓰입니다.
예 気(き)が短い人(ひと)です。 성급한 사람입니다.

主人(しゅじん) 남편

珍しい　　めずらしい　　드물다, 신기하다

主人は珍しく遅く帰ってきました。　남편은 드물게 늦게 돌아 왔습니다.

강의실 생중계!

사람, 사물, 사건에 모두 쓰입니다.
예 それは珍しいことですね。 그것은 드문 일이군요.

優しい　　やさしい　　상냥하다, 친절하다

あそこのパン屋の人はみんな優しいです。　저기 빵 가게 사람은 모두 상냥합니다.

강의실 생중계!

발음이 같아서 헷갈리기 쉬운 '易(やさ)しい 쉽다'와 혼동하지 마세요!

数学(すうがく) 수학
問題(もんだい) 문제
~ばかり ~뿐

易しい　　やさしい　　쉽다

数学のテストは優しい問題ばかりでした。　수학 테스트는 쉬운 문제뿐이었습니다.

강의실 생중계!

'~하기 쉽다'라는 표현은 '동사 ます형+~やすい' 형태로 표현합니다.

店(みせ) 가게
パン 빵

柔らかい　　やわらかい　　부드럽다

この店のパンはとても柔らかい。　이 가게의 빵은 매우 부드럽다.

강의실 생중계!

柔(やわ)らかい는 '부드럽다'는 뜻 이외에 '폭신폭신하다, 포근하다, 유연하다' 등의 뜻도 있습니다.

約束(やくそく) 약속
時間(じかん) 시간

よろしい

좋다, 괜찮다, 적절하다, 알맞다

今日の約束の時間、よろしいですか。

오늘 약속 시간, 괜찮으십니까?

강의실 생중계!

よい의 격식 차린 말입니다.

적중 예상 문제 ①

もんだい 1 ＿＿＿＿の ことばは どう よみますか。
1・2・3・4から いちばん いい ものを ひとつ えらんで ください。

01 ともだちに あえなくて 寂しいです。

1 むずかしい　2 さびしい　3 かなしい　4 うつくしい

02 じゅぎょうちゅうに 眠くて たいへんでした。

1 とおくて　2 おおくて　3 ながくて　4 ねむくて

03 この かわは 深いですか。

1 ふかい　2 みじかい　3 ちかい　4 やさしい

04 学生が がんばっている ことを きくと 嬉しいです。

1 さびしい　2 うれしい　3 はずかしい　4 めずらしい

05 パンが 固く なって、 たべられません。

1 ふるく　2 あまく　3 からく　4 かたく

06 この みせの にくは すごく 柔らかいです。

1 やわらかい　2 あきらかい　3 ほがらかい　4 たいらかい

07 細かい じで かくと よみにくいです。

1 ふかい　2 たかい　3 こまかい　4 みじかい

08 そぼに しなれて 悲しいです。

1 ただしい　2 はずかしい　3 おかしい　4 かなしい

もんだい 2 ＿＿＿＿＿の ことばは どう かきますか。
1·2·3·4から いちばん いい ものを ひとつ えらんで ください。

01 あなたの いう ことが ただしいと おもう。

1 嬉しい　2 厳しい　3 正しい　4 優しい

02 わたしの へやは あかるくて、ひろいです。

1 明るくて　2 悪るくて　3 古るくて　4 軽るくて

03 ふゆは ひが みじかく なります。

1 高く　2 短く　3 暖かく　4 深く

04 わたしの りょうしんは けっこう きびしいです。

1 寂しい　2 厳しい　3 正しい　4 珍しい

05 こどもたちは あさい ところで およいで います。

1 長い　2 高い　3 深い　4 浅い

06 その えいがの 音楽は うつくしいと おもいます。

1 美しい　2 嬉しい　3 難しい　4 易しい

07 わたしは にがい コーヒーが すきです。

1 辛い　2 苦い　3 古い　4 甘い

08 かのじょは やさしくて みんなに すかれます。

1 欲しくて　2 悲しくて　3 優しくて　4 厳しくて

적중 예상 문제 ①

もんだい3 （　　　）に なにを いれますか。
1·2·3·4から いちばん いい ものを ひとつ えらんで ください。

01 わたしの ちちの じは よみ（　　　）です。

1 いい　　2 かたい　　3 みじかい　　4 にくい

02 こんかいは（　　　）そつぎょう りょこうでした。

1 あさい　　2 すばらしい　　3 やわらかい　　4 こまかい

03 しごとが おわったから かえっても（　　　）ですか。

1 よろしい　　2 さびしい　　3 うれしい　　4 うつくしい

04 レポートは（　　　）にほんごで かきました。

1 あさい　　2 おかしい　　3 やさしい　　4 ふかい

05 ここは（　　　）たかい レストランですね。

1 すごく　　2 おおく　　3 おおきい　　4 ながく

06 わたしは（　　　）えいがを みたら ねられません。

1 あかるい　　2 ねむい　　3 くらい　　4 こわい

07 かれから ずっと れんらくが ない ことが（　　　）です。

1 おもしろい　　2 おかしい　　3 やすい　　4 ぬるい

08 この みせの ハンバーグは（　　　）です。

1 にがい　　2 こわい　　3 うまい　　4 ほそい

▶ 정답과 해설 272쪽

もんだい 4 ＿＿＿＿＿の ぶんと だいたい おなじ いみの ぶんが あります。
1·2·3·4から いちばん いい ものを ひとつ えらんで ください。

01 ともだちの はなしを きいて はずかしく なりました。

1 ともだちの はなしを きいて かおが あかく なりました。
2 ともだちの はなしを きいて かおが しろく なりました。
3 ともだちの はなしを きいて かおが あおく なりました。
4 ともだちの はなしを きいて かおが きいろく なりました。

02 ゆうべ おそく ねたので いま すごく ねむいです。

1 ゆうべ おそく ねたので いま ねないで ください。
2 ゆうべ おそく ねたので いま ねたいです。
3 ゆうべ おそく ねたので あとで ねます。
4 ゆうべ おそく ねたので いま ねなくて いいです。

03 ちかくの こうえんに ある いけは ふかいです。

1 ちかくの こうえんに ある いけに はいっても いいです。
2 ちかくの こうえんに ある いけに はいっては いけません。
3 ちかくの こうえんに ある いけに はいって あそべます。
4 ちかくの こうえんに ある いけに はいらなければ なりません。

04 かれは わたしに やさしく して くれます。

1 かれは わたしに しんせつに して あげます。
2 かれは わたしに しんせつに して くれます。
3 かれは わたしに しんせつに して もらいます。
4 かれは わたしに しんせつに して ほしいです。

もんだい5 つぎの ことばの つかいかたで いちばん いい ものを ひとつ えらんで ください。

01 あかるい

1 えいがは あかるい ところで みます。
2 あかるい ひとより くらい ひとが すきです。
3 この みちは あかるくて こわく ないです。
4 やおやの ひとは あかるいから いやです。

02 さびしい

1 ともだちが いなく なると さびしく なります。
2 りょうしんと いっしょだから さびしいです。
3 せんせいに しかられて さびしいです。
4 かれと こんばん あうので さびしいです。

03 めずらしい

1 かのじょが ごはんを たべるのは めずらしい ことです。
2 かれが ちこくする ことは けっして めずらしい ことでは ありません。
3 てを あらうのは めずらしい ことです。
4 がっこうに いくのは めずらしい ことです。

04 やさしい

1 だれでも よめる やさしい ほんです。
2 ふじさんに のぼるのは やさしいです。
3 ほうりつの べんきょうは やさしいです。
4 べんきょうと バイトを りょうほう するのは やさしいです。

적중 예상 문제 ②

▶ 정답 및 해설 274쪽

もんだい 1 ＿＿＿＿＿の ことばは どう よみますか。
1·2·3·4から いちばん いい ものを ひとつ えらんで ください。

01 スープが 温くなりました。

1 ぬるく　2 かたく　3 たかく　4 ながく

02 こうこうの せんせいを ひさしぶりに あって 嬉しかったです。

1 うつくし　2 かなし　3 さびし　4 うれし

03 ゆうべ ほうそうされた えいがは 怖く ありませんでした。

1 ひくく　2 まずく　3 こわく　4 おもしろく

04 いえの うしろの かわは 浅いです。

1 すごい　2 あさい　3 ふかい　4 ねむい

05 あなたが いった いけんが 正しかったです 。

1 ただし　2 はずかし　3 うれし　4 さびし

06 あの レストランの ステーキは 固いですか。

1 うまい　2 にがい　3 こわい　4 かたい

07 苦い くすりは からだに いい ことばが あります。

1 うまい　2 ひくい　3 ひどい　4 にがい

08 となりの おばあさんは 優しいです。

1 めずらしい　2 やさしい　3 おかしい　4 きびしい

적중 예상 문제 ②

もんだい 2 ＿＿＿＿＿の ことばは どう かきますか。
1·2·3·4から いちばん いい ものを ひとつ えらんで ください。

01 かれは めずらしく にほんの ドラマを みて います。

1 嬉しく　2 寂しく　3 珍しく　4 正しく

02 こうちょう せんせいは きびしいです。

1 悲しい　2 美しい　3 厳しい　4 優しい

03 ごご 4じ ぐらいに なると ねむく なります。

1 怖く　2 苦く　3 深く　4 眠く

04 やさいを こまかく きって ください。

1 細かく　2 柔らかく　3 暖かく　4 短くて

05 アメリカじんの ともだちが きこくするから かなしいです 。

1 正しい　2 珍しい　3 悲しい　4 優しい

06 うちの こどもは にがい くすりを よく のみます。

1 固い　2 苦い　3 温い　4 深い

07 にほんごを ならったばかりなので やさしい 本から よんで います。

1 易しい　2 厳しい　3 寂しい　4 嬉しい

08 このあいだ よんだ むかしばなしは こわく ありませんでした。

1 浅く　2 怖く　3 苦く　4 深く

▶ 정답과 해설 277쪽

もんだい 3 （　　　）に なにを いれますか。
1·2·3·4から いちばん いい ものを ひとつ えらんで ください。

01 かれは（　　　）くるまを もって います。

1 おかしい　2 はずかしい　3 ひどい　4 すばらしい

02 そとが きゅうに（　　　）なりました。

1 あかるく　2 みじかく　3 よろしく　4 あさく

03 しつもんに たいした その こたえは（　　　）ありませんか。

1 にがく　2 ぬるく　3 おかしく　4 きびしく

04 せんせいは がくせいたちに（　　　）わらって くださいました。

1 みじかく　2 やさしく　3 こわく　4 ひどく

05 ひさしぶりに ともだちが たずねてきて（　　　）です。

1 うれしかった　2 にがかった　3 かたかった　4 ねむかった

06 きょう ははは（　　　）おそく おきました。

1 みじかく　2 あかるく　3 かるく　4 めずらしく

07 きのうよりは ぐあいが（　　　）ありません。

1 うまく　2 ひどく　3 しろく　4 たかく

08 むらたさんの いけんが（　　　）と おもったら てを あげて ください。

1 かたい　2 やわらかい　3 ただしい　4 あさい

적중 예상 문제 ②

もんだい4 ＿＿＿＿＿の ぶんと だいたい おなじ いみの ぶんが あります。
1·2·3·4から いちばん いい ものを ひとつ えらんで ください。

01 かのじょは パーティーに おかしい ふくを きて きました。

1 かのじょは パーティーに へんな ふくを きて きました。
2 かのじょは パーティーに たかい ふくを きて きました。
3 かのじょは パーティーに やすい ふくを きて きました。
4 かのじょは パーティーに きれいな ふくを きて きました。

02 まちを うつくしく しましょう。

1 まちを あかるく しましょう。
2 まちを げんきに しましょう。
3 まちを うまく しましょう。
4 まちを きれいに しましょう。

03 しゃちょうが いらっしゃるまで ここで まっても いいですか。

1 しゃちょうが いらっしゃるまで ここで まっては いけませんか。
2 しゃちょうが いらっしゃるまで ここで まっても なりませんか。
3 しゃちょうが いらっしゃるまで ここで まっても よろしいですか。
4 しゃちょうが いらっしゃるまで ここで まっても いやですか。

04 かれは ゴルフが うまいです。

1 かれは ゴルフが じょうずです。
2 かれは ゴルフが じょうずでは ありません。
3 かれは ゴルフが へたです。
4 かれは ゴルフが へたでは ありません。

もんだい 5 つぎの ことばの つかいかたで いちばん いい ものを ひとつ えらんで ください。

01 きびしい

1 となりの こどもは きびしいです。
2 きびしい ほんが よみたいです。
3 せんせいは じゅぎょうちゅうには きびしいです。
4 ははは きびしい りょうりを つくりました。

02 こわい

1 りょうしんが げんきなのが こわいです。
2 じしんは こわいです。
3 うれしい ことが あったら こわいです。
4 けっこんするのが こわいです。

03 ぬるい

1 ぬるい なつです。
2 ケーキが ぬるく なりました。
3 きょうは ぬるい きもちです。
4 おふろが ぬるいです。

04 よろしい

1 わたしが びじゅつかんを あんないしても よろしいですか。
2 きょうの あつまりに おくれても よろしいです。
3 しけんべんきょうを しなくても よろしいです。
4 ひとの おかねは かえさなくても よろしいです。

시나공

05 な형용사

い형용사와 같이 성질과 상태를 나타내며 끝 글자가 ~だ로 끝납니다. 어미가 활용을 하며 명령형과 의지형이 없으며 명사를 수식할 경우 ~な형태가 됩니다. N4 대비를 위한 な형용사를 중요도순으로 오십음순으로 나누어 정리했습니다. 예문을 통해 용법을 충분히 익혀두기 바랍니다.

시험에 이렇게 나온다!

もんだい5　つぎの ことばの つかいかたで いちばん いい ものを ひとつ えらんで ください。

へんだ

1 こどもが へんな ケーキを たべて います。
2 へやで へんな おとが します。
3 はなから へんな においが します。
4 りょうしんは へんな きもちです。

해석 이상하다
해설 変(へん)だ는 보통 때와 다른 이상한 상태, 불신, 불쾌감 등을 나타냅니다.　**정답** 2

시나공 따라잡기　あ행~わ행

皆(みな)さん 여러분
祈(いの)る 기원하다

安全だ　あんぜんだ　안전하다
皆さんの安全な旅行を祈ります。　여러분의 안전한 여행을 기원합니다.

今回(こんかい) 이번
英語(えいご) 영어
問題(もんだい) 문제

簡単だ　かんたんだ　간단하다
今回の英語の問題は簡単ではありませんでした。　이번 영어 문제는 간단하지 않았습니다.

山道(やまみち) 산길

危険だ　きけんだ　위험하다
その山道は危険ですから、行かないほうがいいです。　그 산길은 위험하니까 가지 않는 게 좋습니다.

강의실 생중계!

危険(きけん)だ는 い형용사 危(あぶ)ない와 비슷한 말입니다.

泣(な)き出(だ)す 울기 시작하다

급だ きゅうだ 급하다, 빠르다, 갑작스럽다

子供が急に泣き出しました。 아이가 갑자기 울기 시작했습니다.

강의실 생중계!

急(きゅう)だ의 비슷한 표현으로 突然(とつぜん) '돌연히, 갑자기'가 있습니다.
예 店(みせ)の中(なか)が突然(とうぜん)暗(くら)くなった。 가게 안이 갑자기 어두워졌다.

国(くに) 나라
工業(こうぎょう) 공업

盛んだ さかんだ 번창하다, 번성하다

この国は工業が盛んです。 이 나라는 공업이 번성합니다.

강의실 생중계!

盛(さか)んだ는 '번성하다' 이외에 '왕성하다, 맹렬하다, 유행하다, 빈번하다' 등의 뜻도 있습니다.
예 彼の学校はスポーツが盛んだ。 그의 학교는 스포츠가 유행하고 있다.

残念だ ざんねんだ 유감이다, 아쉽다

彼女がパーティーに来られないのは残念ですね。
그녀가 파티에 올 수 없는 것은 아쉽네요.

隣(となり) 옆, 이웃
音(おと) 소리

じゃまだ 방해하다

隣の部屋のラジオの音がじゃまでした。 옆 방 라디오 소리가 방해가 되었습니다.

강의실 생중계!

じゃま는 じゃまする '방해하다'라는 동사로도 쓰이며 おじゃまする의 형태로 '남의 집을 찾아뵙다'라는 의미로도 쓰입니다.
예 勉強中ですから、じゃましないでください。 공부 중이니까 방해하지 마세요.
来週おじゃまします。 다음 주에 찾아뵙겠습니다.

週末(しゅうまつ) 주말

自由だ じゆうだ 자유롭다

週末はいつも自由です。 주말은 언제나 자유롭습니다.

人数分(にんずうぶん) 인원수 분

十分だ じゅうぶんだ 충분하다

人数分のケーキが十分あります。 인원수 분의 케이크가 충분히 있습니다.

강의실 생중계!

十分(じゅっぷん)이라고 읽으면 '10분'이라는 표현이 되므로 주의해야 합니다.

お巡(まわ)りさん 경찰관
道(みち) 길
教(おし)える 가르치다

親切だ しんせつだ 친절하다

お巡りさんは道を親切に教えてくださいました。
경찰관은 길을 친절히 가르쳐 주셨습니다.

手紙(てがみ) 편지

心配だ　しんぱいだ　걱정이다

子供がまだ帰らなくて心配です。 아이가 아직 돌아오지 않아서 걱정입니다.

大事だ　だいじだ　소중하다, 중요하다

これは私にとって大事な手紙です。 이것은 저에게 있어서 소중한 편지입니다.

강의실 생중계!

비슷한 말로 大切(たいせつ)だ가 있습니다. 또한 お大事(だいじ)に라는 표현이 많이 쓰이는데 인사말로 '몸조리 잘하세요.'라는 뜻입니다.

確かだ　たしかだ　확실하다

彼も出張に行くのが確かです。 그도 출장 가는 것이 확실합니다.

강의실 생중계!

부사로 쓰여 추측과 확신의 의미로 쓰입니다. 確(たし)か는 추측의 의미이며, 確(たし)かに는 확신의 의미로 쓰입니다.

예 約束(やくそく)の時間(じかん)は確か3時でした。 약속시간은 아마 3시이었을 겁니다. 〈추측〉
彼は確かにそう言いました。 그는 확실히 그렇게 말했습니다. 〈확신〉

気(き)をつける 조심하다

だめだ　안 된다

冬は火事にもっと気をつけないとだめです。
겨울에는 화재에 더 조심하지 않으면 안 됩니다.

あいさつする 인사하다

丁寧だ　ていねいだ　정중하다, 공손하다, 친절하다, 신중하다

子供が隣のおばさんにいつも丁寧にあいさつします。
아이가 옆 집 아주머니에게 늘 공손하게 인사합니다.

運動(うんどう) 운동

適当だ　てきとうだ　적당하다, 꼭 들어맞다

運動も適当にしなさい。 운동도 적당히 하렴.

特別(とくべつ)に 특별히

特別だ　とくべつだ　특별하다

彼の声は特別に大きいです。 그의 목소리는 특별히 큽니다.

人形(にんぎょう) 인형
集(あつ)め 수집

熱心だ　ねっしんだ　열심이다

妹は人形集めに熱心です。 여동생은 인형 수집에 열심입니다.

海外(かいがい) 해외

久しぶりだ　ひさしぶりだ　오래간만이다

海外旅行に行ったのは久しぶりです。 해외여행을 간 것은 오래간만입니다.

강의실 생중계!

久しぶりだ는 お久(ひさ)しぶりです라는 형태로 인사말로도 쓰입니다.
예 皆(みな)さん、お久(ひさ)しぶりです。 여러분 오래간만입니다.

必要だ　ひつようだ　필요하다

今、あなたに必要なものは何ですか。 지금 당신에게 필요한 것은 무엇입니까?

気持(きも)ち 기분

複雑だ　ふくざつだ　복잡하다

二人が別れたというニュースを聞いて複雑な気持ちになりました。
두 사람이 헤어졌다는 뉴스를 듣고 복잡한 기분이 되었습니다.

昔(むかし) 옛날
交通(こうつう) 교통

不便だ　ふべんだ　불편하다

昔その辺は交通が不便でした。 옛날 그 주변은 교통이 불편했습니다.

特(とく)に 특히
所(ところ) 곳, 장소

変だ　へんだ　이상하다

部屋の中に特に変な所はありませんか。 방 안에 특히 이상한 곳은 없습니까?

真面目だ　まじめだ　성실하다, 진지하다

彼はみんなに真面目だと言われます。 그는 모두에게 성실하다고 말을 듣습니다.

出張(しゅっちょう) 출장
日帰(ひがえ)り 당일치기

無理だ　むりだ　무리다

今回の出張は日帰りは無理です。 이번 출장은 당일치기는 무리입니다.

顔(かお) 얼굴

迷惑だ　めいわくだ　귀찮다, 성가시다

彼は頼まれたことに迷惑な顔をしています。
그는 부탁받은 일에 귀찮은 얼굴을 하고 있습니다.

楽だ　らくだ　편안하다

このベッドは楽です。 이 침대는 편안합니다.

강의실 생중계!

楽(らく)だ는 '易(やさ)しい 쉽다'는 의미도 있습니다.
예 歴史(れきし)の問題(もんだい)は楽(らく)ではない。 역사 문제는 쉽지 않다.

적중 예상 문제 ①

もんだい 1 ＿＿＿＿の ことばは どう よみますか。
1·2·3·4から いちばん いい ものを ひとつ えらんで ください。

01 大事な はなしですから よく きいて ください。

1 たいしな　2 だいしな　3 たいじな　4 だいじな

02 ほんやく というのは そんなに 簡単な ことでは ありません。

1 かんたんな　2 がんたんな　3 がんだんな　4 かんだんな

03 田舎の りょうしんが げんきなのか 心配です。

1 しっぱい　2 しんぱい　3 しんぱい　4 しっぱい

04 ともだちと いっしょに りょこうに いけなくて 残念です。

1 さんねん　2 ざんねん　3 じゃんねん　4 ちゃんねん

05 わたしは のみものの なかで コーヒーが いちばん 好きです。

1 ずぎ　2 すぎ　3 すき　4 ずき

06 らいしゅうの どようびの やくそくは 確かです。

1 あきらか　2 やわらか　3 にぎやか　4 たしか

07 ふたりの かんけいは とても 複雑です。

1 とうぜん　2 ふくざつ　3 ざんねん　4 ぶじ

08 りょうしんが りょこうへ いって 自由に なりました。

1 しゆう　2 じゆう　3 じゆ　4 しゆ

▶ 정답과 해설 281쪽

もんだい 2 ＿＿＿＿の ことばは どう かきますか。
1･2･3･4から いちばん いい ものを ひとつ えらんで ください。

01 こどもたちは あんぜんな ところに います。

1 安転　2 安全　3 安田　4 安前

02 いま すんで いる ところは こうつうが ふべんです。

1 不便　2 払便　3 不勉　4 払勉

03 せんせいから ことばの いみを ていねいに せつめいして もらいました。

1 無理　2 自由　3 丁寧　4 簡単

04 きょう ならった かんじを ぜんぶ おぼえるのは むりです。

1 無理　2 勿理　3 無利　4 勿理

05 なぜ かのじょと わかれたのか てきとうな きかいに はなします。

1 適当　2 的堂　3 適堂　4 的当

06 セミナーに いくか いかないかは、あなたの じゆうです。

1 事有　2 事由　3 自有　4 自由

07 ことしの たんじょうびには とくべつな プレゼントを したい。

1 持別　2 待別　3 特別　4 侍別

08 きのうから れいぞうこの おとが へんです。

1 辺　2 夏　3 変　4 返

적중 예상 문제 ①

もんだい3　（　　　）に なにを いれますか。
1·2·3·4から いちばん いい ものを ひとつ えらんで ください。

01 これと（　　　）かばんを つくって ください。

1 きけんな　2 じゆうな　3 ねっしんな　4 おなじ

02 この ちずは（　　　）すぎて わかりにくい。

1 ねっしん　2 きらい　3 ふくざつ　4 さかん

03 あなたなら えいぎょうの けいけんが あるから（　　　）できます。

1 じゅうぶんに　2 しゅっぷん　3 ひじょうに　4 とても

04 この いすは おもったより（　　　）では ありません。

1 かんたん　2 めいわく　3 らく　4 じゃま

05 かのじょは（　　　）、やさしいです。

1 ふくざつで　2 しんせつで　3 むりで　4 あんぜんで

06 こまった ことが あったら りょうしんに しらせる（　　　）が あります。

1 しんせつ　2 ひつよう　3 かんたん　4 ざんねん

07 かのじょは いがくの ほうりつを（　　　）に しって いますか。

1 さかん　2 じょうず　3 すき　4 たしか

08 としょかんに ある パソコンは（　　　）に つかって ください。

1 じゆう　2 むり　3 まじめ　4 すぎ

もんだい 4 ＿＿＿＿＿の ぶんと だいたい おなじ いみの ぶんが あります。
1·2·3·4から いちばん いい ものを ひとつ えらんで ください。

01 せいようじんにとって はしの つかいは ふべんです。

1 せいようじんの はしの つかいは やすくありません。
2 せいようじんの はしの つかいは たかくありません。
3 せいようじんの はしの つかいは らくではありません。
4 せいようじんの はしの つかいは あんぜんではありません。

02 これは ははの だいじな しゃしんです。

1 これは ははの すきな しゃしんです。
2 これは ははの きらいな しゃしんです。
3 これは ははの いやな しゃしんです。
4 これは ははの たいせつな しゃしんです。

03 ガスは きけんだから きを つけて ください。

1 ガスは あぶないから きを つけて ください。
2 ガスは だいじょうぶだから きを つけて ください。
3 ガスは あんぜんだから きを つけて ください。
4 ガスは あんしんだから きを つけて ください。

04 きょうも ねっしんに はたらきます。

1 きょうも ときどき はたらきます。
2 きょうも たいてい はたらきます。
3 きょうも いっしょうけんめいに はたらきます。
4 きょうも ふつう はたらきます。

もんだい5　つぎの　ことばの　つかいかたで　いちばん　いい　ものを　ひとつ　えらんで　ください。

01 かんたんだ

1 きのうの　やまのぼりは　かんたんでした。
2 この　カメラの　つかいかたは　かんたんです。
3 かんじを　ひゃっこ　おぼえるのは　かんたんです。
4 えいごで　せつめいするのは　かんたんです。

02 あんぜんだ

1 あの　かわは　およいでも　あんぜんです。
2 よみちは　あんぜんです。
3 ナイフは　あんぜんな　ものです。
4 うそを　つくのは　あんぜんな　ことです。

03 むりだ

1 まいにち　3かい　ごはんを　たべるのは　むりです。
2 こどもにも　できる　ことは　わたしには　むりです。
3 30ページの　レポートを　1じかんで　かくのは　むりです。
4 お湯を　わかすのは　むりです。

04 めいわくだ

1 でんしゃの　なかで　さわぐのは　ひとに　めいわくに　なる　ことです。
2 ともだちと　りょこうするのは　めいわくです。
3 あかちゃんが　うまれるのは　めいわくです。
4 かぞくの　ひとりが　しんだら　めいわくです。

적중 예상 문제 ②

▶ 정답 및 해설 286쪽

もんだい 1 ＿＿＿＿＿の ことばは どう よみますか。
1·2·3·4から いちばん いい ものを ひとつ えらんで ください。

01 さいきん スポーツ ダンスが 盛んです。

1 ざんねん　2 あんせん　3 きけん　4 さかん

02 高い 山に のぼるのは こどもには 無理です。

1 しゃま　2 むり　3 らく　4 じゆう

03 りょうりに しおと さとうは 適当に いれて ください。

1 てきとう　2 べんとう　3 とうとう　4 ふうとう

04 だれにも 確かな みらいは 見えない。

1 こまかな　2 あたたかな　3 たしかな　4 やわらかな

05 ぜんかいのように にもつを 安全に おくりました。

1 あんぜん　2 かんたん　3 ぶべん　4 かんぜん

06 しゅじんは 急に しごとで でかけました。

1 へんに　2 らくに　3 きゅうに　4 だめに

07 1じかん およいだから きょうの うんどうは これで 十分です。

1 かんたん　2 じゅうぶん　3 ざんねん　4 ねっしん

08 ひさしぶりに きょうは 暇でした。

1 ひま　2 さかん　3 しゆう　4 きけん

적중 예상 문제 ②

もんだい2 ＿＿＿＿の ことばは どう かきますか。
1·2·3·4から いちばん いい ものを ひとつ えらんで ください。

01 きょうの おひるごはんは わたしが かんたんに 作れる ものに します。

1 複雑　　2 大事　　3 必要　　4 簡単

02 こんしゅうは とくべつな スケジュールは ありません。

1 特別　　2 安全　　3 迷惑　　4 無理

03 こんどの しゅっちょうに てきとうな ひとは だれですか。

1 丈夫　　2 立派　　3 適当　　4 大切

04 これからの はなしを まじめに きいて ください。

1 大丈夫　　2 真面目　　3 特別　　4 丁寧

05 じゅぎょうに ひつような テキストは じゅんびしてください。

1 必要　　2 残念　　3 心配　　4 親切

06 うんてんは きけんな ことだから いつも きを つけて ください。

1 安全　　2 十分　　3 迷惑　　4 危険

07 この すうがくの もんだいは そんなに ふくざつじゃ ありません。

1 不便　　2 有名　　3 複雑　　4 大変

08 がくせいたちは ねっしんに じゅぎょうを きいて います。

1 適当　　2 熱心　　3 安全　　4 心配

▶ 정답과 해설 288쪽

もんだい 3 (　　　)に なにを いれますか。
1・2・3・4から いちばん いい ものを ひとつ えらんで ください。

01 (　　　) せんぱいから れんらくが ありました。

1 ひさしぶりに　　2 まじめに　　3 たしかに　　4 だいすきに

02 こどもが べんきょうちゅうだから (　　　) しては いけません。

1 めいわく　　2 ふくざつ　　3 しんぱい　　4 じゃま

03 この サンダルは (　　　) で、デザインも かわいいです。

1 ふべん　　2 きけん　　3 らく　　4 へん

04 2かいの かいぎしつは (　　　) に つかっても いいですか。

1 さかん　　2 むり　　3 じゃま　　4 じゆう

05 かいぎに (　　　) な ものが あれば はなします。

1 とくべつ　　2 ひつよう　　3 たしか　　4 じゅうぶん

06 (　　　) な ことは かれに いわないで ください。

1 むり　　2 らく　　3 きゅう　　4 じゃま

07 これは かりた カメラだから (　　　) に つかってください。

1 めいわく　　2 ていねい　　3 かんたん　　4 ひつよう

08 からだの ぐあいが よくないから (　　　) しないで ください。

1 むり　　2 ふべん　　3 だめ　　4 きゅう

적중 예상 문제 ②

もんだい4 ＿＿＿＿＿の ぶんと だいたい おなじ いみの ぶんが あります。
1·2·3·4から いちばん いい ものを ひとつ えらんで ください。

01 ケーキを つくるのに 何が ひつようですか。

1 ケーキを つくるのに 何が いりますか。
2 ケーキを つくるのに 何が ありますか。
3 ケーキを つくるのに 何を いれますか。
4 ケーキを つくるのに 何が はいりますか。

02 ふたりが けっこんするのは たしかです。

1 ふたりが けっこんするのは うそです。
2 ふたりが けっこんするのは ほんとうです。
3 ふたりが けっこんするのは まだです。
4 ふたりが けっこんするのは へんです。

03 だれも いない じむしょに はいっては だめです。

1 だれも いない じむしょに はいらなければ いけません。
2 だれも いない じむしょに はいらなければ なりません。
3 だれも いない じむしょに はいっても いいです。
4 だれも いない じむしょに はいっては いけません。

04 この カメラの つかいかたは ふくざつです。

1 この カメラの つかいかたは ふつうです。
2 この カメラの つかいかたは むずかしいです。
3 この カメラの つかいかたは やさしいです。
4 この カメラの つかいかたは かんたんです。

もんだい 5 つぎの ことばの つかいかたで いちばん いい ものを ひとつ えらんで ください。

01 しんぱいだ

1 まいにち しょくじが しんぱいです。
2 しあいに かつのは しんぱいです。
3 かぞくの ことを しんぱいして ください。
4 りょうしんは 私の ことを しんぱいして います。

02 ねっしんだ

1 むすめは ピアノの れんしゅうに ねっしんです。
2 かれは ねる ことに ねっしんです。
3 こどもたちは ねっしんに あそんで いる。
4 やくそくの じかんに ねっしんです。

03 おなじだ

1 にほんと ちゅうごくは ことばが おなじです。
2 ともだちと おなじ かばんを かいました。
3 ねだんが おなじなので かいませんでした。
4 ふたりは としは おなじなので、かのじょの ほうが あね みたいです。

04 てきとうだ

1 りょうしんにも てきとうに れんらくして います。
2 べんきょうも てきとうに したいです。
3 この しごとに てきとうな ひとは やまださんです。
4 しごとも てきとうに します。

시나공 06

동사

사람이나 사물의 동작, 존재를 나타내며 기본형의 끝 글자는 う단으로 끝납니다. う단을 어미라 하고 그 앞 부분을 어간이라 합니다. 어미가 활용을 하며 형용사와 달리 명령형과 의지형이 있습니다. 동사 종류에는 1그룹동사, 2그룹동사, 3그룹동사가 있으며 자동사와 타동사로 구분되는 동사도 많습니다.

시험에 이렇게 나온다!

もんだい1 ＿＿＿＿の ことばは どう よみますか。
1·2·3·4から いちばん いい ものを ひとつ えらんで ください。

図書館で おおきな 声で 話しては いけません。

1 かし　　2 はし　　3 はなし　　4 さがし

해석 도서관에서 큰 소리로 이야기해서는 안 됩니다.
해설 話(はな)す는 5단 활용을 하는 동사로 '이야기하다'라는 뜻입니다.
어휘 図書館(としょかん) 도서관　大(おお)きな 큰　声(こえ) (목)소리

정답 3

시나공 따라잡기 あ행

靴(くつ) 구두

合う　あう　맞다

この靴は私によく合います。　이 구두는 나에게 잘 맞습니다.

강의실 생중계!

'(음식 등이) 입에 맞다'라는 표현은 口(くち)に合(あ)う라고 합니다.

バス代(だい) 버스 요금

上がる　あがる　오르다

来月からバス代が上がります。　다음 달부터 버스 요금이 오릅니다.

강의실 생중계!

아래에서 위로, 위치를 이동하거나 지위나 성적 등이 오를 때도 쓰입니다.

예 歩いて1階から3階(さんがい)に上がっていく。 걸어서 1층에서 3층으로 올라가다.
前(まえ)より成績(せいせき)が上がる。 전보다 성적이 오르다.

空く　あく　비다

日曜日なので電車の中が空いています。　일요일이라서 전철 안은 비어 있습니다.

강의실 생중계!

あく라는 동사는 한자가 여러 가지 있습니다. 시간이나 공간이 빌 때, 문이 열릴 때 등에 씁니다.
예 社長(しゃちょう)の椅子(いす)が空く。 사장님의 자리가 비어 있다.
空いている部屋(へや)はありませんか。 비어 있는 방은 없습니까?
家から近いスーパーは10時(じ)に開(あ)く。 집에서 가까운 슈퍼마켓은 10시에 연다.

あげる　주다

友だちにペンをあげました。　친구에게 펜을 주었습니다.

강의실 생중계!

내가 남이나 내 가족에게 줄 때 또는 제 3자끼리 줄 때 사용합니다.
예 田中さんは山田さんに本をあげました。 다나카 씨는 야마다 씨에게 책을 주었습니다.

公園(こうえん) 공원
始(はじ)める 시작하다

集まる　あつまる　모이다

公園に人たちが集まり始めました。　공원에 사람들이 모이기 시작했습니다.

人形(にんぎょう) 인형

集める　あつめる　모으다

妹は人形を集めています。　여동생은 인형을 모으고 있습니다.

守(まも)る 지키다

謝る　あやまる　사과하다

彼は彼女に約束を守れなかったのを謝ると言いました。
그는 여자 친구에게 약속을 지키지 못한 것을 사과한다고 말했습니다.

生きる　いきる　살다, 살아가다

人は水がなければ、生きていけません。　사람은 물이 없으면 살아 갈 수 없습니다.

강의실 생중계!

비슷한 의미의 어휘들을 살펴보면, 살다의 의미인 生(い)きる는 '生과 死'를 의미하는 '살다'의 의미이고, 住(す)む는 단지 '주거'를 의미하며, 暮(く)らす는 '생활함'을 의미합니다.

犬(いぬ) 개
猫(ねこ) 고양이

いじめる　괴롭히다

犬や猫などをいじめたらだめです。　개나 고양이 등을 괴롭히면 안 됩니다.

강의실 생중계!

왕따나 집단 따돌림이란 표현이 ます형 いじめ에서 나온 말입니다.

大丈夫(だいじょうぶ)だ 괜찮다

急ぐ　いそぐ　서두르다

まだ時間があるから急がなくても大丈夫です。

아직 시간이 있으니까, 서두르지 않아도 괜찮습니다.

持(も)つ 들다, 갖다

致す　いたす　하다 (する의 겸양어)

かばんは私がお持ち致します。　가방은 제가 들겠습니다.

昨日(きのう) 어제
料理(りょうり) 요리

いただく　먹다, 마시다, 받다

昨日久しぶりに日本料理をいただきました。　어제 오래간만에 일본요리를 먹었습니다.

강의실 생중계!

食(た)べる, 飲(の)む, もらう의 겸양어입니다. いただきます라고 하면 '잘 먹겠습니다'라는 인사말이 됩니다.

病気(びょうき) 병

祈る　いのる　기원하다, 빌다, 바라다

母の病気がよくなるように祈りました。　엄마의 병이 좋아지도록 기원했습니다.

社長(しゃちょう) 사장

いらっしゃる　가시다, 오시다, 계시다

社長は今いらっしゃいますか。　사장님은 지금 계십니까?

강의실 생중계!

行(い)く, 来(く)る, いる의 존경어이므로 문맥에 따라 해석해야 합니다.

예 お父さんはどこにいらっしゃいましたか。아버지는 어디에 가셨습니까?
お父さんはいついらっしゃいますか。아버지는 언제 오십니까?
ます형은 いらっしゃります가 아니고 いらっしゃいます이므로 주의하세요.

庭(にわ) 정원

植える　うえる　심다

庭に花がたくさん植えてあります。　정원에 꽃이 많이 심어져 있습니다.

問題(もんだい) 문제

伺う　うかがう　묻다, 방문하다

この問題について伺いたいことがありますが。

이 문제에 대해서 여쭙고 싶은 것이 있는데요.

강의실 생중계!

伺(うかが)う는 聞(き)く, 訪(たず)ねる의 겸양어입니다.

예 明日(あした)の午後(ごご)2時(じ)に伺(うかが)います。 내일 오후 2시에 찾아뵙겠습니다.

市民(しみん) 시민
交通(こうつう) 교통
安全(あんぜん) 안전
教育(きょういく) 교육

受ける　うける　받다

市民みんなが交通安全教育を受けます。 시민 모두가 교통안전 교육을 받습니다.

강의실 생중계!

비슷한 뜻의 もらう와 비교해볼까요?
受ける: 주로 추상적인 작용에 대한 무언가를 받을 때
もらう: 주로 구체적인 사물을 받을 때나 다른 사람에게 요청하여 얻을 때
예 仕事(しごと)でストレスを受(う)けています。업무로 스트레스를 받고 있습니다.
友(とも)だちからペンをもらいました。친구로부터 펜을 받았습니다.

自動車(じどうしゃ) 자동차
電気(でんき) 전기

動く　うごく　움직이다

この自動車は電気で動きます。 이 자동차는 전기로 움직입니다.

家族(かぞく) 가족
写真(しゃしん) 사진
美術(びじゅつ) 미술

写す　うつす　찍다, 베끼다, 그리다

父の誕生日に家族の写真を写しました。 아빠 생일에 가족사진을 찍었습니다.

友だちのノートを写す。 친구의 노트를 베끼다.

美術の時間に両親の顔を写す。 미술 시간에 부모님의 얼굴을 그리다.

강의실 생중계!

写(うつ)す는 발음은 같은데 다른 한자를 쓰는 동사 '映(うつ)す 비추다', '移(うつ)す 옮기다'도 있으므로 주의하세요.

手(て)を打(う)つ 손뼉을 치다
喜(よろこ)ぶ 기뻐하다

打つ　うつ　치다

彼のチームが勝って彼女は手を打って喜びました。
남자친구의 팀이 이겨서 그녀는 손뼉을 치며 기뻐했습니다.

事務所(じむしょ) 사무소
名古屋(なごや) 나고야
大阪(おおさか) 오사카

移る　うつる　옮기다, 바뀌다

来月事務所は名古屋から大阪に移ります。
다음 달에 사무실은 나고야에서 오사카로 옮깁니다.

選ぶ　えらぶ　고르다, 선택하다

これが私が選んだ音楽CDです。 이것이 내가 고른 음악 CD입니다.

セミナー 세미나

おいでになる　가시다, 오시다 (行く, 来る의 존경어)

山田さんもセミナーにおいでになるそうです。 야마다 씨도 세미나에 오신다고 합니다.

荷物(にもつ) 짐
船(ふね) 배

送る　おくる　보내다, 배웅하다

今度は荷物は船で送ることにしました。 다음번에는 짐은 배로 보내기로 했습니다.

강의실 생중계!

送(おく)る에는 '배웅하다, 바래다 주다'라는 뜻도 있습니다.
예 お客(きゃく)を駅(えき)まで送ります。 손님을 역까지 배웅합니다.

到着(とうちゃく) 도착
飛行機(ひこうき) 비행기

遅れる　おくれる　늦다

予定の到着時間より飛行機は30分遅れました。
예정 도착 시간보다 비행기는 30분 늦었습니다.

事故(じこ) 사고

起こす　おこす　일으키다

会社に行く途中、交通事故を起こしてしまいました。
회사 가는 도중 교통사고를 일으키고 말았습니다.

강의실 생중계!

起(お)こす에는 '잠을 깨우다'라는 뜻도 있습니다.
예 明日は7時に起こしてください。 내일은 7시에 깨워주세요.

あさって 모레
試験(しけん) 시험

行う　おこなう　행하다, 실시하다

あさって日本語の試験を行います。 모레 일본어 시험을 실시합니다.

강의실 생중계!

行(おこな)う는 수동형인 行(おこな)われる 형태로도 많이 쓰입니다.
예 結婚式(けっこんしき)は土曜日(どようび)に行われます。 결혼식은 토요일에 합니다.

けんかする 싸우다

怒る　おこる　화내다

兄とけんかして母に怒られました。 형과 싸워서 엄마에게 혼났습니다.

강의실 생중계!

怒(おこ)る는 수동형 怒(おこ)られる 형태로 주로 쓰입니다.

押す　おす　밀다, 누르다

後ろからゆっくり押してください。 뒤에서 천천히 밀어 주세요.

おっしゃる　　말씀하시다 (言う의 존경어)

社長のお名前は何とおっしゃいますか。　사장님 성함은 뭐라고 하십니까?

강의실 생중계!

おっしゃる는 言(い)う의 존경어입니다. ます형은 おっしゃります가 아니고 おっしゃいます인 것에 주의하세요.

ラジオ 라디오
財布(さいふ) 지갑
スピード 스피드

落とす　おとす　떨어뜨리다, 잃어버리다, 낮추다

ラジオの音を落としてください。　라디오 소리를 낮춰 주세요.

三日前に駅で財布を落としました。　3일 전에 역에서 지갑을 잃어버렸습니다.

車のスピードを落とす。　차의 스피드를 떨어뜨리다.

강의실 생중계!

참고로 落(お)とす, 無(な)くす, 忘(わす)れる를 비교해볼까요?
落(お)とす: 주로 작은 물건이 없어졌음을 나타낸다.
無(な)くす: 있던 것이 없는 상태가 됨을 나타낸다.
忘(わす)れる: 기억한 것을 잊었음을 나타낸다.

예 とこかで財布を落としたらしいです。어딘가에서 지갑을 잃어버린 것 같습니다.
電車の中で財布を無くしたそうです。전차 안에서 지갑을 잃어버렸다고 합니다.
財布を忘れて来ました。지갑을 잊고 왔습니다.

踊る　おどる　춤추다

二人は歌を歌いながら踊ります。　두 사람은 노래를 부르면서 춤춥니다.

結婚(けっこん)する 결혼하다

驚く　おどろく　놀라다

彼女が結婚したと聞いて驚きました。　그녀가 결혼했다는 말을 듣고 놀랐습니다.

강의실 생중계!

驚(おどろ)く의 비슷한 말로 びっくりする '깜짝 놀라다'가 있습니다.

本棚(ほんだな) 책장

落ちる　おちる　떨어지다

本棚から本が落ちました。　책장에서 책이 떨어졌습니다.

강의실 생중계!

落(お)ち와 함께 쓰인 복합어가 많이 있는데 그 중에서도 '落(お)ち着(つ)く 안정되다, 진정되다'와 '落(お)ち葉(ば) 낙엽'은 꼭 알아두세요.

電話番号(でんわばんごう) 전화번호

思い出す　おもいだす　생각해내다, 생각나다, 상기하다

彼の電話番号が思い出せません。　그의 전화번호가 생각나지 않습니다.

市役所(しやくしょ) 시청
~番目(ばんめ) ~번 째

下りる　おりる　내리다

市役所は2番目の駅で下りたらいいですか。　시청은 2번 째 역에서 내리면 됩니까?

강의실 생중계!

下(お)りる는 (위에서 아래로) 내리다의 의미와 (탈 것, 지위에서) 내리다의 의미가 있습니다.

예 山(やま)から下(お)りる。 산에서 내려오(가)다.
次(つぎ)の駅(えき)で下(お)りる。 다음 역에서 내리다.

おる　있다 (いる의 겸양어)

今社長はおりませんが。　지금 사장님은 없는데요.

折る　おる　꺾다, 접다, 구부러뜨리다

花を折ってはいけません。　꽃을 꺾어서는 안 됩니다.

강의실 생중계!

折(お)り紙(かみ)라고 하면 '종이접기'를 말합니다. 우리말과 어순이 바뀝니다.

台風(たいふう) 태풍
木(き) 나무

折れる　おれる　꺾이다, 구부러지다, 접히다

台風で木が折れました。　태풍으로 나무가 꺾였습니다.

시나공 따라잡기 か행

壊(こわ)れる 고장 나다

変える　かえる　바꾸다

壊れたので新しいコンピューターに変えました。　고장 나서 새 컴퓨터로 바꾸었습니다.

絵(え) 그림

飾る　かざる　장식하다, 꾸미다

教室を絵で飾ります。　교실을 그림으로 장식합니다.

引(ひ)き出(だ)し 서랍
中(なか) 안

片付ける　かたづける　정리하다

姉は引き出しの中を片付けています。　누나는 서랍 안을 정리하고 있습니다.

강의실 생중계!

後片付(あとかたづ)け라고 하면 '설거지, 뒷정리'라는 표현입니다.

예 食事(しょくじ)の後片付(あとかたづ)けをする。 식사 설거지를 하다.

試合(しあい) 시합

勝つ　かつ　이기다

今回の試合で勝って嬉しいです。　이번 시합에서 이겨서 기쁩니다.

漢字(かんじ) 한자

かまう　상관있다

名前は漢字で書かなくてもかまいませんか。　이름은 한자로 쓰지 않아도 상관없습니까?

강의실 생중계!

보통 かまいます 보다 ~かまいません의 형태로 주로 쓰입니다.

指(ゆび) 손가락

かむ　물다, 씹다

犬に指をかまれました。　개에게 손가락을 물렸습니다.

강의실 생중계!

カムをかむ라고 하면 '껌을 씹다'라는 표현입니다. 발음이 같아서 헷갈리기 쉽습니다.

歩(ある)く 걷다

通う　かよう　다니다

子供は歩いて学校に通います。　아이는 걸어서 학교에 다닙니다.

강의실 생중계!

같은 한자인 通를 써서 '지나(가)다, 통과하다, 다니다'라는 뜻을 갖는 通(とお)る가 있습니다. 둘 다 '다니다'라는 의미가 있는데 通(かよ)う는 '목적지까지 다니다'라는 의미이고 通(とお)る는 단지 '지나(가)다'라는 의미로 쓰입니다.

예 この道(みち)は人(ひと)と車(くるま)がたくさん通(とお)る。이 길은 사람과 차가 많이 다닌다.

シャツ 셔츠

乾く　かわく　마르다

このシャツは早く乾きます。　이 셔츠는 빨리 마릅니다.

最近(さいきん) 최근

変わる　かわる　바뀌다, 변하다

最近、家の電話番号が変わりました。　최근에 집 전화번호가 바뀌었습니다.

会(あ)う 만나다

考える　かんがえる　생각하다

彼と会かどうか考えています。　그와 만날지 어떨지 생각하고 있습니다.

강의실 생중계!

考(かんが)える는 객관적이고 논리적인 사고를, 思(おも)う는 감정적이나 주관적인 자신의 의견이나 견해를 나타냅니다.

예 どうして試合で失敗(しっぱい)したのかを考える。왜 시합에서 실수했는지를 생각하다.
あの店のチョコレートケーキはおいしいと思います。
저 가게의 초콜릿 케이크는 맛있다고 생각합니다.

최후(さいご) 마지막

頑張る　がんばる　분발하다, 노력하다

入学試験、最後まで頑張ります。 입학시험, 마지막까지 분발하겠습니다.

강의실 생중계!

頑張(がんば)る의 명령형 頑張(がんば)れ는 '파이팅'이란 뜻입니다.

うるさい 시끄럽다
音(おと) 소리

聞こえる　きこえる　들리다

外がうるさくてテレビの音が聞こえません。 밖이 시끄러워서 텔레비전 소리가 들리지 않습니다.

강의실 생중계!

聞こえる는 자연히 들린다는 의미이고, 聞く는 의도적으로 듣는다는 표현입니다. 이와 같은 예로 '見える 보이다와 見る 보다'가 있습니다.

決まる　きまる　정해지다, 결정되다

出張の計画が決まったら連絡ください。 출장 계획이 정해지면 연락 주세요.

約束(やくそく) 약속

決める　きめる　정하다, 결정하다

今週、会う約束時間を決めてください。 이번 주 만날 약속 시간을 정해 주세요.

前(まえ) 전
だいぶ 꽤

比べる　くらべる　비교하다

水泳が前と比べるとだいぶ上手になりました。 수영이 전과 비교하면 꽤 능숙해졌습니다.

강의실 생중계!

발음이 비슷한 調(しら)べる 조사하다와 혼동하지 마세요.

くれる　(남이 나에게) 주다

友達が花をくれました。 친구가 꽃을 주었습니다.

강의실 생중계!

くれる는 남이 나에게 또는 내 가족에게 줄 때 씁니다.
예 吉元(よしもと)さんが妹におもちゃをくれました。 요시모토 씨가 여동생에게 장난감을 주었습니다.

日(ひ) 해

暮れる　くれる　저물다

日が暮れる前に帰りましょう。 해가 저물기 전에 돌아갑시다.

映画(えいが) 영화

ご覧になる　ごらんになる　보시다 (見る의 존경어)

夕べ放送された映画はご覧になりましたか。　어젯밤 방송된 영화는 보셨습니까?

夜(よる) 밤

込む　こむ　붐비다

駅前のカラオケは夜は込みます。　역 앞의 노래방은 밤에는 붐빕니다.

강의실 생중계!

込(こ)む는 混(こ)む로도 씁니다.
예 電車(でんしゃ)が混(こ)む。 전차가 붐비다.

転ぶ　ころぶ　넘어지다, 쓰러지다, 구르다

犬が私に転ぶように走ってきました。　개가 나에게 구르듯이 달려 왔습니다.

강의실 생중계!

'넘어지다, 쓰러지다'로 쓰일 때는 비슷한 의미로 倒(たお)れる가 있습니다.

おもちゃ 장난감

壊す　こわす　고장 내다, 부수다, 깨뜨리다

私は妹におもちゃを壊されました。　여동생이 내 장난감을 부수었습니다.

강의실 생중계!

体(からだ)を壊(こわ)す는 '몸을 망치다'는 표현으로 '몸이 망가지다'로 해석하는 게 자연스럽습니다.
예 飲(の)みすぎて体(からだ)を壊しました。 과음으로 몸이 망가졌습니다.
アイスクリームを食べすぎて、お腹(なか)を壊した。 아이스크림을 너무 먹어서 배탈이 났다.

台風(たいふう) 태풍

壊れる　こわれる　고장 나다, 부서지다, 깨지다

台風で家の窓ガラスが壊れました。　태풍으로 집 유리창이 깨졌습니다.

시나공 따라잡기　さ행

探す　さがす　찾다

彼は仕事を探しています。　그는 일을 찾고 있습니다.

野菜(やさい) 야채
値段(ねだん) 값

下がる　さがる　내려가다, 내리다

ニュースによると野菜の値段が下がったそうです。　뉴스에 의하면 야채 가격이 내렸다고 합니다.

강의실 생중계!

기온, 열, 값, 정도, 지위, 성적 등이 내려갔을 때 쓰입니다.

예 熱(ねつ)が下(さ)がる。열이 내리다.
成績(せいせき)が下がる。 성적이 떨어지다.
速度(そくど)が下がる。속도가 떨어지다.

輸入(ゆにゅう) 수입
お米(こめ) 쌀
値段(ねだん) 값

下げる　さげる　내리다

お米の輸入で値段を下げるそうです。 쌀 수입으로 가격을 내린다고 합니다.

강의실 생중계!

위치, 정도, 질, 지위, 값, 수치 등을 내리거나 낮추거나 떨어뜨릴 때 쓰입니다.

예 頭(あたま)を下げる。머리를 숙이다.
声(こえ)を下げる。목소리를 낮추다.

差し上げる　さしあげる　드리다

先生にハンカチを差し上げました。 선생님에게 손수건을 드렸습니다.

강의실 생중계!

差(さ)し上(あ)げる는 あげる, やる의 겸양어입니다.

教室(きょうしつ) 교실
叱(しか)る 혼내다

騒ぐ　さわぐ　떠들다

教室の中で騒いで叱られました。 교실 안에서 떠들어서 혼났습니다.

触る　さわる　만지다, 손대다

絵に触らないでください。 그림에 손대지 마세요.

강의실 생중계!

~를 만지다고 할 때, 조사 ~に를 사용하므로 주의하세요.

宿題(しゅくだい) 숙제

叱る　しかる　꾸짖다

宿題をしなくて先生に叱られました。 숙제를 하지 않아서 선생님에게 혼났습니다.

강의실 생중계!

叱(しか)る는 수동형 叱(しか)られる의 형태로 주로 쓰입니다.

全部(ぜんぶ) 전부

しまう　~하고 말다, ~해 버리다

クリームパンがおいしくて全部食べてしまいました。
크림빵이 맛있어서 전부 먹어 버렸습니다.

강의실 생중계!

~てしまう의 형태로 ~하여 버리다, ~하고 말다는 의미가 됩니다. 이 표현에는 유감이나 완료의 의미를 내포합니다.
예 結婚(けっこん)指輪(ゆびわ)を無(な)くしてしまいました。결혼반지를 잃어버리고 말았습니다.

十分(じゅうぶん) 충분히

承知する　　しょうちする　　알다

私の意見が間違っているのは十分承知しています。
제 의견이 틀리다는 것은 충분히 알고 있습니다.

강의실 생중계!

承知(しょうち)する는 '알다' 외에 '승낙하다'는 의미도 있습니다.
예 両親(りょうしん)は留学(りゅうがく)を承知(しょうち)してくれました。
부모님은 유학을 승낙해 주셨습니다.

知らせる　　しらせる　　알리다

二人の結婚のことは友達にできるだけ早く知らせます。
두 사람의 결혼에 대한 것은 친구들에게 될 수 있는 한 빨리 알리겠습니다.

강의실 생중계!

お知(し)らせ 라고 하면 '통지, 알림'이라는 뜻입니다.

住所(じゅうしょ) 주소

調べる　　しらべる　　조사하다, 알아보다

今日中に中田さんの住所と電話番号を調べます。
오늘 중으로 나카타 씨의 주소와 전화번호를 알아보겠습니다.

강의실 생중계!

調(しら)べる는 '조사하다' 외에 '찾다'라는 뜻도 있습니다.
예 知(し)らない単語(たんご)を辞書(じしょ)で調べる。모르는 단어를 사전에서 찾다.

過ぎる　　すぎる　　지나(가)다, (공간이나 거리, 시간을) 통과하다, 경과하다, 넘다

一日が過ぎるのが早いです。
하루가 지나는 것이 빠릅니다.

강의실 생중계!

過(す)ぎる는 공간과 거리, 시간에 쓰이는 표현입니다.
예 電車が駅(えき)を過ぎる。전차가 역을 통과하다.
車が30キロで過ぎている。차가 30킬로미터로 통과하고 있다.
もう10時過ぎた。벌써 10시 넘었다.

お腹(なか) 배

空く　すく　비다, 고프다

今日は朝ご飯を食べなくてお腹が空いています。

오늘은 아침밥을 먹지 않아서 배가 고픕니다.

강의실 생중계!

배가 고픈 상태를 나타내므로 お腹(なか)が空(す)いている라는 ~ている를 사용하여 나타냅니다. 結婚(けっこん)している 결혼했다, 住(す)んでいる 살고 있다, 似(に)ている 닮았다 등도 같은 경우입니다.

計画(けいかく) 계획

進む　すすむ　나아가다, 진행되다

旅行の計画はうまく進んでいますか。

여행 계획은 잘 진행되고 있습니까?

강의실 생중계!

うまくいく도 영업이나 일이 '잘되다, 잘 진행된다'는 뜻입니다.

ごみ 쓰레기

捨てる　すてる　버리다

公園の中にごみを捨ててはいけません。

공원 안에 쓰레기를 버려서는 안 됩니다.

階段(かいだん) 계단
けがをする 다치다

滑る　すべる　미끄러지다

階段から滑って、けがをしました。

계단에서 미끄러져서 다쳤습니다.

강의실 생중계!

切(き)る, 入(はい)る, 知(し)る, 帰(かえ)る 등과 함께 예외 1그룹동사에 속합니다.

仕事(しごと) 일

済む　すむ　끝나다

今日の仕事はもう済みました。

오늘 업무는 이미 끝났습니다.

강의실 생중계!

済(す)む의 비슷한 말로 終(お)わる가 있습니다.

猫(ねこ) 고양이

世話する　せわする　돌보다

彼女は猫の世話をよくします。

그녀는 고양이를 잘 돌봅니다.

育てる　そだてる　키우다, 양육하다

彼女は３人の子供を育てました。

그녀는 3명의 아이를 키웠습니다.

시나공 따라잡기 た행

倒れる　たおれる　넘어지다, 쓰러지다

木が台風で倒れました。 나무가 태풍으로 넘어졌습니다.

足す　たす　더하다

５に10を足すといつくになりますか。 5에 10을 더하면 몇이 됩니까?

立てる　たてる　세우다

家族と旅行の計画を立てます。 가족과 여행 계획을 세웁니다.

建てる　たてる　세우다, 짓다

父は新しい病院を建てました。 아빠는 새로운 병원을 지었습니다.

강의실 생중계!

건물이나 기념비, 묘지 등을 세울 때는 立(た)てる가 아니라 建(た)てる를 주로 쓰고, 立(た)てる는 계획 등을 세울 때 씁니다.

夕(ゆう)べ 어제 저녁, 어젯밤

訪ねる　たずねる　방문하다, 찾다

夕べ友達が訪ねてきました。 어제 저녁 친구가 찾아 왔습니다.

강의실 생중계!

訪(たず)ねる는 목적을 가지고 장소나 사람을 찾아갈 때 사용합니다.

駅(えき) 역

尋ねる　たずねる　묻다, 질문하다

人に駅に行く道を尋ねました。 사람에게 역에 가는 길을 물었습니다.

강의실 생중계!

한자 訪을 써서 訪(たず)ねる라고 하면 '방문하다'는 뜻이므로 주의하세요.

釣(つ)り 낚시

楽しむ　たのしむ　즐기다

毎週土曜日に父は釣りを楽しんでいます。 매주 토요일에 아빠는 낚시를 즐기고 있습니다.

足りる　たりる　충분하다, 족하다

ノートは10冊あれば足ります。 노트는 10권 있으면 충분합니다.

電気(でんき) 전기

つく　　　　　　　　　　　　켜지다

部屋に電気がついています。　방에 전기가 켜져 있습니다.

강의실 생중계!

불이나 전원 등이 켜질 때 씁니다.
예 火(ひ)がつく。불이 붙다.
ラジオがつく。라디오가 켜지다

漬ける　　つける　　담그다, 절이다

これはこの塩で漬けると、もっとおいしくなります。
이것은 소금으로 절이면 더 맛있어 집니다.

連絡(れんらく)する 연락하다

伝える　　つたえる　　전하다

友だちに「また連絡する」と伝えてください。　친구에게 '또 연락한다'고 전해 주세요.

会議(かいぎ) 회의

続く　　つづく　　계속되다

朝から会議は続いています。　아침부터 회의는 계속되고 있습니다.

仕事(しごと) 일, 업무

続ける　　つづける　　계속하다

レジの仕事は続けたいです。　출납 담당 업무는 계속하고 싶습니다.

紙(かみ) 종이

包む　　つつむ　　싸다, 포장하다

りんごは一つずつ紙に包んでください。　사과는 하나씩 종이로 싸 주세요.

강의실 생중계!

小包(こづつみ)는 소포라는 뜻입니다. 탁음으로 변화하므로 발음에 주의하세요.
예 服と雑誌は小包でお願(ねが)いします。옷과 잡지는 소포로 부탁합니다.

釣る　　つる　　낚시하다, 낚다

この川では魚はあまり釣れません。　이 강에서는 물고기는 그다지 잡히지 않습니다.

강의실 생중계!

釣(つ)り는 '낚시'라는 뜻입니다.
예 日曜日に父と釣りに行きます。일요일에 아버지와 낚시하러 갑니다.

連れる　　つれる　　데리고 가(오)다

母は子供を連れて出かけました。　엄마는 아이를 데리고 외출했습니다.

コピー 복사

手伝う　てつだう　돕다

彼女のコピーを手伝いました。 그녀의 복사하는 일을 도왔습니다.

納豆(なっとう) 낫토

できる　할 수 있다, 되다, 생기다

私は納豆が食べることができます。 저는 낫토를 먹을 수 있습니다.

강의실 생중계!

여러 가지 뜻이 있으므로 문맥을 통해 뜻을 파악해야 합니다.

예 最近、彼(かれ)ができました。 최근에 남자 친구가 생겼습니다.

夕ご飯(ごはん)ができました。 저녁밥이 다 되었습니다.

通る　とおる　지나(가)다, 다니다, 통과하다

この道は人がたくさん通っています。 이 길은 사람이 많이 지나다니고 있습니다.

届ける　とどける　보내다, 배달하다, 신고하다

テレビは店の人に届けてもらいました。 텔레비전은 가게 사람(점원)이 배달해 주었습니다.

ホテル 호텔

泊まる　とまる　숙박하다, 묵다, 정박하다

出張の時、いつも同じホテルに泊まります。 출장(갈)때 언제나 같은 호텔에 묵습니다.

止まる　とまる　서다, 멈추다

時計が１２時に止っています。 시계가 12시에 멈춰 있습니다.

辺(へん) 주변

止める　とめる　세우다, 멈추다

その辺に車を止める所はありますか。 그 주변에 차를 세우는 곳은 있습니까?

ドル 달러

取り替える　とりかえる　바꾸다

旅行の後、残ったドルを円に取り替えます。 여행 후에 남은 달러를 엔으로 바꿉니다.

시나공 따라잡기　な행

直す　なおす　고치다

兄がラジオを直しました。 형이 라디오를 고쳤습니다.

風邪(かぜ) 감기

治る　なおる　낫다

今回は風邪がなかなか治りません。 이번에는 감기가 좀처럼 낫지 않습니다.

勝(か)つ 이기다
嬉(うれ)しい 기쁘다

泣く　なく　울다
彼女は試合に勝って嬉しくて、泣いています。 그녀는 시합에 이겨 기뻐서 울고 있습니다.

강의실 생중계!

사람이 울 때는 泣(な)く, 동물이 울 때는 鳴(な)く로 씁니다.
예 虫(むし)が鳴(な)いています。 벌레가 울고 있습니다.

今年(ことし) 올해

亡くなる　なくなる　돌아가시다 (死ぬ의 완곡한 표현)
おばあさんは今年亡くなりました。 할머니는 올해 돌아가셨습니다.

無くなる　なくなる　없어지다
かばんの中にあったノートが無くなりました。 가방 안에 있던 노트가 없어졌습니다.

動物(どうぶつ) 동물
石(いし) 돌

投げる　なげる　던지다
動物に石を投げてはいけません。 동물에게 돌을 던져서는 안 됩니다.

日曜日(にちようび) 일요일

なさる　하시다
日曜日は何をなさいましたか。 일요일에는 무엇을 하셨습니까?

강의실 생중계!

なさる는 する의 존경어로 ます형은 なさります가 아니고 なさいます인 것에 주의하세요.

授業(じゅぎょう) 수업

鳴る　なる　울리다, 소리가 나다
授業の始まりのベルが鳴りました。 수업 시작 벨이 울렸습니다.

アメリカ 미국
生活(せいかつ) 생활

慣れる　なれる　익숙해지다
アメリカの生活が慣れてきました。 미국 생활이 익숙해졌습니다.

警官(けいかん) 경관
泥棒(どろぼう) 도둑

逃げる　にげる　도망가다, 도망치다
警官を見たら、泥棒は逃げ始めました。 경관을 보더니 도둑은 도망가기 시작했습니다.

姉(あね) 누나, 언니

似る　にる　닮다
姉は母とよく似ています。 누나는 엄마와 아주 닮았습니다.

강의실 생중계!

似(に)る 동사 앞에는 'を'를 쓸 수 없고, 'に'를 쓰는 점에 주의하세요.

泥棒(どろぼう) 도둑
財布(さいふ) 지갑

盗む ぬすむ 훔치다
泥棒に財布を盗まれました。 도둑이 지갑을 훔쳤습니다.

> **강의실 생중계!**
> 盗(ぬす)む는 수동형 盗(ぬす)まれる 형태로 주로 쓰입니다.

壁(かべ) 벽

塗る ぬる 바르다, 칠하다
新しい家の壁は白く塗りたいです。 새 집의 벽은 하얗게 칠하고 싶습니다.

壁(かべ) 벽

濡れる ぬれる 젖다
雨に降られて服が濡れてしまいました。 비를 맞아서 옷이 젖고 말았습니다.

コーヒー 커피

眠る ねむる 자다
コーヒーを飲みすぎて、眠れませんでした。 커피를 너무 마셔서 못 잤습니다.

> **강의실 생중계!**
> 寝(ね)る는 '자다'라는 뜻 외에 '눕다'라는 뜻도 있습니다.
> 예 寝(ね)て本を読んでいます。누워서 책을 읽고 있습니다.

乗り換える のりかえる 갈아타다, 환승하다
駅から降りてバスに乗り換えてください。 역에서 내려서 버스로 갈아타 주세요.

> **강의실 생중계!**
> '~로 갈아타다'라고 할 때는 조사 'に'를 쓰는 점에 주의하세요.

ひく 빼다

残る のこる 남다
８から３をひくと５が残ります。 8에서 3을 빼면 5가 남습니다.

시나공 따라잡기 は행

写真(しゃしん) 사진

拝見する はいけんする 보다 (見る의 겸양어)
先生の家族写真を拝見しました。 선생님의 가족사진을 보았습니다.

荷物(にもつ) 짐

運ぶ はこぶ 옮기다, 나르다
今回は荷物は船で運んでください。 이번에는 짐은 배로 옮겨 주세요.

始める　はじめる　시작하다

来週から英語の勉強を始めます。　다음 주부터 영어 공부를 시작합니다.

払う　はらう　지불하다

このかばんはいくら払いましたか。　이 가방은 얼마 지불했습니까?

강의실 생중계!

払(はら)う의 비슷한 말로 '支払(しはら)う 지불하다'가 있습니다.
예 新聞代(しんぶんだい)を支払(しはら)います。신문대금을 지불합니다.

冷える　ひえる　추워지다, 차가워지다

先週から夜は冷えてきました。　지난주부터 밤은 추워졌습니다.

夜空(よぞら) 밤하늘
星(ほし) 별

光る　ひかる　빛나다

夜空に星が光っています。　밤하늘에 별이 빛나고 있습니다.

別(わか)れる 헤어지다

びっくりする　놀라다

二人が別れたと聞いてびっくりしました。　두 사람이 헤어졌다는 말을 듣고 놀랐습니다.

引っ越す　ひっこす　이사하다

兄は大阪から東京に引っ越しました。　형은 오사카에서 도쿄로 이사했습니다.

開く　ひらく　열다, 펴다

町の本屋は10時に開きます。　동네 서점은 10시에 엽니다.

拾う　ひろう　줍다

道で財布を拾いました。　길에서 지갑을 주웠습니다.

강의실 생중계!

拾(ひろ)う에는 (택시 등을) 잡아 타다, (도중에 기다리고 있는 사람을) 태우다 등의 의미도 있습니다.
예 タクシーを拾います。택시를 잡아 탑니다.
途中(とちゅう)でお客(きゃく)を拾います。도중에 손님을 태웁니다.

ぶつかる　부딪히(치)다, 충돌하다

スーパーの前で2台の自転車がぶつかりました。
수퍼마켓 앞에서 두 대의 자전거가 부딪혔습니다.

太る　ふとる　살찌다

このごろ食べすぎて３キロも太りました。　요즘 너무 먹어서 3킬로그램이나 쪘습니다.

강의실 생중계!

오랜만에 만난 사람에게 살이 쪘음을 표현할 때는 太(ふと)りましたね(살쪘네요)라고 합니다. 그리고 살찐 상태를 나타낼 때는 太(ふと)っています(살쪘어요)라고 표현입니다.

電車(でんしゃ) 전철
足(あし) 발

踏む　ふむ　밟다

電車の中で足を踏まれました。　전철 안에서 발을 밟혔습니다.

강의실 생중계!

踏(ふ)むは 수동형 踏(ふ)まれる 형태로 주로 쓰입니다.

毎年(まいねん) 매년

増える　ふえる　늘다, 증가하다

毎年交通事故が増えます。　매년 교통사고가 증가합니다.

ほめる　칭찬하다

母は野菜をよく食べる子供をほめました。　엄마는 야채를 잘 먹는 아이를 칭찬했습니다.

강의실 생중계!

수동형 ほめられる 형태로도 쓰입니다.
예 先生(せんせい)に発音(はつおん)がいいとほめられました。
선생님에게 발음이 좋다고 칭찬 받았습니다.

시나공 따라잡기　ま행

参る　まいる　가다, 오다 (行く, 来る의 겸양어)

友だちは昨日、日本から参りました。　친구는 어제 일본에서 왔습니다.

私は明日、日本に参ります。　저는 내일 일본에 갑니다.

試合(しあい) 시합

負ける　まける　지다

今回の試合は負けたらしいです。　이번 시합은 진 것 같습니다.

間違える　まちがえる　틀리다, 잘못하다

何回も行ったので道を間違えることはありません。

몇 번이나 가서 길을 틀릴 일은 없습니다.

강의실 생중계!

자동사 '間違(まちが)う 틀리다, 잘못되다'와 혼돈하기 쉽습니다.

예 この手紙(てがみ)は住所(じゅうしょ)が間違(まちが)っています。

이 편지는 주소가 잘못되어 있습니다.

汽車(きしゃ) 기차
急(いそ)ぐ 서두르다

間に合う　まにあう　시간에 대다

1時の汽車に間に合うように急ぎましょう。　1시 기차 시간에 대도록 서두릅시다.

冷蔵庫(れいぞうこ) 냉장고
モーター 모터

回る　まわる　돌다

壊れたか昨日から冷蔵庫のモーターが回りません。

고장 났는지 어제부터 냉장고 모터가 돌지 않습니다.

窓(まど) 창

見える　みえる　보이다

バスの窓から山が見えてきます。　버스 창에서 산이 보입니다.

気(き)に入(い)る 마음에 들다
営業(えいぎょう) 영업
やっと 드디어

見つかる　みつかる　발견되다, 찾게 되다

気に入る営業の仕事がやっと見つかりました。　마음에 드는 영업일을 드디어 구했습니다.

場所(ばしょ) 장소

見つける　みつける　발견하다, 찾다

パーティーにいい場所を見つけました。　파티하기에 좋은 장소를 찾았습니다.

向かう　むかう　향하다

仕事が終わって旦那は家に向かっています。　일이 끝나서 남편은 집으로 향하고 있습니다.

강의실 생중계!

向(む)かいは '맞은편, 건너편'이라는 뜻으로 向(む)こう와 같은 표현입니다.

예 交番(こうばん)の向(む)かいに住(す)んでいます。 파출소 건너편에 살고 있습니다.

迎える　むかえる　맞이하다, 마중하다

空港に友達を迎えに行きます。　공항에 친구를 마중하러 갑니다.

강의실 생중계!

'出迎(でむか)える 마중하다'도 같은 뜻입니다. 반대말은 '見送(みおく)る 배웅/전송하다'입니다.

ウィスキー 위스키

召し上がる　めしあがる　드시다 (食べる, 飲む의 존경어)

ウィスキーを召し上がりますか。　위스키를 드시겠습니까?

申し上げる　もうしあげる　말씀드리다

山田さんのことは昨日申し上げました。　야마다 씨에 관한 일은 어제 말씀드렸습니다.

강의실 생중계!

申(もう)し上(あ)げる는 言(い)う의 겸양어입니다. 겸양어에 申(もう)す(말씀드리다)도 있습니다.

예 私は小田(おだ)と申(もう)します。 저는 오다라고 합니다.

課長(かちょう) 과장
予定(よてい) 예정

戻る　もどる　되돌아가(오)다

課長は４時に戻る予定です。　과장님은 4시에 돌아올 예정입니다.

강의실 생중계!

帰(かえ)る는 집, 고향, 조국에 돌아갈 때 쓰는 표현이고 戻(もど)る는 제자리로 되돌아가(오)다는 뜻입니다. 따라서 집이나 회사로 되돌아 갈 때는 양쪽 다 쓸 수 있지만 회사 등 외부로 돌아갈 때는 戻(もど)る만 쓸 수 있습니다.

예 家へ帰ります。 (○) / 家へ戻ります。 (○)
会社に帰ります。 (×) / 会社に戻ります。 (○)

もらう　받다

父から誕生日プレゼントで時計をもらいました。
아빠에게 생일 선물로 시계를 받았습니다.

시나공 따라잡기　や행

魚(さかな) 생선

焼く　やく　태우다, 굽다

お昼に魚を焼いて食べました。　점심에 생선을 구워 먹었습니다.

コンピューター 컴퓨터
大変(たいへん) 매우

役に立つ　やくにたつ　도움이 되다

コンピューターは仕事に大変役に立ちます。　컴퓨터는 업무에 매우 도움이 됩니다.

肉(にく) 고기

焼ける　やける　타다, 구워지다

肉がよく焼けています。　고기가 잘 구워지고 있습니다.

運動(うんどう)する 운동하다

やせる　야위다, 마르다

運動しすぎて、やせました。　운동을 너무 해서 야위었습니다.

止む　やむ　그치다

今日は雨が降ったり、止んだりしています。　오늘은 비가 오다 말다 합니다.

やめる　그만두다

医者にたばこはやめたほうはいいと言われました。　의사에게 담배는 끊는 게 좋다고 들었습니다.

강의실 생중계!

止(や)める는 술이나, 담배 등을 그만둘 때, 회사 등을 그만둘 때는 辞(や)める를 씁니다.

お菓子(かし) 과자

やる　(내가 어린 사람에게) 주다

母が子供にお菓子をやります。　엄마가 아이에게 과자를 줍니다.

揺れる　ゆれる　흔들리다

道が悪くて自動車が揺れます。　길이 나빠서 자동차가 흔들립니다.

白(しろ)い 하얗다
服(ふく) 옷

汚れる　よごれる　더러워지다

白い服は汚れやすいです。　하얀 옷은 더러워지기 쉽습니다.

本屋(ほんや) 서점
会社(かいしゃ) 회사

寄る　よる　들르다

本屋に寄って会社に行きます。　책방에 들러 회사에 갑니다.

田舎(いなか) 고향, 시골
両親(りょうしん) 부모님

喜ぶ　よろこぶ　기뻐하다

兄が田舎に帰って、両親は喜んでいます。　형이 고향에 돌아와서 부모님은 기뻐하고 있습니다.

시나공 따라잡기　わ행

お湯(ゆ) (따뜻한) 물
時間(じかん) 시간

沸かす　わかす　끓이다

お湯を沸かすのに時間がかかります。　물을 끓이는데 시간이 걸립니다.

강의실 생중계!

'물을 끓이다'라고 할 때는 お湯(ゆ)を沸(わ)かす로 水(みず)を沸(わ)かす가 아닙니다.

별れる わかれる 헤어지다

友達とは駅の前で別れました。 친구와는 역 앞에서 헤어졌습니다.

강의실 생중계!

別(わか)れ는 '이별', '헤어짐'이라는 뜻입니다.

沸く わく 끓다

お湯が沸き始めました。 물이 끓기 시작했습니다.

강의실 생중계!

'물이 끓다'는 水(みず)が沸(わ)く가 아니라 お湯(ゆ)が沸(わ)く로 표현하므로 주의하세요.

笑う わらう 웃다

母はテレビを見ながら笑っています。 엄마는 텔레비전을 보면서 웃고 있습니다.

강의실 생중계!

笑(わら)う에는 '비웃다'라는 뜻도 있습니다.
예 その話(はなし)をしたら人たちに笑われました。그 이야기를 했더니 사람들이 비웃었습니다.

コップ 컵
落(お)とす 떨어뜨리다

割れる われる 깨지다, 부서지다

コップを落として、割れてしまいました。 컵을 떨어뜨려 깨지고 말았습니다.

적중 예상 문제 ①

もんだい１ ＿＿＿＿の ことばは どう よみますか。
1·2·3·4から いちばん いい ものを ひとつ えらんで ください。

01 あにが じてんしゃを 直して くれました。
1 かえして　2 はなして　3 ながして　4 なおして

02 三人で にもつを 運んで います。
1 あそんで　2 はこんで　3 のんで　4 よんで

03 バスが こんで やくそくの じかんに 遅れました。
1 ぬれ　2 おれ　3 おくれ　4 わかれ

04 きのうは かいしゃに 残って しごとを かたづけました。
1 ひっこして　2 のこって　3 おくって　4 とおって

05 きゅうに 車が 動かないように なりました。
1 はたらか　2 うごか　3 あるか　4 なか

06 １じに ともだちの けっこんしきが 行われます。
1 あわれ　2 かわれ　3 いわれ　4 おこなわれ

07 １０ねんも つかったら れいぞうこが 壊れて しまいました。
1 こわれて　2 さわれ　3 つれて　4 ひかれ

08 バスの なかで 赤ちゃんに 泣かれて こまりました。
1 ぬすまれ　2 なかれて　3 はらわれ　4 やめられて

▶ 정답과 해설 293쪽

もんだい 2 ＿＿＿＿の ことばは どう かきますか。
1·2·3·4から いちばん いい ものを ひとつ えらんで ください。

01 じかんが ないから いそがなければ なりません。

1 怒が　　2 急が　　3 思が　　4 怠が

02 ひかりで かみの いろが　きいろに かわりました。

1 代わり　　2 備わり　　3 加わり　　4 変わり

03 かいものは いちまんえん あれば たります。

1 足り　　2 借り　　3 下り　　4 降り

04 まいねん じどうしゃの ゆにゅうが ふえて います。

1 代えて　　2 増えて　　3 変えて　　4 換えて

05 わたしの こえが 後ろの ひとは きこえますか。

1 聞こえ　　2 門こえ　　3 問こえ　　4 間こえ

06 ふたりの けっこんは まだ しらせて いないです。

1 書かせて　　2 買わせて　　3 知らせて　　4 拾わせて

07 バスの なかで 足を ふまれました。

1 踏まれ　　2 呼ばれ　　3 止まれ　　4 読まれ

08 くうこうゆきは バスから でんしゃに のりかえて ください。

1 乗り替えて　　2 取り換えて　　3 乗り換えて　　4 取り替えて

적중 예상 문제 ①

もんだい3 （　　　）に なにを いれますか。
1·2·3·4から いちばん いい ものを ひとつ えらんで ください。

01 せんしゅう アメリカから（　　　）スミスと もうします。

1 やくに たった　2 わかれた　3 いった　4 まいりました

02 しゅくだいを（　　　）まま がっこうに いきました。

1 なれた　2 つかれた　3 わすれた　4 つれた

03 らいげつ かんじの しけんを（　　　）よていです。

1 おくる　2 うつる　3 うける　4 とる

04 はじめて にほんの おさけを（　　　）ました。

1 いただき　2 たべ　3 かよい　4 かんがえ

05 きょねんと（　　　）ことしが もっと あついです。

1 こわして　2 はなして　3 きいて　4 くらべて

06 コップが テーブルから（　　　）ました。

1 かみ　2 おち　3 あげ　4 おくり

07 みなさん つぎの ページを（　　　）ください。

1 ごらんになって　2 いただいて　3 もうしあげて　4 めしあげて

08 くすりを のんでも ねつが（　　　）ません。

1 すべり　2 のぼり　3 つり　4 さがり

▶ 정답과 해설 296쪽

もんだい 4 ＿＿＿＿＿の ぶんと だいたい おなじ いみの ぶんが あります。
1・2・3・4から いちばん いい ものを ひとつ えらんで ください。

01 さき えいごの しゅくだいは すみました。

1 さき えいごの しゅくだいは おわりました。
2 さき えいごの しゅくだいは はじめました。
3 さき えいごの しゅくだいは まだです。
4 さき えいごの しゅくだいは して います。

02 おじいさんが ははに でんわを しました。

1 おじいさんが ははに でんわを あげました。
2 おじいさんが ははに でんわを かけました。
3 おじいさんが ははに でんわを もらいました。
4 おじいさんが ははに でんわを くれました。

03 家を おおさかから なごやに ひっこします。

1 家を おおさかから なごやに かいます。
2 家を おおさかから なごやに うつします。
3 家を おおさかから なごやに つくります。
4 家を おおさかから なごやに うります。

04 やいた ばかりの この ステーキを めしあがって ください。

1 やいた ばかりの この ステーキを いれて ください。
2 やいた ばかりの この ステーキを かして ください。
3 やいた ばかりの この ステーキを かって ください。
4 やいた ばかりの この ステーキを たべて ください。

もんだい5 つぎの ことばの つかいかたで いちばん いい ものを ひとつ えらんでください。

01 しらべる

1 じどうしゃの じこの げんいんを しらべます。
2 くるまを カーセンターで しらべます。
3 あしたの しょくじの じゅんびを しらべます。
4 あにの らいげつの けっこんを しらべます。

02 こむ

1 へやが おもちゃで こんで います。
2 人が いっぱいで でんしゃが こんで います。
3 かばんの なかが ほんで こんで います。
4 ほんだなに ほんが こんでいます。

03 かまう

1 そとでは たばこを すっても かまいません。
2 としょかんで さわいでも かまいません。
3 じゅぎょうちゅうに ねても かまいません。
4 こどもも おさけを のんでも かまいません。

04 ほめる

1 友だちと けんかして ほめられました。
2 べんきょうしないと ほめられます。
3 えいごの はつおんが いいと ほめられました。
4 いぬを いじめて ほめられました。

적중 예상 문제 ②

▶ 정답 및 해설 298쪽

もんだい 1 ＿＿＿＿の ことばは どう よみますか。
1·2·3·4から いちばん いい ものを ひとつ えらんで ください。

01 なつやすみの りょこうの けいかくを 立てます。

1 たて　　2 あわて　　3 みて　　4 あけ

02 むすこに ズボンは 合って ますか。

1 よって　　2 なって　　3 しって　　4 あって

03 べんきょうしなくて 母に 怒られました。

1 なぐられ　　2 つくられ　　3 おこられ　　4 おられ

04 かのじょは スーパーで やすくて いい くだものを 選びました。

1 はこび　　2 えらび　　3 よび　　4 とび

05 あなたの しっぱいじゃないので 謝らなくても いいです。

1 はじま　　2 すすま　　3 あやま　　4 きま

06 しょうらいに たいして ふかく 考えて みて ください。

1 かんがえ　　2 つたえ　　3 きこえ　　4 のりかえ

07 かのじょと 別れてから 10ねんに なりました。

1 こわれ　　2 わすれ　　3 たおれ　　4 わかれ

08 らいげつ ひっこしする いえが 建てられる よていです。

1 まて　　2 たて　　3 かて　　4 すて

적중 예상 문제 ②

もんだい2 ＿＿＿＿の ことばは どう かきますか。
1·2·3·4から いちばん いい ものを ひとつ えらんで ください。

01 きかいが 急に とまりました。

1 始まり　2 留まり　3 泊まり　4 止まり

02 はこの なかの おかしが なくなりました。

1 鳴くなり　2 無くなり　3 亡くなり　4 泣くなり

03 からだの ぐあいが わるかったので 今回の しあいは まけました。

1 負け　2 背け　3 貸け　4 買け

04 やすみの とき まんがを よむのが たのしみます。

1 楽しみ　2 薬しみ　3 案しみ　4 柔しみ

05 きょうは むすこに そうじを てつだって もらいました。

1 手伝って　2 手耘って　3 手紜って　4 手転って

06 りょうしんは あかるくて ひろい いえを さがして います。

1 写して　2 壊して　3 沸かして　4 探して

07 とおくから ひかって いる のは なんですか。

1 戻って　2 光って　3 治って　4 送って

08 プレゼントで もらった さいふを おとして しまいました。

1 落して　2 起こして　3 探して　4 無くして

▶ 정답과 해설 300쪽

もんだい 3 （　　　）に なにを いれますか。
1·2·3·4から いちばん いい ものを ひとつ えらんで ください。

01 かれは バスケットボールゴールネットに じょうずに ボールを（　　　）。

1 なげます　　2 はらいます　　3 えらびます　　4 きめます

02 みせに まだ でんきが（　　　）います。

1 ついて　　2 つけて　　3 とまって　　4 とめて

03 ひろった さいふを けいさつしょに（　　　）ました。

1 とどき　　2 しらせ　　3 とどけ　　4 しり

04 デパートは １０じから（　　　）ます。

1 あるき　　2 ひらき　　3 さき　　4 うごき

05 とけいの デザインを（　　　）て みたら おなじでした。

1 とめ　　2 すすめ　　3 くらべ　　4 やけ

06 ごしゅじんは きょうの あつまりに なんじに（　　　）ますか。

1 なれ　　2 おどろき　　3 かまい　　4 おいでになり

07 せんぱいが ちゅうしゃじょうまで（　　　）に きて くれました。

1 さがしに　　2 むかえ　　3 すて　　4 おどり

08 あしたの かいぎは よていどおり（　　　）ことに しました。

1 よごれる　　2 まちがえる　　3 すすめる　　4 おこる

적중 예상 문제 ②

もんだい4 ＿＿＿＿＿の ぶんと だいたい おなじ いみの ぶんが あります。
1·2·3·4から いちばん いい ものを ひとつ えらんで ください。

01 あめが やっと やみました。

1 あめは まだ ふって います。
2 あめは だんだん ふりそうです。
3 あめは ふりません。
4 あめは ふりはじめました。

02 ひきだしの 中の ものを かたづけて ください。

1 ひきだしの 中の ものを すてて ください。
2 ひきだしの 中の ものを だして ください。
3 ひきだしの 中に ものを いれて ください。
4 ひきだしの 中の ものを きれいに して ください。

03 先生から こんかいの セミナーに ついて おはなしを うかがいました。

1 先生から こんかいの セミナーに ついて はなしを ききました。
2 先生に こんかいの セミナーに ついて はなしを しました。
3 先生が こんかいの セミナーに ついて はなしを わすれました。
4 先生に こんかいの セミナーに ついて はなしを いいました。

04 テーブルの うえに はなが かざって あります。

1 テーブルの うえに はなを おかれて います。
2 テーブルの うえに はなが おいて あります。
3 テーブルの うえに はなを おいて います。
4 テーブルの うえに はなを おいて あります。

▶ 정답과 해설 303쪽

もんだい 5 つぎの ことばの つかいかたで いちばん いい ものを ひとつ えらんで ください。

01 いのる

1 こどもが いえに かえらないのを いのります。
2 あした しあいが あるので いい 天気に なるのを いのります。
3 かれが かいしゃを やめるのを いのります。
4 けんこうの ために しゅじんが うんどうしないのを いのります。

02 おどろく

1 かれが まだ 来なくて おどろきました。
2 だんなから たばこを やめると いわれて おどろきました。
3 まいにち あさごはんを たべて おどろきました。
4 こどもは がっこうへ いって おどろきました。

03 さわる

1 たべものを きたない てで さわらないで ください。
2 びじゅつかんの えを さわっても いいです。
3 あつい おゆを さわっても いいです。
4 ぬったばかりの かべを さわっても かまいません。

04 せわを する

1 わたしは ねこの せわを して くれます。
2 わたしは あかちゃんに せわを して もらいます。
3 おとうとは じてんしゃの せわを します。
4 かのじょは びょうにんの せわを します。

시나공 07

명사

명사는 사물의 이름을 나타내는 품사로 특정한 사람이나 물건에 쓰이는 이름인지 일반적인 사물에 두루 쓰이는 이름인지에 따라 고유 명사와 보통 명사로 나뉩니다. 일본어의 보통 명사는 크게 음으로 읽는 음독 명사와 뜻으로 읽는 훈독 명사로 구분할 수 있습니다.

시험에 이렇게 나온다!

(　　　) に入れるのに最もよいものを1·2·3·4から一つ選びなさい。

家から<u>病院</u>まで遠いです。

1 びようえん　　**2** びょうえん　　**3** びよういん　　**4** びょういん

해석 집에서 병원까지 멉니다.

해설 '病'은 음으로 'びょう', 훈으로 'やむ', 'やまい'로 읽으며 '院'은 음으로 'いん'으로 읽습니다. 제시된 단어는 음으로 읽는 단어로 정답은 4번 びょういん이 됩니다.

어휘 家(いえ) 집　病院(びょういん) 병원　遠(とお)い 멀다

정답 4

시나공 따라잡기 あ행

会社(かいしゃ) 회사
間(あいだ) 사이
銀行(ぎんこう) 은행

間　あいだ　사이

会社とデパートの間に銀行があります。　회사와 백화점 사이에 은행이 있습니다.

隣(となり) 옆, 이웃
産(うま)れる 태어나다

赤ちゃん　あかちゃん　아기

隣に赤ちゃんが産れました。　이웃집에 아기가 태어났습니다.

강의실 생중계!

비슷한 말로 赤(あか)ん坊(ぼう)가 있습니다.

遅(おく)れる 늦다

あさねぼう　あさねぼう　늦잠꾸러기, 늦잠을 잠

朝寝坊して会社に遅れました。　늦잠을 자서 회사에 늦었습니다.

강의실 생중계!

'늦잠을 자다'는 표현은 朝寝坊をする라고 합니다. 朝寝坊を寝る라고 하지 않으므로 주의하세요.

料理(りょうり) 요리

味　あじ　맛

この料理はどんな味がしますか。 이 요리는 어떤 맛이 납니까?

강의실 생중계!

'맛을 보다'라는 표현은 味見(あじみ)をする라고 합니다. 우리말대로 味(あじ)を見(み)る라 하면 안되므로 주의하세요.

食事(しょくじ) 식사
後(ご) 후
外(そと) 밖

遊び　あそび　놀이

食事後、外に遊びに行ってもいいですか。 식사 후 밖에 놀러 가도 됩니까?

강의실 생중계!

'水遊(みずあそ)び 물놀이', '火遊(ひあそ)び 불놀이' 등도 함께 알아두세요.

友達(ともだち) 친구
連絡(れんらく) 연락
話(はなし) 이야기
聞(き)く 듣다, 묻다

安心　あんしん　안심

友達に連絡があったという話を聞いて安心しました。
친구에게 연락이 있었다는 이야기를 듣고 안심했습니다.

市内(しない) 시내

案内　あんない　안내

私が東京市内の案内をしました。 제가 도쿄 시내 안내를 했습니다.

売(う)る 팔다

以下　いか　이하

このカメラは2万円以下では売れません。 이 카메라는 2만 엔 이하로는 팔 수 없습니다.

漫画(まんが) 만화

以外　いがい　이외

彼は漫画以外には何も読みません。 그는 만화 이외에는 아무것도 읽지 않습니다.

難(むずか)しい 어렵다

医学　いがく　의학

兄によると医学の勉強は難しいそうです。 형에 의하면 의학 공부는 어렵다고 합니다.

一人(ひとり) 한 사람

意見　いけん　의견

一人ずつ意見を話してください。 한 사람씩 의견을 말해 주세요.

石　いし　돌

あの人形は石でできています。 저 인형은 돌로 되어 있습니다.

待(ま)つ 기다리다

以上　いじょう　이상

友達に30分以上待たされました。 친구를 30분 이상 기다렸습니다.

全部(ぜんぶ) 전부
使(つか)う 쓰다, 사용하다
白(しろ)い 희다, 하얗다

糸 いと 실

全部使ったので白い糸を買ってきてください。 전부 썼으니까 흰 실을 사 와 주세요.

会社(かいしゃ) 회사
駅(えき) 역
歩(ある)く 걷다

以内 いない 이내

会社から駅まで歩いて5分以内です。 회사에서 역까지 걸어서 5분 이내입니다.

出(で)る 나가다, 나오다

田舎 いなか 시골, 고향

田舎を出て、東京に来ました。 고향을 떠나서 도쿄로 왔습니다.

聞(き)く 듣다, 묻다

受付 うけつけ 접수(처)

それは受付で聞いてみてください。 그것은 접수처에서 물어 보세요.

강의실 생중계!

'受付(うけつけ)する 접수하다'라는 의미로도 쓰입니다.
예 2階で受付してください。 2층에서 접수해 주세요.

先輩(せんぱい) 선배(님)

うそ 거짓말

先輩の話はまるでうそのようでした。 선배의 이야기는 마치 거짓말 같았습니다.

寒(さむ)い 춥다
話(はな)す 이야기하다

内 うち 안, 우리 (집)

寒いから内で話しましょう。 추우니까 안에서 이야기합시다.

강의실 생중계!

우리 집이라고 할 때는 히라가나로 표기합니다.
うちの子ども 우리 아이　　うちの会社 우리 회사

運動(うんどう) 운동
痛(いた)い 아프다

腕 うで 팔

運動しすぎて腕が痛いです。 운동을 너무해서 팔이 아픕니다.

庭(にわ) 정원

裏 うら 뒤(쪽), 뒷면, (옷의) 안

家の裏に庭があります。 집 뒤쪽에 정원이 있습니다.

靴(くつ) 구두

売り場 うりば 매장

靴売り場は3階です。 구두 매장은 3층입니다.

강의실 생중계!

우리말은 음으로 읽지만 일본어는 훈독으로 읽는 것에 주의하세요!

練習(れんしゅう)する 연습하다

運転　うんてん　운전

練習して運転できるようにします。　연습해서 운전할 수 있게 되었습니다.

～年目(ねんめ) ～년째

運転手　うんてんしゅ　운전수

運転手になって、5年目です。　운전수가 된 지 5년째입니다.

健康(けんこう) 건강
毎日(まいにち) 매일

運動　うんどう　운동

健康のため毎日運動しています。　건강을 위해 매일 운동하고 있습니다.

自動車(じどうしゃ) 자동차

営業　えいぎょう　영업

兄は自動車の営業をしています。　형은 자동차 영업을 하고 있습니다.

駅(えき) 역

駅員　えきいん　역무원

駅に駅員が一人もいませんでした。　역에 역무원이 한 명도 없었습니다.

木(き) 나무
折(お)る 꺾다

枝　えだ　가지

木の枝を折らないでください。　나무 가지를 꺾지 마세요.

質問(しつもん)する 질문하다

遠慮　えんりょ　사양

わからなければ、遠慮なく質問してください。　모르면 사양 말고 질문해 주세요.

結婚(けっこん) 결혼
申(もう)す 말씀드리다

お祝　おいわい　축하

ご結婚お祝いを申し上げます。　결혼 축하 말씀드립니다.

강의실 생중계!

결혼 축하는 結婚(けっこん)お祝い라고 하고 졸업 축하는 卒業(そつぎょう)お祝い라고 합니다.
お祝いを言う라고 하면 '축하의 말을 하다'라는 뜻으로도 쓰입니다.

無事(ぶじ)に 무사히

おかげ　덕분에

みなさんのおかげでセミナーは無事に終わりました。
여러분의 덕택으로 세미나는 무사히 끝났습니다.

강의실 생중계!

おかげさまで는 남의 호의나, 친절에 대한 감사의 뜻으로 하는 인사말입니다. 그러나 おかげ는 '탓, 때문에'라는 부정의 의미로도 쓰입니다.

예 おかげさまで元気(げんき)です。덕분에 건강합니다.
あなたのおかげで大変(たいへん)だった。당신 때문에 힘들었다.

持(も)つ 가지다
欲(ほ)しい 원하다

億　おく　억

一億を持てば2億が欲しくなります。 1억을 가지면 2억을 가지고 싶어집니다.

川(かわ) 강

屋上　おくじょう　옥상

ビルの屋上から川が見えます。 빌딩 옥상에서 강이 보입니다.

誕生日(たんじょうび) 생일

贈り物　おくりもの　선물

友達から誕生日の贈り物をもらいました。 친구에게서 생일 선물을 받았습니다.

강의실 생중계!

선물이란 뜻으로 プレゼント가 많이 쓰입니다. お土産(みやげ)도 선물이란 뜻인데 주로 여행지에서 사온 기념 선물을 말합니다.
예 日本からお土産を買ってきました。일본에서 선물을 사 왔습니다.

何人(なんにん) 몇 명

お子さん　おこさん　자녀분

お子さんは何人ですか。 자녀분은 몇 명입니까?

강의실 생중계!

'子供(こども) 아이'를 높여 부르는 또 다른 존경 표현은 子供(こども)さん입니다.

布団(ふとん) 이불
入(い)れる 넣다

押し入れ　おしいれ　(일본식) 벽장

押し入れに布団が入れてあります。 벽장에 이불이 들어 있습니다.

会(あ)う 만나다

お嬢さん　おじょうさん　따님, 아가씨

中村さんのお嬢さんに会ったことがあります。 나카무라 씨의 따님을 만난 적이 있습니다.

강의실 생중계!

비슷한 말로 娘(むすめ)의 존경어인 '娘(むすめ)さん 따님'이 있습니다.

お宅　おたく　댁

田中さんのお宅はどちらですか。 다나카 씨의 댁은 어디십니까?

銀行員(ぎんこういん) 은행원

夫　おっと　남편

夫は前は銀行員でした。 남편은 전에는 은행원이었습니다.

강의실 생중계!

旦那(だんな), 主人(しゅじん)도 '남편'이라는 뜻입니다.

パン 빵

お釣り　おつり　거스름돈

パンを買ってお釣り２百円をもらいました。 빵을 사고 거스름돈 2백 엔을 받았습니다.

강의실 생중계!

釣(つ)り라는 단어에는 낚시라는 뜻도 있습니다.
예 釣りをする。낚시를 하다.

ラジオ 라디오

音　おと　소리

大きいからラジオの音を小さくしてください。 크니까 라디오 소리를 작게 해 주세요.

강의실 생중계!

사물 소리는 音(おと)로, 육성은 声(こえ)로 씁니다.

下手(へた)だ 서툴다, 못하다

踊り　おどり　춤

姉は踊りが下手です。 누나는 춤을 잘 못 춥니다.

週末(しゅうまつ) 주말
行(おこな)う 행하다

お祭り　おまつり　축제

週末にお祭りが行われます。 주말에 축제가 열립니다.

강의실 생중계!

'港祭(みなとまつ)り 항구축제', '梅祭(うめまつ)り 매화축제', '花祭(はなまつ)り 꽃축제', '雪祭(ゆきまつ)り 눈 축제' 등 일본에는 祭(まつ)りが 많습니다.

お見舞い　おみまい　병문안

友達のお見舞いに行きました。 친구에게 병문안 하러 갔습니다.

渡(わた)す 건네다

お土産　おみやげ　기념 선물

彼に旅行のお土産を渡しました。 그에게 여행 기념 선물을 건넸습니다.

両親(りょうしん) 부모님

思い出　おもいで　추억

両親とたくさんの思い出があります。 부모님과 많은 추억이 있습니다.

カメラ 카메라

おもちゃ　장난감

このカメラはおもちゃのようです。 이 카메라는 장난감 같습니다.

遊(あそ)ぶ 놀다

表　おもて　겉, 앞(면), 집 앞

子供が表に出て遊んでいます。 아이가 집 앞에 나와 놀고 있습니다.

場(ば) 자리
借(か)りる 빌리다

お礼 おれい 예, 예의, 감사(의 말, 선물)

この場を借りて、お礼申し上げます。 이 자리를 빌려 감사 말씀 드립니다.

映画(えいが) 영화

終わり おわり 끝, 마침

彼女は映画を終わりまで見ないで出ました。 그녀는 영화를 끝까지 보지 않고 나갔습니다.

시나공 따라잡기 か행

泊(と)まる 묵다

海岸 かいがん 해안

旅行の時、海岸のホテルに泊まりました。 여행 갔을 때 해안에 있는 호텔에 묵었습니다.

国際(こくさい) 국제

会議 かいぎ 회의

日本で国際会議を開くことになりました。 일본에서 국제회의를 열게 되었습니다.

集(あつ)まる 모이다

会議室 かいぎしつ 회의실

2時までに会議室に集まってください。 2시까지 회의실에 모여 주세요.

場所(ばしょ) 장소

会場 かいじょう 회장

ここはセミナー会場として使われる場所です。 여기는 세미나 회장으로써 사용되는 장소입니다.

英語(えいご) 영어

会話 かいわ 회화

彼は英語の会話が上手です。 그는 영어 회화가 능숙합니다.

主人(しゅじん) 남편
帰(かえ)り 귀가

帰り かえり 돌아감, 귀가

主人は仕事で帰りが遅いです。 남편은 일로 귀가가 늦습니다.

강의실 생중계!

'집, 고향, 조국에 돌아가(오)다'라고 할 때 반드시 帰(かえ)る를 쓰고 行く는 쓰지 않습니다.

問題(もんだい) 문제

科学 かがく 과학

その問題は科学的に考えてください。 그 문제는 과학적으로 생각해 주세요.

デパート 백화점

鏡 かがみ 거울

デパートで鏡を買いました。 백화점에서 거울을 샀습니다.

医学部(いがくぶ) 의학부

学部　がくぶ　학부

兄は大学の医学部3年生です。　형은 대학 의학부 3학년입니다.

町(まち) 마을, 동네

火事　かじ　화재

昨日町で火事がありました。　어제 마을에서 화재가 있었습니다.

星(ほし) 별

形　かたち　모양, 형태

このアクセサリーは星の形になっています。　이 액세서리는 별 모양으로 되어 있습니다.

服(ふく) 옷

格好　かっこう　모습, 모양, 생김새

こんな服を着ると変な格好に見えますか。　이런 옷을 입으면 이상한 모습으로 보입니까?

강의실 생중계!

보통 格好(かっこう)いい라고 해서 사람, 사물에 '멋지다, 모양 좋다'의 뜻으로 쓰입니다.
예 格好いい車だ。멋진 자동차다.

呼(よ)ぶ 부르다

課長　かちょう　과장

山田さんは急に課長に呼ばれました。　야마다 씨는 갑자기 과장님에게 불리었습니다.

강의실 생중계!

일본 회사에선 직책에 ～さん이라고 붙이지 않으므로 주의하세요.

台所(だいどころ) 부엌

家内　かない　아내, 집사람

家内は台所にいます。　아내는 부엌에 있습니다.

강의실 생중계!

'자기 아내, 집사람'을 일컬을 때 쓰는 표현입니다. 같은 뜻으로 妻(つま), 女房(にょうぼう)가 있습니다.

世界(せかい) 세계

金持ち　かねもち　부자

金持ちになったら、世界旅行をしたいです。　부자가 되면 세계여행을 하고 싶습니다.

강의실 생중계!

접두어 お를 붙여 お金(かね)持(も)ち라고도 합니다. '돈을 가지고 있음'이므로 '부자'라는 뜻입니다.

留学生(りゅうがくせい) 유학생

彼女　かのじょ　그녀, 여자친구

彼女は韓国から来た留学生です。　그녀는 한국에서 온 유학생입니다.

かける 걸다

壁　かべ　벽

時計とカレンダーが壁にかけてあります。　시계와 달력이 벽에 걸려 있습니다.

長(なが)い 길다

髪　かみ　머리카락

長い髪の女の人が妹です。　긴 머리의 여자가 여동생입니다.

강의실 생중계!

비슷한 말로 '毛(け) 털'이라는 단어를 붙여 '髪(かみ)の毛(け) 머리카락'이라고도 합니다.

真面目(まじめ)だ 성실하다

彼　かれ　그, 남자친구

彼は真面目で、頭もいいです。　그는 성실하고 머리도 좋습니다.

강의실 생중계!

彼女(かのじょ), 彼(かれ)에는 '애인'이란 뜻도 있습니다.

小学校(しょうがっこう) 초등학교

彼ら　かれら　그들

彼らは小学校のころから友達だそうです。　그들은 초등학교 때부터 친구라고 합니다.

兄(あに) 형

代わり　かわり　대신

兄は父の代わりに日本へ行くことになりました。　형은 아빠 대신으로 일본에 가게 되었습니다.

강의실 생중계!

반드시 조사 ～の代(か)わり로 써야 합니다.

国際関係(こくさいかんけい) 국제 관계

関係　かんけい　관계

私は国際関係の仕事をしています。　저는 국제 관계 업무를 하고 있습니다.

娘(むすめ) 딸
皆(みな) 모두

看護婦　かんごふ　간호사

二人の娘は皆看護婦です。　두 딸은 모두 간호사입니다.

강의실 생중계!

친근한 표현으로 看護婦(かんごふ)さん이라고도 합니다.

気(き)がする 기분이 들다

気　き　마음, 정신, 기분, 주의

彼の話を聞いてわかるような気もします。 그의 이야기를 듣고 알 것 같은 기분도 듭니다.

강의실 생중계!

'気(き)'가 쓰이는 표현을 살펴보겠습니다.

気が合う 마음이 맞다　やる気がある 할 마음이 있다　気が重い 마음이 무겁다
気が軽い 마음이 가볍다　気が進む 마음이 내키다　気がつく 정신이 들다, 알아차리다
気が強い 기가 세다　気にいる 마음에 들다

簡単(かんたん)だ 간단하다

機械　きかい　기계

この機械の使い方は簡単です。 이 기계 사용법은 간단합니다.

もう一度(いちど) 한 번 더

機会　きかい　기회

私にもう一度機会をくださいませんか。 저에게 한 번 더 기회를 주시지 않겠습니까?

帰国　きこく　귀국

弟は先週日本から帰国しました。 남동생은 지난 주 일본에서 귀국했습니다.

息子(むすこ) 아들

汽車　きしゃ　기차

息子はまだ汽車には乗ったことがありません。 아들은 아직 기차는 탄 적이 없습니다.

教(おし)える 가르치다

技術　ぎじゅつ　기술

教えることも一つの技術です。 가르치는 일도 하나의 기술입니다.

山登(やまのぼ)り 등산

季節　きせつ　계절

春と秋は山登りの季節です。 봄과 가을은 등산의 계절입니다.

강의실 생중계!

'사계절'이라고 할 때는 四季節(しきせつ)라고 하지 않고 四季(しき)라고 합니다.

正(ただ)しい 바르다
生活(せいかつ) 생활

規則　きそく　규칙

家族はいつも規則正しい生活をしています。 가족은 항상 규칙 바른 생활을 하고 있습니다.

洗濯(せんたく) 세탁

絹　きぬ　비단, 견

絹の服は洗濯しにくいです。 비단 옷은 세탁하기 어렵습니다.

歌(うた) 노래
歌(うた)う 노래 부르다

気分　きぶん　기분, 컨디션
今は歌を歌う気分じゃないです。　지금은 노래 부를 기분이 아닙니다.

君(きみ) 자네

君　きみ　너, 자네, 그대
君のことは聞いてわかっているよ。　자네의 일은 들어서 알고 있어.

강의실 생중계!

남자가 동년배 또는 손아래 상대를 친근하게 부르는 말입니다.

青空(あおぞら) 파란 하늘

気持ち　きもち　기분, 마음
青空をみると気持ちがよくなります。　파란 하늘을 보면 기분이 좋아집니다.

着(き)る 입다

着物　きもの　옷, 기모노
彼女は高そうな着物を着ています。　그녀는 비싸 보이는 기모노를 입고 있습니다.

강의실 생중계!

넓은 의미로는 보통 '옷'을 가리키기도 하지만 일반적으로 일본의 '기모노'를 말합니다. 옷은 服(ふく) 또는 洋服(ようふく) 라고 합니다.

列車(れっしゃ) 열차

急行　きゅうこう　급행
急行を「急行列車」とも言います。　급행을 '급행열차'라고도 합니다.

なによりも 무엇보다도

教育　きょういく　교육
なによりも学校の教育が大事だと思います。
무엇보다도 학교 교육이 중요하다고 생각합니다.

日曜日(にちようび) 일요일

教会　きょうかい　교회
両親は日曜日は教会に出ます。　부모님은 일요일은 교회에 나갑니다.

～にとって ～에 있어서

競争　きょうそう　경쟁
ダンスにとって彼とは競争になれないです。　댄스에 있어서 그와는 경쟁이 될 수 없습니다.

スポーツ 스포츠

興味　きょうみ　흥미
彼女はスポーツに興味がないです。　그녀는 스포츠에 흥미가 없습니다.

ドレス 드레스

銀色　ぎんいろ　은색
彼女が今日着たドレスは銀色でした。　그녀가 오늘 입은 드레스는 은색이었습니다.

公園(こうえん) 공원

近所 きんじょ 근처

家の近所に公園があります。 집 근처에 공원에 있습니다.

강의실 생중계!

비슷한 말로 近(ちか)く가 있습니다.

体(からだ) 몸

具合 ぐあい (몸, 건강) 상태, (일, 물건의) 상태, 형편

先週より体の具合がよくなりました。 지난주보다 몸 상태가 좋아졌습니다.

강의실 생중계!

일본어에서는 '몸이 좋지 않다'라고 할 때는 具合(ぐあい)が悪(わる)い라는 표현도 씁니다.

外(そと) 밖
冷(つめ)たい 차다

空気 くうき 공기

外の空気がちょっと冷たいです。 밖의 공기가 좀 차갑습니다.

강의실 생중계!

空의 음독과 훈독을 잘 기억해두세요. 음독으로는 空(くう)라고 읽습니다. '空港(くうこう) 공항', '空間(くうかん) 공간', '空白(くうはく) 공백', '空席(くうせき) 공석' 등이 있습니다. 훈독으로는 空(から/そら)로 읽습니다. '空箱(からばこ) 빈 상자, 空手(からて) 맨손', '空色(そらいろ) 하늘색', '夜空(よぞら) 밤하늘', '青空(あおぞら) 파란하늘' 등이 있습니다.

出張(しゅっちょう) 출장

空港 くうこう 공항

北海道の出張で明日空港に行きます。 홋카이도 출장으로 내일 공항에 갑니다.

庭(にわ) 정원
取(と)る 뽑다

草 くさ 풀

土曜日に兄と庭の草を取りました。 토요일에 형과 정원의 풀을 뽑았습니다.

窓(まど) 창(문)

首 くび 목

子供が窓から首を出して外を見ています。 아이가 창에서 목을 내밀고 밖을 보고 있습니다.

강의실 생중계!

首(くび)는 '머리 수'라는 한자를 써서 일본어에서는 '머리'가 아닌 '목'을 가리킵니다.

雲 くも 구름

今日は雲一つない日でした。 오늘은 구름 한 점 없는 날이었습니다.

区役所　くやくしょ　구청

新宿区役所は東京都にあります。　신주쿠 구청은 도쿄도에 있습니다.

長(なが)い 길다

毛　け　털

彼女は髪の毛が長いです。　그녀는 머리카락이 깁니다.

買(か)う 사다

毛のセーター　けのセーター　털 스웨터

母に毛のセーターを買ってあげました。　엄마에게 털 스웨터를 사 주었습니다.

立(た)てる 세우다

計画　けいかく　계획

家族と東京行きの計画を立てます。　가족과 도쿄행 계획을 세웁니다.

강의실 생중계!

'画(획)'은 '画(화)'라는 음도 있어서 영화는 映画(えいが)로 읽습니다.

生活(せいかつ) 생활

経験　けいけん　경험

日本での生活は新しい経験でした。　일본에서의 생활은 새로운 경험이었습니다.

勉強(べんきょう) 공부

経済　けいざい　경제

経済の勉強をした人ならわかります。　경제 공부를 한 사람이라면 알 수 있습니다

道(みち) 길

警官　けいかん　경관

道がわからなくて警官に聞きました。　길을 몰라서 경관에게 물었습니다.

강의실 생중계!

'警察官(けいさつかん) 경찰관'과 같은 뜻입니다.

~たがる
~하고 싶어 하다

警察　けいさつ　경찰

弟は警察になりたがっています。　남동생은 경찰이 되고 싶어 합니다.

강의실 생중계!

'警察署(けいさつしょ) 경찰서'의 준말로도 쓰입니다.

事故(じこ) 사고

けが　상처, 부상

彼はオートバイクの事故でけがをしました。　그는 오토바이 사고로 다쳤습니다.

강의실 생중계!

けがをする라는 표현으로 '다치다'라는 뜻입니다.

後(うし)ろ 뒤

景色　けしき　경치

学校の後ろにある山の景色が美しいです。　학교 뒤에 있는 산의 경치가 아름답습니다.

강의실 생중계!

'夜景(やけい) 야경', '背景(はいけい) 배경' 등과 같이 주로 景(けい)로 읽히는데 경치는 景色(けしき)로 발음하므로 주의하세요.

~代(だい) ~비(요금)

下宿　げしゅく　하숙

一ヶ月で下宿代は３万円です。　1개월에 하숙비는 3만 엔입니다.

県立(けんりつ) 현립
通(かよ)う 다니다

県　けん　현(행정구역)

兄は県立高校に通っています。　형은 현립 고등학교에 다니고 있습니다.

調(しら)べる 조사하다
火事(かじ) 화재

原因　げんいん　원인

警察は調べて火事の原因がわかりました。　경찰은 조사해서 화재 원인을 알았습니다.

仕事(しごと) 일, 업무

けんか　싸움, 다툼

仕事のことで二人はけんかしています。　업무에 관한 일로 두 사람은 다투고 있습니다.

강의실 생중계!

'부부싸움'은 夫婦(ふうふ)けんか입니다. ~けんか가 모든 단어에 붙어서 '~싸움'이 되는 것은 아닙니다. 눈싸움은 雪合戦(ゆきがっせん)이라고 합니다.

工場(こうじょう) 공장

見学　けんがく　견학

昨日学校でパンの工場を見学ました。　어제 학교에서 빵 공장을 견학했습니다.

帰(かえ)り 귀가

玄関　げんかん　현관

玄関の前で主人の帰りを待ちます。　현관 앞에서 남편의 귀가를 기다립니다.

강의실 생중계!

帰り는 예외 5단동사 帰(かえ)る의 명사화로 '귀가'라는 뜻입니다.

動物(どうぶつ) 동물

研究　けんきゅう　연구

父は仕事で動物の研究をします。　아빠는 일로 동물 연구를 합니다.

研究室　けんきゅうしつ　연구실

山下先生は研究室にいます。　야마시타 선생님은 연구실에 있습니다.

市内(しない) 시내

見物　けんぶつ　구경

母と東京の市内を見物に行きます。　엄마와 도쿄 시내를 구경하러 갑니다.

강의실 생중계!

'백화점을 구경하다', '시장을 구경하다'라고 할 때는 見物(けんぶつ)する가 아니라 '見に行く 보러 간다'라는 표현을 씁니다.

うちの子(こ) 우리 아이

子　こ　아이, 자식

うちの子はまだ3歳です。　우리 아이는 아직 3살입니다.

강의실 생중계!

비슷한 말로 子供(こども)가 있습니다.

週末(しゅうまつ) 주말
遊(あそ)ぶ 놀다

郊外　こうがい　교외

週末に郊外に彼氏と遊びに行きます。　주말에 교외로 남자친구와 놀러 갑니다.

大学(だいがく) 대학
始(はじ)まる 시작하다

講義　こうぎ　강의

先週から大学の講義が始まりました。　지난주부터 대학 강의가 시작되었습니다.

盛(さか)んだ 번성하다, 번창하다

工業　こうぎょう　공업

この国は工業を盛んにしています。　이 나라는 공업을 번성하게 합니다.

以外(いがい) 이외

高校　こうこう　고등학교

そこの高校以外に行きたい学校はありません。
거기 고교 이외에 가고 싶은 학교는 없습니다.

강의실 생중계!

高等学校(こうとうがっこう)의 준말입니다.

もっと 더

高校生　こうこうせい　고등학생

息子は高校生になって、もっとまじめになりました。

아들은 고교생이 되고 더 성실해졌습니다.

自動車(じどうしゃ) 자동차

工場　こうじょう　공장

兄は自動車工場で働いています。　형은 자동차 공장에서 일하고 있습니다.

강의실 생중계!

工場(こうじょう)로 읽을 때는 '큰 공장'을, 工場(こうば)로 읽을 때는 '소규모 공장'을 일컫습니다.

校長　こうちょう　교장

校長先生の話が始まりました。　교장선생님의 이야기가 시작되었습니다.

강의실 생중계!

校長(こうちょう)先生(せんせい)라고도 합니다.

便利(べんり)だ 편리하다

交通　こうつう　교통

この町が交通は便利です。　이 동네가 교통은 편리합니다.

生徒(せいと) 학생

講堂　こうどう　강당

講堂に1000人の生徒が集まりました。　강당에 천명의 학생이 모였습니다.

公務員　こうむいん　공무원

両親は公務員でした。　부모님은 공무원이었습니다.

入(い)れる 넣다

氷　こおり　얼음

アイスコーヒーに氷をいっぱい入れました。　아이스커피에 얼음을 가득 넣었습니다.

科学(かがく) 과학
技術(ぎじゅつ) 기술

国際　こくさい　국제

父は国際科学技術センターで働いています。

아빠는 국제과학기술센터에서 일하고 있습니다.

先輩(せんぱい) 선배(님)
残(のこ)る 남다

心　こころ　마음

先輩に教えてもらったことが今でも心に残っています。

선배님이 가르쳐 준 것이 지금도 마음에 남아 있습니다.

小説(しょうせつ) 소설

この頃　このごろ　요즘

このごろ、読んでいる小説は何ですか。　요즘 읽고 있는 소설은 무엇입니까?

ご主人　ごしゅじん　남편 분

会社のことはご主人から聞きました。　회사 일은 남편 분에게 들었습니다.

강의실 생중계!

다른 사람의 남편을 높여 부르는 존경표현입니다.
일본어는 한자어 앞에 ご～ 또는 お～를 붙여 존경을 나타냅니다.

電車(でんしゃ) 전차
遅(おく)れる 늦다

故障　こしょう　고장

電車が故障して会社に遅れました。　전차가 고장 나서 회사에 늦었습니다.

강의실 생중계!

'고장 나다'라는 표현은 故障が出(で)る가 아니라 故障する입니다.

質問(しつもん) 질문
正(ただ)しい 바르다

答え　こたえ　대답

質問に正しく答えてください。　질문에 바르게 대답해 주세요.

今度(こんど) 이번, 다음

ご馳走　ごちそう　대접, 진수성찬

今度は私がご馳走します。　다음에는 제가 대접하겠습니다.

강의실 생중계!

인사말로 ご馳走(ちそう)さまでした라고 할 때는 '잘 먹었습니다'라는 뜻입니다.

枝(えだ)

小鳥　ことり　작은 새

小鳥が枝に止まっています。　작은 새가 가지에 앉아 있습니다.

강의실 생중계!

동사 止(と)まる에는 '멈추다'는 뜻 이외에 '앉다'라는 뜻도 있습니다.

ごみ箱(ばこ) 쓰레기통

ごみ　쓰레기

ごみ箱は部屋の中にあります。　쓰레기통은 방 안에 있습니다.

강의실 생중계!

'ごみ箱(ばこ) 쓰레기통'은 'ごみ+箱(はこ)'의 합성어로, 일본어는 두 단어가 합쳐질 때 뒷단어의 첫 글자에 탁음이 되는 경우가 많습니다.

お酒(さけ) 술

米　こめ　쌀

これは米から作られたお酒です。 이것은 쌀에서 만들어진 술입니다.

강의실 생중계!

회화체에서는 米(こめ)보다는 お米(こめ)라고 많이 씁니다.

英語(えいご) 영어

今度　こんど　이번, 다음 번, 이 다음

今度の英語の先生はカナダ人です。 이번 영어 선생님은 캐나다인입니다.

今夜(こんや) 오늘 밤
予報(よほう) 예보

今夜　こんや　오늘 밤

今夜は雨の予報です。 오늘 밤은 비가 내릴 예보입니다.

시나공 따라잡기 さ행

連絡(れんらく) 연락

最近　さいきん　최근, 요즘

最近、友だちから連絡がないです。 요즘 친구에게서 연락이 없습니다.

강의실 생중계!

비슷한 표현인 'このごろ 요즘'과 비교해서 살펴볼까요?
最近: 짧은 기간을 의미한다.
このごろ: 조금 전부터 현재까지 계속되고 있는 기간을 의미한다.
예 留学したことを最近聞きました。유학한 것을 최근에 들었습니다.
このごろ、雨が降らないです。요즘 비가 내리지 않습니다.

ドラマ 드라마

最後　さいご　마지막, 최후

そのドラマは最後まで見ませんでした。 그 드라마는 마지막까지 보지 않았습니다.

会議室(かいぎしつ) 회의실

最初　さいしょ　처음, 최초

会議室に最初に来たのは吉田さんです。 회의실에 처음에 온 사람은 요시다 씨입니다.

公園(こうえん) 공원

坂　さか　언덕

公園の後ろに坂があります。 공원 뒤에 언덕이 있습니다.

강의실 생중계!

'登(のぼ)り坂(ざか) 오르막길', '下(くだ)り坂(ざか) 내리막길' 등의 단어도 알아두세요.

宿題(しゅくだい) 숙제

さっき　아까

明日の宿題はさっき友だちから聞きました。 내일 숙제는 아까 친구에게 들었습니다.

강의실 생중계!

先(さき)에 っ가 첨가가 된 말입니다. 비슷한 말로 さきほど가 있습니다.

自動車(じどうしゃ) 자동차

始(はじ)める 시작하다

産業　さんぎょう　산업

うちの会社は自動車産業を始めました。 우리 회사는 자동차 산업을 시작했습니다.

意見(いけん) 의견

賛成　さんせい　찬성

皆が彼の意見に賛成しました。 모두가 그의 의견에 찬성했습니다.

강의실 생중계!

반대어는 反対(はんたい)입니다.

～ようになる ～하게 되다

字　じ　글자, 글씨

五つの妹は字が書けるようになりました。 5살인 여동생은 글씨를 쓸 수 있게 되었습니다.

강의실 생중계!

비슷한 말로 '文字(もじ) 문자, 글자'가 있습니다.

テニス 테니스

試合　しあい　시합

明日学校でテニスの試合があります。 내일 학교에서 테니스 시합이 있습니다.

강의실 생중계!

자주 나오는 발음이므로 合(あい)라는 훈독을 잘 기억해두세요! '場合(ばあい) 경우', '具合(ぐあ)い 상태', 'お見合(みあ)い 맞선' 등이 있습니다.

魚料理(さかなりょうり) 생선 요리법

仕方　しかた　방법

魚料理の仕方を教えていただけませんか。 생선 요리법을 가르쳐 주실 수 없겠습니까?

卒業式(そつぎょうしき) 졸업식

式　しき　식

来月息子の卒業式があります。 다음 달 아들 졸업식이 있습니다.

강의실 생중계!

'結婚式(けっこんしき) 결혼식', '入学式(にゅうがくしき) 입학식' 등과 같이 주로 다른 명사에 붙어 쓰입니다.

試験 しけん 시험

来週は英語の試験があります。 다음 주는 영어 시험이 있습니다.

大通(おおどお)り 길

事故 じこ 사고

今朝、大通りで交通事故がありました。 오늘 아침 큰 길에서 교통사고가 있었습니다.

夕(ゆう)べ 어제 밤

地震 じしん 지진

ニュースで夕べ地震があったそうです。 뉴스에서 어제 밤 지진이 있었다고 합니다.

変(か)わる 변하다, 바뀌다

時代 じだい 시대, 시절

時代は変わっていきます。 시대는 변해 갑니다.

강의실 생중계!

学生時代는 '학생시대'가 아니라 '학생시절'이라고 해석하는 것이 부드럽습니다.

出(で)かける 외출하다, 나가다

下着 したぎ 속옷

家内は子供の下着を買いに出かけます。 아내는 아이의 속옷을 사러 나갑니다.

강의실 생중계!

下着(したぎ)는 '하의'라는 뜻보다는 피부에 닿는 '속옷'을 가리킵니다.

支度 したく 준비, 채비

明日の山登りの支度はまだですか。 내일 등산 채비는 아직입니까?

강의실 생중계!

비슷한 의미의 支度(したく), 準備(じゅんび), 用意(ようい)를 비교해서 알아볼까요?
支度: 이미 준비된 것이나 있는 것을 챙기거나 지금까지 해 온대로 준비할 때 사용합니다.
準備: 어떤 일을 하기 위해 대처할 수 있도록 미리 물건이나 조건을 갖추는 것을 말합니다.
用意: 準備와 같은 의미이나 미리 준비한다는 의미는 없습니다.
예 食事の支度をしています。 식사 준비를 하고 있습니다.
試験の準備で忙しい。 시험 준비로 바쁘다.
会社へ行く用意をする。 회사에 갈 준비를 하다.

入学(にゅうがく) 입학

失敗 しっぱい 실패, 실수

大学入学試験に失敗しました。 대학 입학시험에 실패했습니다.

失礼 しつれい 실례

こんなことを言うのは失礼ですが。 이런 말을 하는 것은 실례입니다만...

外国語(がいこくご) 외국어

辞典 じてん 사전

辞典があれば外国語の勉強が便利だそうです。

사전이 있으면 외국어 공부가 편리하다고 합니다.

강의실 생중계!

'辞書(じしょ) 사전'도 같은 뜻입니다.

ピアノ 피아노

品物 しなもの 물건, 물품

このピアノは高いですが、品物はいいです。 이 피아노는 비싸지만 물건은 좋습니다.

강의실 생중계!

品物(しなもの)는 일반적인 물건보다 상품이란 뜻이 강합니다.

島国(しまぐに) 섬나라

島 しま 섬

日本は島国です。 일본은 섬나라입니다.

音楽会(おんがくかい) 음악회

予定(よてい) 예정

市民 しみん 시민

音楽会は市民センターでする予定です。 음악회는 시민센터에서 할 예정입니다.

事務所 じむしょ 사무소

父は日曜日にも事務所へ出かけました。 아빠는 일요일에도 사무소에 나갔습니다.

働(はたら)く 일하다

市役所 しやくしょ 시청

両親は市役所で働いています。 부모님은 시청에서 일하고 있습니다.

立派(りっぱ)だ 훌륭하다

社会 しゃかい 사회

社会的に見れば彼は立派です。 사회적으로 보면 그는 훌륭합니다.

社長 しゃちょう 사장

社長は仕事でアメリカに行きます。 사장님은 업무로 미국에 갑니다.

頭(あたま) 머리

じゃま 방해, 방문

前の人の頭がじゃまになって、前が見えないです。

앞사람의 머리가 방해가 되어 앞이 보이지 않습니다.

강의실 생중계!

おじゃまします는 '실례하겠습니다'라는 인사말로 쓰입니다.

散歩(さんぽ) 산책

習慣　しゅうかん　습관

毎日犬との散歩を習慣にしています。　매일 개와의 산책을 습관으로 하고 있습니다.

知(し)らせる 알리다

住所　じゅうしょ　주소

私の住所と名前をお知らせします。　제 주소와 이름을 알려 드리겠습니다.

柔道　じゅうどう　유도

彼は柔道ができません。　그는 유도를 못합니다.

今月(こんげつ) 이번 달

出席　しゅっせき　출석

彼は今月の出席はよかったです。　그는 이번 달 출석은 좋았습니다.

강의실 생중계!

반대말은 欠席(けっせき)입니다.

予定(よてい) 예정

出発　しゅつぱつ　출발

家で7時に出発する予定です。　집에서 7시에 출발할 예정입니다.

踊(おど)り 춤

趣味　しゅみ　취미

彼女は踊りには趣味がありません。　그녀는 춤에는 취미가 없습니다.

旅行(りょこう) 여행

準備　じゅんび　준비

友だちは大阪旅行の準備で忙しいです。　친구는 오사카 여행 준비로 바쁩니다.

紹介　しょうかい　소개

日本人の友達を紹介してくださいませんか。　일본인 친구를 소개해 주시지 않겠습니까?

강의실 생중계!

～てくださいませんかは ～てくれませんか의 존경어입니다.

放送(ほうそう) 방송

正月　しょうがつ　정월, 설, 새해

正月ドラマとして放送されたものです。　새해 드라마로써 방송된 것입니다.

강의실 생중계!

접두어 お를 붙여 보통 お正月(しょうがつ)라고 씁니다.

訪(たず)ねる 방문하다

小学校　しょうがっこう　초등학교

久しぶりに友だちと小学校を訪ねました。　오랜만에 친구와 초등학교를 찾았습니다.

最近(さいきん) 최근

小説　しょうせつ　소설(책)

最近私は中国の小説を読んでいます。　요즘 저는 중국 소설을 읽고 있습니다.

今夜(こんや) 오늘 밤

招待　しょうたい　초대

今夜のパーティーに招待されました。　오늘 밤 파티에 초대받았습니다.

相談(そうだん) 상담

将来　しょうらい　장래

将来について先生と相談しました。　장래에 대해 선생님과 상담했습니다.

暇(ひま) 틈, 시간, 한가함

食事　しょくじ　식사

最近は忙しくて食事する暇もありません。　요즘은 바빠서 식사할 시간도 없습니다.

食料品　しょくりょうひん　식료품

あそこのスーパーで食料品を買ったことはないです。　저기 슈퍼마켓에서 식료품을 산 적은 없습니다.

男性(だんせい) 남성

女性　じょせい　여성

うちの会社は男性より女性のほうが多いです。　우리 회사는 남성보다 여성이 더 많습니다.

강의실 생중계!

女(おんな)보다 품위있는 말입니다. '여자'는 보통 女(おんな)の人(ひと)로도 표현합니다.

少(すく)ない 적다

人口　じんこう　인구

人たちが出ていって人口が少ない町になりました。　사람들이 떠나서 인구가 적은 마을이 되었습니다.

まず 먼저, 우선

神社　じんじゃ　신사

今日は母が先に神社へ行きました。　오늘은 엄마가 먼저 신사에 갔습니다.

子供(こども)の時(とき) 어렸을 때

心配　しんぱい　걱정

子供の時、両親を心配させました。　어렸을 때 부모님을 걱정시켰습니다.

働(はたら)く 일하다

新聞社　しんぶんしゃ　신문사

兄は今月から新聞社で働きます。　형은 이번 달부터 신문사에서 일합니다.

習(なら)う 배우다

水泳 すいえい 수영

私は来週から学校で水泳を習います。 저는 다음 주부터 학교에서 수영을 배웁니다.

강의실 생중계!

수영은 泳(およ)ぎ라고도 합니다.

払(はら)う 지불하다

水道 すいどう 수도

再来週までに水道代を払わなければなりません。 다다음주까지 수도요금을 지불해야 합니다.

時代(じだい) 시대, 시절

数学 すうがく 수학

学生時代は数学が大好きでした。 학생시절에는 수학을 아주 좋아했습니다.

砂時計(すなとけい) 모래시계

砂 すな 모래

友達と砂時計を作りました。 친구와 모래시계를 만들었습니다.

猫(ねこ) 고양이

隅 すみ 구석

部屋の隅に猫が二匹います。 방구석에 고양이가 2마리가 있습니다.

강의실 생중계!

隅々(すみずみ)는 '구석구석'이란 뜻입니다.

気(き)をつける 조심하다

すり 소매치기

いつもすりに気をつけてください。 언제나 소매치기를 조심하세요.

楽(たの)しむ 즐기다

生活 せいかつ 생활

私は去年から日本での生活を楽しんでいます。 저는 작년부터 일본에서의 생활을 즐기고 있습니다.

工場(こうじょう) 공장

生産 せいさん 생산

その工場では月に２千台のコンピューターが生産されます。 그 공장에서는 월 2천대의 컴퓨터가 생산됩니다.

夢(ゆめ) 꿈

政治 せいじ 정치

兄は政治家が夢です。 형은 정치가가 꿈입니다.

課長(かちょう) 과장님
空(あ)く 비다

もう少(すこ)し 조금 더

立(た)てる 세우다

引(ひ)く 긋다

～てはいけない
～해서는 안 되다

飲(の)む 마시다

西洋 せいよう 서양
姉は西洋料理が好きです。 언니는 서양요리를 좋아합니다.

世界 せかい 세계
子供の時、世界旅行が夢でした。 어렸을 때 세계여행이 꿈이었습니다.

席 せき 자리
今は課長の席が空いています。 지금은 과장님의 자리가 비어 있습니다.

説明 せつめい 설명
もう少しわかりやすく説明してください。 조금 더 알기 쉽게 설명해 주세요.

背中 せなか 등
猫が背中を立てています。 고양이가 등을 세우고 있습니다.

강의실 생중계!

보통 '키가 크다, 키가 작다'라고 할 때는 背(せ)が高い, 背(せ)が低い로 나타냅니다.

線 せん 선
紙の上と下に線を引きます。 종이 위와 아래에 선을 긋습니다.

戦争 せんそう 전쟁
戦争はしてはいけません。 전쟁은 해서는 안 됩니다.

洗濯 せんたく 세탁
母は毎日洗濯します。 엄마는 매일 세탁합니다.

강의실 생중계!

세탁물은 洗濯物(せんたくもの)라고 합니다.

先輩 せんぱい 선배
先輩にお酒を飲まされました。 선배가 술을 마시라고 해서 어쩔 수 없이 마셨습니다.

강의실 생중계!

先輩(せんぱい)라는 단어에 '선배님'이란 존칭이 내포되어 있으므로 우리말과 달리 先輩(せんぱい)さん이라고는 하지 않아도 됩니다.

通(かよ)う 다니다

専門　せんもん　전문

姉は料理専門学校に通っています。　언니는 요리 전문학교에 다니고 있습니다.

卒業(そつぎょう) 졸

相談　そうだん　상담

卒業旅行のことは先生と相談します。　졸업여행은 선생님과 상담하겠습니다.

いつ 언제

卒業　そつぎょう　졸업

妹さんはいつ大学を卒業しましたか。　여동생 분은 언제 대학을 졸업했습니까?

田舎(いなか) 시골, 고향

祖父　そふ　조부, 할아버지

祖父は田舎で医者をしています。　할아버지는 시골에서 의사를 하고 있습니다.

元気(げんき)だ 건강하다

祖母　そぼ　조모, 할머니

祖母は80歳なのにまだ元気です。　할머니는 80세인데 아직 건강합니다.

강의실 생중계!

'祖父(そふ) 조부', '祖母(そぼ) 조모'는 지칭어로 쓰이며 'おじいさん 할아버지', 'おばあさん 할머니'는 지칭, 호칭 모두 쓰입니다.

시나공 따라잡기　た행

今週中(こんしゅうちゅう) 이번 주 중

退院　たいいん　퇴원

祖母は今週中に退院します。　할머니는 이번 주 중에 퇴원합니다.

知(し)る 알다

大学生　だいがくせい　대학생

田中さんは私が大学生の頃から知っている人です。　다나카 씨는 내가 대학생 때부터 알고 있는 사람입니다.

～そうだ ~라고 하다

台風　たいふう　태풍

来週、九州に台風が来るそうです。　다음 주 큐슈에 태풍이 온다고 합니다.

강의실 생중계!

雨が来る라는 표현은 쓰지 않지만, 台風が来る는 쓸 수 있습니다.

予約(よやく) 예약

畳　たたみ　다다미

今度の予約は畳部屋でお願いします。　다음 번 예약은 다다미 방으로 부탁합니다.

果物(くだもの) 과일

棚　たな　선반

棚の上にパンと果物があります。　선반 위에 빵과 과일이 있습니다.

今回(こんかい) 이번

楽しみ　たのしみ　낙, 즐거움

今回の京都旅行、楽しみにしています。　이번 교토 여행 기대하고 있습니다.

강의실 생중계!

'楽しみです'는 '기대하겠습니다'라는 표현입니다.

事務所(じむしょ) 사무소(실)

男性　だんせい　남성

うちの事務所には男性が10人います。　우리 사무소에는 남성이 열 명 있습니다.

つける 켜다, 틀다

暖房　だんぼう　난방

部屋の中が寒いですから、暖房をつけます。　방안이 추우니까 난방을 틀겠습니다.

鼻(はな) 코

血　ち　피

急に鼻から血が出ています。　갑자기 코에서 피가 납니다.

鼻水(はなみず) 콧물

力　ちから　힘

薬の力で鼻水が止まりました。　약의 힘으로 콧물이 그쳤습니다.

説明(せつめい) 설명

地図　ちず　지도

先生は学生たちに日本の地図を見せながら説明しました。　선생님들은 학생들에게 일본 지도를 보이면서 설명했습니다.

강의실 생중계!

장음이 들어가면 'チーズ 치즈'입니다. 장음과 단음에 주의하세요.

会議(かいぎ) 회의
遅(おく)れる 늦다

遅刻　ちこく　지각

会社に遅刻して朝の会議に遅れました。　회사에 지각해서 아침 회의에 늦었습니다.

辺(へん) 주변, 근처

地理　ちり　지리

彼女はこの辺の地理に暗いです。　그녀는 이 주변 지리에 어둡습니다.

子供用(こどもよう) 아이용

茶碗　ちゃわん　밥공기

こちらに子供用の茶碗があります。　이쪽에 어린이용 밥공기가 있습니다.

渡(わた)る 건너다

注意 ちゅうい 주의

道を渡る時は車に注意しなさい。 길을 건널 때에는 차를 주의하세요.

강의실 생중계!

우리말은 조사를 '~을/를'을 쓰는데 일본어는 '~に'를 사용하는 것에 주의하세요!

中学校 ちゅうがっこう 중학교

山田さんの奥さんは中学校の先生です。 야마다 씨의 부인은 중학교 선생님입니다.

試合(しあい) 시합

中止 ちゅうし 중지

試合は雨で中止になりました。 시합은 비로 중지가 되었습니다.

熱(ねつ) 열

注射 ちゅうしゃ 주사

熱で病院で注射をされました。 열로 병원에서 주사를 맞았습니다.

강의실 생중계!

'주사를 맞다'라는 표현은 위의 예문처럼 수동형으로 표현하거나 **注射してもらう**, **注射を打(う)ってもらう** 등과 같이 ~てもらう의 형태로 표현합니다.

スーパー 슈퍼마켓

駐車場 ちゅうしゃじょう 주차장

スーパーの駐車場に車がいっぱいです。 슈퍼마켓 주차장에 차가 가득입니다.

夜(よる) 밤

月 つき 달

今日は月が出ていない夜です。 오늘은 달이 뜨지 않은 밤입니다.

강의실 생중계!

月는 음독일 경우 げつ, がつ로 쓰이는데 1月~12月을 나타낼 때는 반드시 がつ로 읽습니다.

金曜日(きんようび) 금요일

都合 つごう 형편, 사정

都合があって、金曜日のパーティーには行けません。 사정이 있어서 금요일 파티에는 갈 수 없습니다.

同(おな)じだ 같다
高校(こうこう) 고등학교

妻 つま 처, 아내

妻と私は同じ高校でした。 처와 저는 같은 고교였습니다.

留学(りゅうがく) 유학

つもり　생각, 작정, 예정,

来月日本へ留学するつもりです。　다음 달 일본에 유학할 생각입니다.

강의실 생중계!

비슷한 말로 '予定(よてい) 예정'이 있습니다. 사람에게는 つもり, 予定를 사용할 수 있지만 사물에는 予定만 씁니다.

예 このビルは来月(らいげつ)に建(た)てられる予定です。 이 빌딩은 다음 달에 세워질 예정입니다.

買(か)う 사다

手袋　てぶくろ　장갑

デパートで友達と同じ手袋を買いました。　백화점에서 친구와 같은 장갑을 샀습니다.

多(おお)い 많다

寺　てら　절

この町にはお寺が多いです。　이 마을에는 절이 많습니다.

店(みせ) 가게

店員　てんいん　점원

店の中に５人の店員が働いています。　가게 안에는 5명의 점원이 일하고 있습니다.

강의실 생중계!

친근한 표현으로 店員(てんいん)さん이라고도 합니다.

晴(は)れ 맑음

天気予報　てんきよほう　날씨예보

天気予報によると明日は晴だそうです。　일기예보에 의하면 내일은 맑다고 합니다.

明(あか)るい 밝다
消(け)す 끄다

電灯　でんとう　전등

部屋が明るすぎて、電灯を消しました。　방이 너무 밝아서 전등을 껐습니다.

開(ひら)く 열다

展覧会　てんらんかい　전람회

日から学校で美術展覧会が開かれます。　내일부터 학교에서 미술 전람회가 열립니다.

移(うつ)す 옮기다

都　と　도 (행정구역)

会社を東京都に移すことにしました。　회사를 도쿄도로 옮기기로 했습니다.

開(あ)ける 열다

戸　と　문

部屋が暑いですから戸を開けます。　방이 더우니까 문을 열겠습니다.

강의실 생중계!

외래어 ドア를 써도 됩니다.

必要(ひつよう) 필요
準備(じゅんび) 준비

道具　どうぐ　도구
テニスに必要な道具を準備します。　테니스에 필요한 도구를 준비합니다.

休(やす)み 휴일

動物園　どうぶつえん　동물원
休みのとき、子供と動物園に行きました。　휴일일 때 아이와 동물원에 갔습니다.

鳥(とり) 새
声(こえ) (목)소리

遠く　とおく　먼 곳
遠くから鳥の声が聞こえます。　멀리서 새 소리가 들립니다.

강의실 생중계!

遠(とお)く는 부사로도 명사로도 쓰입니다. 近(ちか)く도 같은 형태로 부사일 때에는 '가깝게', 명사일 때는 '근처, 가까운 곳'이란 뜻입니다.

まっすぐ 곧장

通り　とおり　길, 거리
この通りをまっすぐ行くと銀行があります。　이 길을 곧장 가면 은행이 있습니다.

강의실 생중계!

비슷한 표현 '道(みち) 길'과 바꿔 쓸 수 있습니다.

都会　とかい　도회(지), 도시
兄は都会に出て仕事しています。　형은 도시로 나가서 일하고 있습니다.

一ヶ月(いっかげつ) 1개월

床屋　とこや　이발소
私は一ヶ月に一回床屋に行きます。　저는 한 달에 한 번 이발소에 갑니다.

会(あ)う 만나다

途中　とちゅう　도중
会社に行く途中で友達に会いました。　회사에 가는 도중에 친구를 만났습니다.

강의실 생중계!

'도중에'라고 할 때 途中(とちゅう)に가 아니라 途中(とちゅう)で라고 해야 합니다.

特急　とっきゅう　특급
田舎に特急に乗って帰ります。　고향에 특급을 타고 돌아갑니다.

隣(となり) 이웃(집)

泥棒　どろぼう　도둑
夕べ隣に泥棒に入られたそうです。　어젯밤 이웃집에 도둑이 들었다고 합니다.

시나공 따라잡기 な행

花(はな) 꽃

におい 냄새, 향기

においがいい花です。 향기가 좋은 꽃입니다.

강의실 생중계!

'におい'는 좋은 냄새, 나쁜 냄새에 모두 쓰이고 '香(かお)り 향기'는 좋은 향기에만 사용합니다.

예 いいコーヒーの香りがします。 좋은 커피 향이 납니다.

毎日(まいにち) 매일

日記 にっき 일기

毎日日本語で日記を書いています。 매일 일본어로 일기를 쓰고 있습니다.

病気(びょうき) 병

入院 にゅういん 입원

おじいさんは病気で一週間前に入院しました。 할아버지는 병으로 일주일 전에 입원했습니다.

問題(もんだい) 문제

入学 にゅうがく 입학

今回の入学試験問題は難しくありませんでした。 이번 입학시험 문제는 어렵지 않았습니다.

より ~보다

人気 にんき 인기

山田さんはクラスでだれより人気があります。 야마다 씨는 반에서 누구보다 인기가 있습니다.

よく 잘, 자주

人形 にんぎょう 인형

妹とよく人形遊びをします。 여동생과 자주 인형 놀이를 합니다.

魚(さかな) 생선

値段 ねだん 값, 가격

最近、魚の値段は高くないです。 요즘 생선 값은 비싸지 않습니다.

薬(くすり) 약
下(さ)がる 내리다

熱 ねつ 열

母は薬を飲んで、熱が下がりました。 엄마는 약을 먹고 열이 내렸습니다.

約束(やくそく) 약속
間(ま)に合(あ)う 시간에 대다

寝坊 ねぼう 늦잠꾸러기, 늦잠을 잠

寝坊して約束の時間に間に合いませんでした。 늦잠을 자서 약속 시간에 대지 못했습니다.

風邪(かぜ) 감기

年　ねん　1년, 한 해

年に6回、田舎に帰ります。　1년에 6번 고향에 돌아갑니다.

のど　목구멍

おとといから風邪でのどが痛いです。　그제부터 감기로 목이 아픕니다.

乗り物　のりもの　탈 것

乗り物には何がありますか。　탈 것에는 무엇이 있습니까?

강의실 생중계!

동사 ます형+物(もの)의 형태로 명사를 만듭니다.
食(た)べ物(もの) 먹을 것　飲(の)み物(もの) 마실 것
買(か)い物(もの) 쇼핑　読(よ)み物(もの) 읽을거리

시나공 따라잡기 は행

気持(きもち) 기분

葉　は　잎

木の葉を見ているだけで気持がいいです。
나뭇잎을 보고 있는 것만으로도 기분이 좋습니다.

강의실 생중계!

나뭇잎은 木(こ)の葉(は)라고 합니다.

結婚式(けっこんしき) 결혼식

場合　ばあい　경우, 때, 사정

どんな場合でも友達の結婚式に行きます。　어떤 경우라도 친구 결혼식에 가겠습니다.

倍　ばい　배

三の倍は六です。　3의 배는 6입니다.

虫歯(むしば) 충치

歯医者　はいしゃ　치과의사, 치과

虫歯で歯医者へ行ってきました。　충치로 치과에 갔다 왔습니다.

강의실 생중계!

일상에서 치과라는 의미로도 쓰입니다.

本棚(ほんだな) 책장
置(お)く 두다, 놓다

場所　ばしょ　장소

本棚を置く場所がありません。 책장을 둘 장소가 없습니다.

강의실 생중계!

한자 場(ば/じょう)는 훈독으로로 많이 읽히므로 잘 기억해 두세요. '場合(ばあい) 경우', '場面(ばめん) 장면' 등이 있습니다.

練習(れんしゅう) 연습

発音　はつおん　발음

CDを聞きながら、日本語の発音の練習をします。 CD를 들으면서 일본어 발음 연습을 합니다.

花見　はなみ　꽃구경

先週、家族と花見に行きました。 지난주 가족과 꽃구경하러 갔습니다.

歩(ある)く 걷다

林　はやし　숲

日曜日に友達３人で林の中を歩きました。 일요일에 친구 셋이서 숲 속을 걸었습니다.

강의실 생중계!

木(き)는 木이 하나, 林(はやし)는 木이 둘, 森(もり)는 木가 세 개인 한자입니다

スポーツ 스포츠

番組　ばんぐみ　(방송) 프로그램

今週からスポーツ番組が始まります。 이번 주부터 스포츠 프로그램이 시작됩니다.

結婚(けっこん) 결혼

反対　はんたい　반대

両親は彼との結婚を反対しています。 부모님은 그와의 결혼을 반대하고 있습니다.

月曜日(げつようび) 월요일

日　ひ　날, 해, 햇빛

毎週月曜日はデパートが休みの日です。 매주 월요일은 백화점이 휴일입니다.

강의실 생중계!

요일을 말할 때는 '水曜日(すいようび) 수요일', '土曜日(どようび) 토요일'처럼 日(び)로 읽습니다.

火遊(ひあそ)び 불장난, 불놀이

火　ひ　불

火遊びはしてはいけません。 불장난은 해서는 안 됩니다.

遠(とお)く 멀리

光　ひかり　빛

遠くから光が見えます。 멀리서 빛이 보입니다.

강의실 생중계!

光(ひか)ります와 같이 동사로 쓸 때는 り를 보이게 쓰지만 명사가 될 경우엔 한자 속으로 들어갑니다. 話(はなし)도 같은 경우입니다.

財布(さいふ) 지갑

引き出し　ひきだし　서랍

財布は引き出しの中にあります。 지갑은 서랍 안에 있습니다.

床屋(とこや) 이발소
剃(そ)る 깎다

ひげ　수염

床屋でひげを剃ってもらいました。 이발소에서 수염을 깎았습니다.

郊外(こうがい) 교외

飛行場　ひこうじょう　비행장

郊外に大きい飛行場があります。 교외에 큰 비행장에 있습니다.

勤(つと)める 근무하다

美術館　びじゅつかん　미술관

姉は美術館に勤めています。 누나는 미술관에 근무하고 있습니다.

手伝(てつだ)う 돕다

引っ越し　ひっこし　이사

今週引っ越しする友だちを手伝う予定です。 이번 주에 이사하는 친구를 도울 예정입니다.

増(ふ)える 늘다

病人　びょうにん　병자, 환자

冬で風邪の病人が増えました。 겨울이라서 감기 환자가 늘었습니다.

昼間　ひるま　낮, 주간

昼間はバイト、夜は学校です。 낮에는 아르바이트, 밤에는 학교입니다.

강의실 생중계!

비슷한 말로 'お昼(ひる) 낮'도 있습니다. 우리말은 '아침에는, '낮에는, '저녁에는 ~'이라고 표현하는데 일본어에서는 보통 ~には 생략하고 朝(あさ)は, 昼(ひる)は, 夜(よる)は라고 합니다.

昼休み　ひるやすみ　점심시간

昼休みは12時から1時までです。 점심시간은 12시부터 1시까지입니다.

강의실 생중계!

동사 休(やす)む의 ます형인 休(やす)み는 '쉼' 또는 '휴일'을 의미합니다. '夏休(なつやす)み 여름 방학(휴가)', '冬休(ふゆやす)み 겨울 방학(휴가)'도 함께 외워두세요.

デザイン 디자인

封筒 ふうとう 봉투

会社用の封筒のデザインが変わりました。 회사용 봉투 디자인이 바뀌었습니다.

漢字(かんじ) 한자
予習(よしゅう) 예습

復習 ふくしゅう 복습

毎日漢字の復習と予習をしています。 매일 한자 복습과 예습을 하고 있습니다.

社長(しゃちょう) 사장님

部長 ぶちょう 부장

部長は社長と話しています。 부장님은 사장님과 이야기하고 있습니다.

寝(ね)る 자다

普通 ふつう 보통

私は夜1時ごろに寝るのが普通です。 저는 밤 1시쯤에 자는 것이 보통입니다.

バナナ 바나나

ぶどう 포도

娘はぶどうよりバナナのほうが好きです。 딸은 포도보다 바나나를 더 좋아합니다.

このごろ 요즘
かける 덮다

布団 ふとん 이불

このごろは暑くて布団をかけないで寝ます。 요즘은 더워서 이불을 덮지 않고 잡니다.

강의실 생중계!

布団(ふとん)은 이불 전체나 덮는 이불을 말하기도 하는데 掛(か)け布団(ぶとん)이라고 하면 '덮는 이불'을, 敷(し)き布団(ぶとん)은 '요'를 의미합니다.

乗(の)る 타다

船 ふね 배

私は船に乗ったことがありません。 저는 배를 탄 적이 없습니다.

レベル 레벨

文化 ぶんか 문화

この国の文化のレベルは高いですか。 이 나라의 문화 수준은 높습니까?

文学 ぶんがく 문학

姉は日本文学を勉強しています。 언니는 일본 문학을 공부하고 있습니다.

難(むずか)しい 어렵다

文法 ぶんぽう 문법

日本語の文法は難しくありませんか。 일본어 문법은 어렵지 않습니까?

非常(ひじょう)に 매우, 굉장히
賑(にぎ)やかだ 번화하다

辺 へん 주변, 근처, 부근

この辺は非常ににぎやかな所ですね。 이 주변은 굉장히 번화한 곳이네요.

すぐ 금방, 곧

返事　へんじ　답장, 답변

友だちからすぐ返事が来ました。　친구로부터 금방 답장이 왔습니다.

アメリカ 미국

貿易　ぼうえき　무역

その国はアメリカとの貿易が盛んです。　그 나라는 미국과의 무역이 번성합니다.

放送　ほうそう　방송

その人は放送で見たことがあります。　그 사람은 방송에서 본 적이 있습니다.

専門(せんもん) 전문

法律　ほうりつ　법률

彼女の専門は法律です。　그녀의 전문은 법률입니다.

意見(いけん) 의견

他　ほか　다른 것, 딴 것, 밖

他の人にも意見を聞いてみましょう。　다른 사람에게도 의견을 물어 봅시다.

住(す)む 살다

僕　ぼく　나

僕はアメリカに住んだことがないです。　나는 미국에 산 적이 없습니다.

강의실 생중계!

남성어로 여성은 사용하지 않으며, 동년배나 아랫사람에게 주로 사용합니다.

光(ひか)る 빛나다

星　ほし　별

星が光っています。　별이 빛나고 있습니다.

雑誌(ざっし) 잡지
漫画(まんが) 만화

本棚　ほんだな　책장

本棚にいろいろな雑誌と漫画があります。　책장에 여러 잡지와 만화책이 있습니다.

翻訳　ほんやく　번역

姉は日本語を英語に翻訳する仕事をします。　누나는 일본어를 영어로 번역하는 일을 합니다.

시나공 따라잡기　ま행

病院(びょういん) 병원

町　まち　읍(내)

家内は町の小さい病院で働いています。　아내는 읍내의 작은 병원에서 일하고 있습니다.

周り　まわり　주위, 주변

彼の周りに人たちが集まっています。 그의 주변에 사람들이 모여 있습니다.

강의실 생중계!

비슷한 표현 '辺(へん) 주위, 근처'도 기억해두세요.

예 この辺に郵便局がありますか。이 주변에 우체국이 있습니까?

あまり 별로, 그다지

漫画　まんが　만화(책)

私は漫画はあまり読みません。 나는 만화는 별로 읽지 않습니다.

真(ま)ん中(なか) 한 가운데

交番(こうばん) 파출소

真ん中　まんなか　한가운데

銀行と本屋の真ん中に交番があります。 은행과 책방 한 가운데에 파출소가 있습니다.

강의실 생중계!

真라는 한자는 훈독일 때 真(ま)ん, 真(ま), 真(ま)っ 등으로 읽습니다. 단어를 강조하는 느낌으로 '真(ま)ん丸(まる)い 동그랗다', '真上(まうえ) 맨 위', '真下(ました) 맨 아래', '真(ま)っ白(しろ)い 새하얗다', '真(ま)っ黒(くろ)い 새까맣다' 등이 있습니다.

入学(にゅうがく) 입학

プレゼント 선물

万年筆　まんねんひつ　만년필

弟から入学プレゼントで万年筆をもらいました。

남동생에게 입학선물로 만년필을 받았습니다.

公園(こうえん) 공원

湖　みずうみ　호수

公園の近くに湖があります。 공원 근처에 호수가 있습니다.

味噌　みそ　미소(일본 된장)

母が作った味噌汁が一番おいしいです。 엄마가 만든 된장국이 가장 맛있습니다.

花見(はなみ) 꽃 구경

皆　みな　모두

家族皆で、花見に行きました。 가족 모두 함께 꽃구경하러 갔습니다.

강의실 생중계!

비슷한 말로 '皆(みんな) 모두'도 있습니다.

船(ふね) 배

港　みなと　항구

港にたくさんの船が泊まっています。 항구에 많은 배가 정박해 있습니다.

昔　むかし　옛날

友達と昔のことを話しました。　친구와 옛날 일을 이야기했습니다.

大嫌(だいきら)いだ
매우 싫어하다

虫　むし　벌레

母は虫が大嫌いです。　엄마는 벌레를 아주 싫어합니다.

강의실 생중계!

'歯(は) 이'와 붙여 쓰면 '충치'라는 뜻의 虫歯(むしば)가 됩니다.

息子　むすこ　아들

息子は今年、二十歳になりました。　아들은 올해 20살이 되었습니다.

강의실 생중계!

존칭으로 '息子(むすこ)さん 아드님'이 있습니다.

ケーキ 케이크

娘　むすめ　딸

娘はケーキとコーヒーが好きです。　딸은 케이크와 커피를 좋아합니다.

강의실 생중계!

존칭으로 '娘(むすめ)さん 따님'이 있습니다.

生産(せいさん) 생산

木綿　もめん　목면

あの服は中国で生産された木綿が使われています。
저 옷은 중국에서 생산된 목면이 사용되고 있습니다.

森　もり　숲, 삼림

子供たちが森の中で遊んでいます。　아이들이 숲 속에서 놀고 있습니다.

시나공 따라잡기　や행

果物(くだもの) 과일

八百屋　やおや　야채가게

八百屋で売っている果物を買ってきました。　야채가게에서 팔고 있는 과일을 사 왔습니다.

강의실 생중계!

'花屋(はなや) 꽃집', '本屋(ほんや) 서점', '肉屋(にくや) 정육점'처럼 단어에 ~屋(や)를 붙여서 '~가게, ~점'을 나타내는데 야채가게는 野菜屋(やさいや)가 아니라 八百屋(やおや)이므로 주의하세요.

~すぎる 너무 ~하다
忘(わす)れる 잊다

約束　やくそく　약속

仕事が忙しすぎて、子供との約束を忘れました。 일이 너무 바빠서 아이와의 약속을 잊었습니다.

お風呂(ふろ) 목욕
沸(わ)かす 끓이다, 데우다

湯　ゆ　뜨거운 물

お風呂のお湯はもう沸かしてあります。 목욕물은 이미 데워져 있습니다.

강의실 생중계!

보통 お湯(ゆ)라 하는데 '뜨거운 물'이라는 의미입니다. 일본어에서 '물을 끓이다'는 水(みず)を沸(わ)かす라고 하지 않고 お湯(ゆ)を沸(わ)かす라고 합니다.

増(ふ)える 늘다

輸出　ゆしゅつ　수출

その国は最近テレビの輸出が増えました。 그 나라는 최근 텔레비전 수출이 늘었습니다.

言葉(ことば) 말, 언어

輸入　ゆにゅう　수입

デジタルカメラは輸入された言葉です。 디지털 카메라는 수입된 말입니다.

指　ゆび　손가락

妹の指はかわいいです。 여동생 손가락은 귀엽습니다.

강의실 생중계!

엄지손가락은 親指(おやゆび)입니다.

もらう 받다

指輪　ゆびわ　반지

彼に指輪をプレゼントでもらいました。 남자친구에게 반지를 선물로 받았습니다.

ホテル 호텔

夢　ゆめ　꿈

私の夢はホテルの社長です。 내 꿈은 호텔 사장입니다.

강의실 생중계!

우리말 '꿈을 꾸다'는 일본어로 '夢を見る'라고 합니다.

用　よう　일, 볼일, 용무

用があって、今日は彼女に会えません。 볼일이 있어 오늘은 여자친구를 만나지 못합니다.

夕飯(ゆうはん) 저녁밥

用意　ようい　준비

母は夕飯の用意をしています。 엄마는 저녁 준비를 하고 있습니다.

習(ならう) 배우다
漢字(かんじ) 한자
駅(えき) 역

用事　ようじ　볼일, 용건, 용무
父は用事で名古屋へ行きました。 아빠는 용무로 나고야에 갔습니다.

予習　よしゅう　예습
明日習う漢字を予習しておきました。 내일 배울 한자를 예습해 두었습니다.

予定　よてい　예정
彼女とは５時に駅で会う予定です。 그녀와는 5시에 역에서 만날 예정입니다.

予約　よやく　예약
ホテルは１ヶ月前から予約してあります。 호텔은 1개월 전부터 예약되어 있습니다.

시나공 따라잡기 ら행～わ행

意見(いけん) 의견
反対(はんたい) 반대
機会(きかい) 기회
関係(かんけい) 관계
出張(しゅっちょう) 출장

理由　りゆう　이유
どんな理由で私の意見に反対するのですか。 어떤 이유로 내 의견에 반대하는 것입니까?

利用　りよう　이용
機会を利用して二人の関係をよくします。 기회를 이용해서 두 사람의 관계를 좋게 합니다.

両方　りょうほう　양방, 양쪽
両方の手に本を持っています。 양쪽 손에 책을 들고 있습니다.

旅館　りょかん　여관
出張に行ったら、いつも同じ旅館に泊まります。 출장을 가면 언제나 같은 여관에 묵습니다.

留守　るす　부재, 집에 없음, 집을 비움
夫は旅行に行って留守です。 남편은 여행을 가서 부재중입니다.

강의실 생중계!

우리말의 자동응답전화기를 留守番(るすばん)電話(でんわ)라고 합니다.

～ともいう ～라고도 하다

零　れい　영
ゼロを零ともいいます。 제로를 영이라고도 합니다.

牛乳(ぎゅうにゅう) 우유

冷蔵庫　れいぞうこ　냉장고

牛乳は必ず冷蔵庫に入れてください。　우유는 반드시 냉장고에 넣어주세요.

冷房　れいぼう　냉방

今日からエアコンで冷房しました。　오늘부터 에어컨으로 냉방(을) 했습니다.

興味(きょうみ) 흥미

歴史　れきし　역사

彼は日本の歴史に興味があります。　그는 일본 역사에 흥미가 있습니다.

練習　れんしゅう　연습

子どもは毎日漢字を書く練習をします。　아이는 매일 한자를 쓰는 연습을 합니다.

警察(けいさつ) 경찰

連絡　れんらく　연락

今朝、警察から連絡がありました。　오늘 아침 경찰에서 연락이 있었습니다.

言葉(ことば) 말, 언어

わけ　이유, 까닭, 사정, 의미

友達は訳がわからない言葉を言っています。　친구는 의미를 모르는 말을 하고 있습니다.

電車(でんしゃ) 전차
傘(かさ) 우산

忘れ物　わすれもの　잊은 물건, 분실물

電車には傘の忘れ物が多いです。　전차에는 우산 분실물이 많습니다.

적중 예상 문제 ①

▶ 정답 및 해설 305쪽

もんだい 1 ＿＿＿＿＿の ことばは どう よみますか。
1・2・3・4から いちばん いい ものを ひとつ えらんで ください。

01 あには しごとで 急行に のって おおさかに いきました。

1 ぎゅうこう　2 きゅうごう　3 きゅうこう　4 ぎゅうごう

02 ふゆには とくに 火事に きを つけましょう。

1 かじ　2 がじ　3 がし　4 かし

03 たなかさんが すきな 季節は なんですか。

1 ぎぜつ　2 きぜつ　3 ぎせつ　4 きせつ

04 あねは こわくて 運転が できません。

1 おんてん　2 うんてん　3 おんでん　4 うんでん

05 しんじゅくは しゅうまつには いつも 交通が こみます。

1 ごうづう　2 こうづう　3 ごうつう　4 こうつう

06 いもうとは 人形あそびが だいすきです。

1 にんぎょう　2 にんぎょ　3 にんきょう　4 にんきょ

07 りょこうは いつも 楽しみです。

1 かなしみ　2 さびしみ　3 たのしみ　4 うれしみ

08 いつ かぜの 注射を して もらう よていですか。

1 ちゅうしゃ　2 じゅうしゃ　3 ちゅうさ　4 じゅうさ

적중 예상 문제 ①

もんだい 2 ＿＿＿＿の ことばは どう かきますか。
1・2・3・4から いちばん いい ものを ひとつ えらんで ください。

01 しょうがっこうの ともだちと おもいでが たくさん あります。

1 恩い出　2 思い出　3 思い抽　4 恩抽

02 りょうしんは きょういくの しごとを して います。

1 教育　2 孝育　3 孝郁　4 教郁

03 そぼは れきしの ドラマを よく みます。

1 暦使　2 歴史　3 歴使　4 暦史

04 なぜ しあいに しっぱいしたか げんいんを さがして みましょう。

1 原困　2 源因　3 原因　4 源困

05 ぎゅうにゅうは ふつう その ねだんで　かえます。

1 普通　2 譜踊　3 譜通　4 普踊

06 としょかんの りよう じかんは なんじからですか。

1 俐冊　2 利用　3 俐用　4 利冊

07 友だちの いえに いきましたが、るすでした。

1 留寸　2 瑠寸　3 瑠守　4 留守

08 いなかの せいかつは たのしいです。

1 星舌　2 生舌　3 生活　4 星活

もんだい3 （　　　　）に なにを いれますか。
1・2・3・4から いちばん いい ものを ひとつ えらんで ください。

01 （　　　　）には おおせいの ひとが あつまります。

1 けしき　2 おまつり　3 ゆにゅう　4 さんせい

02 あなたの へやには（　　　　）が ありますか。

1 おしいれ　2 じだい　3 とかい　4 しょうせつ

03 にちようびに（　　　　）の しけんが あります。

1 もり　2 ふね　3 むし　4 こうむいん

04 こうえんの（　　　　）に いぬが います。

1 ひきだし　2 りょう ほう　3 まんなか　4 れいぼう

05 おもったより（　　　　）だいと でんきだいは たかく ありませんでした。

1 すいどう　2 わすれもの　3 ちゅうし　4 せんもん

06 きょねんの ふゆに つかった（　　　　）が ちいさく なりました。

1 せかい　2 こくさい　3 てぶくろ　4 おくじょう

07 ははは（　　　　）の せんたくを して います。

1 おと　2 ふとん　3 みまい　4 かがく

08 （　　　　）は なんがいに ありますか。

1 かべ　2 こうぎ　3 さか　4 けんきゅうしつ

적중 예상 문제 ①

もんだい４　＿＿＿＿の ぶんと だいたい おなじ いみの ぶんが あります。
1・2・3・4から いちばん いい ものを ひとつ えらんで ください。

01 けさ みちで じこが ありました。

1 みちで ひとが あつまって おどって いました。
2 みちで ひとが うたって いました。
3 みちで ひとが じてんしゃと ぶつかって たおれて いました。
4 みちで ひとが ピアノを ひいて いました。

02 かのじょと しゅうまつに はなみに いきます。

1 かのじょと しゅうまつに サッカーを みに いきます。
2 かのじょと しゅうまつに サクラを みに いきます。
3 かのじょと しゅうまつに コンサートを みに いきます。
4 かのじょと しゅうまつに ペットを みに いきます。

03 しゅうまつに えいごの テキストを かいに いきました。

1 しゅうまつに えいごの ほんを かいに いきました。
2 しゅうまつに えいごの ざっしを かいに いきました。
3 しゅうまつに えいごの じてんを かいに いきました。
4 しゅうまつに えいごの しんぶんを かいに いきました。

04 むすめは ことし 4がつに だいがくせいに なります。

1 むすめは ことし 4がつに けっこんしきが あります。
2 むすめは ことし 4がつに にゅうしゃしきが あります。
3 むすめは ことし 4がつに にゅうがくしきが あります。
4 むすめは ことし 4がつに そつぎょうしきが あります。

▶ 정답과 해설 309쪽

もんだい 5 つぎの ことばの つかいかたで いちばん いい ものを ひとつ えらんで ください。

01 ちゅうし

1 おなかが すいて いるので ちゅうししました。
2 えいがが みたいから ちゅうししましょう。
3 レストランに いきましたが、ちゅうしに なりました。
4 たいふうで コンサートは ちゅうしに なりました。

02 ちり

1 かんこくと にほんは ちりてきに ちかいです。
2 あたまが いたかったので、ちりに いきました。
3 あしたまでに ちりを だして ください。
4 きこえないので、おおきな ちりで はなして ください。

03 よしゅう

1 あめが ふりはじめたので かさを よしゅうします。
2 あねは ともだちと きっさてんで よしゅうして います。
3 あした ならう ところを よしゅうします。
4 にちようびに かぞくと しょくじ しに よしゅうします。

04 こうじょう

1 あには こうじょうで くるまを つくって います。
2 ラジオが こわれて こうじょうを しました。
3 かいしゃの しょくどうで こうじょうを たべました。
4 やまの けしきを こうじょうで とりました。

적중 예상 문제 ②

もんだい1 ＿＿＿＿の ことばは どう よみますか。
1·2·3·4から いちばん いい ものを ひとつ えらんで ください。

01 さいきん なんの 番組を みて いますか。

1 ばんくみ　2 はんくみ　3 ばんぐみ　4 はんぐみ

02 都合が いい とき はなして ください。

1 つごう　2 つうこう　3 つうご　4 つこう

03 あさ おきたら みずを のむのが 習慣に なりました。

1 しゅかん　2 しゅうかん　3 じゅうかん　4 じゅかん

04 あした しけんなので いま あそんでいる 場合じゃ ありません。

1 じょうあい　2 しょうあい　3 はあい　4 ばあい

05 あねは せんげつ 髪を きりました。

1 かみ　2 かべ　3 かり　4 かた

06 用事が あって いまから でかけなければ なりません。

1 よじ　2 ようじ　3 ようし　4 よし

07 やまださんに たのんだら いけない 理由は なんですか。

1 りゆ　2 いゆ　3 りゆう　4 いゆう

08 ちゅうもんした 品物は きょうじゅうに はいります。

1 しなもの　2 ひんぶつ　3 ひんもの　4 しなぶつ

もんだい 2 ＿＿＿＿の ことばは どう かきますか。
1·2·3·4から いちばん いい ものを ひとつ えらんで ください。

01 せんしゅう けがした あしくびは なおりましたか。

1 手首　2 足指　3 手指　4 足首

02 えいがかんは えきの ひがしがわに あります。

1 東側　2 南側　3 西側　4 北側

03 さむく なったので ふとんを とりかえました。

1 市困　2 布団　3 市団　4 布困

04 いなかには りょうしんが すんで います。

1 田舎　2 由吉　3 由舎　4 田吉

05 しないから こうがいまでは なんぷん ぐらい かかりますか。

1 校外　2 郊外　3 交外　4 効外

06 びじゅつかんの まえで ともだちと あう ことに しました。

1 映画館　2 図書館　3 博物館　4 美術館

07 かべに あたらしい カレンダーを かけました。

1 傘　2 港　3 壁　4 糸

08 きんじょに こうえんが つくられる そうです。

1 講義　2 警察　3 近所　4 技術

적중 예상 문제 ②

もんだい3 （　　　）に なにを いれますか。
1･2･3･4から いちばん いい ものを ひとつ えらんで ください。

01 せんせんしゅう アメリカ たいしかんを（　　　）しました。

1 ふくしゅう　2 れんらく　3 すうがく　4 けんがく

02 やまださんと あしたの（　　　）に あおうと おもいます。

1 こうどう　2 ひるま　3 ぶんぽう　4 よしゅう

03 いもうとは だいがくで（　　　）がくを べんきょうして います。

1 いじょう　2 ねだん　3 せいよう　4 ようい

04 わたしは いちねんまえから（　　　）を かきはじめました。

1 りょかん　2 うけつけ　3 にっき　4 じだい

05 ひだりと みぎ、（　　　）を みながら あるきましょう。

1 おもちゃ　2 どうぐ　3 すいえい　4 りょうほう

06 がっこうで どんな（　　　）を ならいたいですか。

1 ぎじゅつ　2 しあい　3 みずうみ　4 おつり

07 あなたの くにでは なにを（　　　）して いますか。

1 けんぶつ　2 ゆにゅう　3 すな　4 とっきゅう

08 ほんやで（　　　）を 4さつ かいました。

1 しょうせつ　2 きしゃ　3 ふね　4 だんぼう

▶ 정답과 해설 313쪽

もんだい 4 ＿＿＿＿＿の ぶんと だいたい おなじ いみの ぶんが あります。
1･2･3･4から いちばん いい ものを ひとつ えらんで ください。

01 としょかんで かんじの ふくしゅうを しました。

1 としょかんで　ならう かんじの べんきょうを しました。
2 としょかんで　ならった かんじの べんきょうを しました。
3 としょかんで　おしえる かんじの ほんを かりました。
4 としょかんで　おしえた かんじの ほんを かえしました。

02 あねの しごとは かんごふです。

1 あねは くうこうで はたらいて います。
2 あねは ぎんこうで はたらいて います。
3 あねは えいがかんで はたらいて います。
4 あねは びょういんで はたらいて います。

03 しょくじの したくは まだですか。

1 しょくじの りょうりは まだですか。
2 しょくじの あじは まだですか。
3 しょくじの じゅんびは まだですか。
4 しょくじの いけんは まだですか。

04 せんせいと しょうらいの ことを はなしました。

1 せんせいと そつぎょうごの ことを はなしました。
2 せんせいと にゅうがくごの ことを はなしました。
3 せんせいと けんきゅうごの ことを はなしました。
4 せんせいと かいぎごの ことを はなしました。

もんだい5 つぎの ことばの つかいかたで いちばん いい ものを ひとつ えらんで ください。

01 きそく

1 さいきん いそがしくて かえりが きそくに なります。
2 しゃかいの せいかつで きそくを まもらなければ なりません。
3 そふは まわりの ひとたちに とても きそくです。
4 この くすりは きそくで のみにくいです。

02 ほんやく

1 かぜを ひいたので ほんやくしました。
2 コンビニで パンと ぎゅうにゅうを ほんやくしました。
3 その デパートは あさって ほんやくします。
4 にほんごを かんこくごに ほんやくして います。

03 ゆめ

1 れんらくが ゆめして すみませんでした。
2 かがみを おとして、ゆめして しましました。
3 こどもの ときの ゆめは せいじかでした。
4 かいぎに ゆめして すみません。

04 せんたく

1 まいにち きょうしつを せんたくします。
2 カレーに はいる やさいを せんたくします。
3 きのう かった ふくを せんたくします。
4 ねる まえに はを せんたくします。

시나공 08 기타

이번 장에서는 부사, 조사, 접속사, 감동사, 연체사, 조동사, 접미어 등에 대해서 살펴보도록 하겠습니다. 부사는 용언을 수식하며, 조사는 명사나 부사 등에 붙어 그 말과 다른 말과의 관계를 나타내며, 접속사는 문장과 문장을 이어주며, 감동사는 놀람, 느낌, 응답 등을 간단히 나타냅니다. 또한 연체사는 명사만을 수식하며, 조동사는 용언 등에 접속하여 그 뜻을 돕습니다. 접미어는 어간 뒤에 붙어 그 뜻을 돕거나 품사를 바꾸는 역할을 합니다.

시험에 이렇게 나온다!

もんだい３　（　　　）に なにを いれますか。
1·2·3·4から いちばん いい ものを ひとつ えらんで ください。

きょうは お店に お客さんは（　　　　）きて いません。

1 やっと　　**2** すこし　　**3** たくさん　　**4** ほとんど

해석 오늘은 가게에 손님은 거의 오지 않았습니다.

해설 ほとんど~가 부사로 사용될 경우, 전부라고는 할 수 없지만 그에 가깝게 대부분, 대체로의 의미로 쓰입니다. 부정문인 'ほとんど~ない'의 형태로 사용될 경우 '거의 ~않다'는 의미로 쓰입니다.

정답 4

시나공 따라잡기 あ행

あ　아!

あ、彼の名前がやっと思い出しました。　아! 그의 이름이 가까스로 생각났습니다.

やっと 겨우, 가까스로
思(おも)い出(だ)す 생각나다, 생각해내다

ああ　저렇게

シングルベッドがああ高いとは思わなかったです。　싱글 침대가 저렇게 비싸다고는 생각하지 않았습니다.

シングル 싱글

あんな　저런

あんな大きい虫は見たことがありません。　저런 큰 벌레는 본 적이 없습니다.

大(おお)きい 크다
虫(むし) 벌레

覚(おぼ)える 외우다
忘(わす)れる 잊다

いくら〜ても　　아무리 ~해도

難しい漢字はいくら覚えても忘れてしまします。

어려운 한자는 아무리 외워도 잊어버립니다.

강의실 생중계!

명사일 때는 '얼마'라는 뜻도 있습니다.
예 これはいくらですか。이것은 얼마입니까?

高校生(こうこうせい) 고등학생

一生懸命　　いっしょうけんめい　열심히

息子は高校生になって一生懸命勉強します。 아들은 고등학생이 되어 열심히 공부합니다.

강의실 생중계!

비슷한 말로 '熱心(ねっしん)に 열심히'가 있습니다.

生活(せいかつ) 생활
話(はな)し合(あ)う 서로 이야기하다

〜員　　いん　　~원

会社員の生活について話し合いました。 회사원 생활에 대해 서로 이야기했습니다.

강의실 생중계!

公務員(こうむいん) 공무원, 銀行員(ぎんこういん) 은행원, 乗務員(じょうむいん) 승무원 등도 함께 외워두세요.

電車(でんしゃ) 전철, 전차
着(つ)く 도착하다

〜おき　　~간격, ~걸러

この駅は10分おきに電車が着きます。

이 역은 10분 간격으로 전차가 도착합니다.

강의실 생중계!

수량, 시간, 거리 등에 붙어 일정한 간격으로 거듭됨을 나타냅니다.
예 一月(ひとつき)おき 한 달 걸러　　2キロおき 2킬로 간격

시나공 따라잡기　か행

〜回　　かい　　~회, ~번

その本は5回も読みました。 그 책은 5번이나 읽었습니다.

강의실 생중계!

조사 ~も는 '~도'라는 뜻 이외에 위의 예문처럼 '~이나'라는 뜻도 있습니다.

~階　　かい・がい　　~층

私の事務所は3階です。　　저의 사무실은 3층입니다.

강의실 생중계!

三階(さんかい)라고도 합니다. 하지만 '몇 층'은 반드시 何階(なんがい)입니다. 何階(なんかい)라고는 하지 않습니다.

~ヶ月　　かげつ　　~개월

彼と３ヶ月ぶりに会いました。　　그와 3개월 만에 만났습니다.

강의실 생중계!

~ヵ月(かげつ)로도 표기합니다. 발음은 둘 다 같습니다.

~月　　がつ　　~월

九月に姉は結婚します。　　9월에 언니는 결혼합니다.

今度(こんど) 이번
勝(か)つ 이기다

必ず　　かならず　　반드시, 꼭

今度の試合は必ず勝ちます。　　이번 시합은 반드시 이기겠습니다.

강의실 생중계!

必(かなら)ず는 분명한 논리에 따른 결과를 말한 때 사용하는 반면 きっと는 주관적인 생각으로 자신감을 갖고 말할 때 사용합니다. 그러나 강한 의지, 단정, 판단이나 예상이 확실하다고 생각될 때는 둘 다 쓸 수 있습니다.

예 電話(でんわ)に出(で)ないから、友だちはきっと留守(るす)でしょう。
전화를 받지 않으니까 친구는 분명 집에 없겠지요.
彼女はコンサートにきっと(=必ず) 行くと思います。
그녀는 콘서트에 꼭 간다고 생각합니다.

主人(しゅじん) 남편

~がる　　~하고 싶어 하다

主人は新しい車を買いたがっています。　　남편은 새 차를 사고 싶어 합니다.

강의실 생중계!

~がる는 동사 ます형에 접속하여 3인칭의 희망을 나타냅니다. 1, 2인칭에는 ~たい를 사용하며 형용사 어간에 접속하여 '~해 하다'라는 표현이 됩니다.

예 兄から連絡(れんらく)がないので両親(りょうしん)は寂(さび)しがっています。
형에게 연락이 없어서 부모님은 쓸쓸해 합니다.

田舎(いなか) 고향, 시골
電話(でんわ) 전화

急に きゅうに 갑자기, 급히

急に田舎から電話が来てびっくりしました。 급히 고향에서 전화가 와서 놀랐습니다.

うそをつく
거짓말을 하다

決して けっして 결코

彼は決してうそはつきません。 그는 결코 거짓말은 하지 않습니다.

강의실 생중계!

決(けっ)しては 반드시 부정의 표현을 수반합니다.

音楽会(おんがくかい)
음악회
~たい ~하고 싶다
行(い)ける 갈 수 있다

けれど(も) 그렇지만, ~지만

私も音楽会に行きたかったですけれども、忙しくて行けなかったです。
나도 음악회에 가고 싶었지만 바빠서 갈 수 없었습니다.

강의실 생중계!

けれども를 줄여 けれど, けど 라고도 씁니다. 접속조사 ~が와 같은 뜻이며, 둘 다 역접 표현입니다.

~軒 けん ~채

山の下に家が7軒あります。 산 아래에 집이 7채 있습니다.

~個 こ ~개

このりんごは一個で200円です。 이 사과는 1개에 200엔입니다.

강의실 생중계!

'一(ひと)つ 한 개, 하나'도 같은 표현입니다.

~語 ご ~어

何語が習いたいですか。 무슨 언어를 배우고 싶습니까?

お世話(せわ)になる
신세를 지다

この間 このあいだ 요전, 지난번

この間、お世話になりました。 지난번 신세를 졌습니다.

강의실 생중계!

지금보다 전의 시점을 표현합니다. さっき(아까, 방금 전)도 같습니다.

頃　　ころ・ごろ　　~쯤, ~경, 무렵, 시절

今朝は何時頃起きましたか。　오늘 아침은 몇 시쯤 일어났습니까?

강의실 생중계!

비슷한 표현인 くらい・ぐらい와 비교해서 살펴볼까요?
ころ・ごろ: 주로 때를 나타내는 말에 붙어 쓰입니다.
くらい・ぐらい: 사물의 예시나 수량, 비교를 대강 그 정도임을 나타냅니다.
둘 다 명사에 붙을 때는 ～ぐらい、～ごろ가 됩니다. 하지만 현대에서는 구별 없이 쓰기도 합니다.
예 朝10時ごろ来ます。아침 10시쯤 오겠습니다.
30分ぐらいかかります。 30분정도 걸립니다.

시나공 따라잡기　さ행

～様　　さま　　~님

おじいさまは今年おいくつですか。　할아버님은 올해 몇 세이십니까?

강의실 생중계!

～さん(씨) 보다 더 존칭입니다.

～歳　　さい　　~세, ~살

祖母は88歳で亡くなりました。　할머니는 88세로 돌아가셨습니다.

강의실 생중계!

'亡(な)くなる 돌아가시다'는 '死(し)ぬ 죽다'의 완곡한 표현입니다.

～冊　　さつ　　~권

図書館で本を5冊借りました。　도서관에서 책을 5권 빌렸습니다.

～時　　じ　　~시

何時まで行けばいいですか。　몇 시까지 가면 됩니까?

～しか　　~밖에

2千円しかありません。　2천 엔 밖에 없습니다.

강의실 생중계!

반드시 부정문이 수반됩니다.

試験(しけん) 시험
言葉(ことば) 단어, 말
覚(おぼ)える 외우다
先輩(せんぱい) 선배
約束(やくそく) 약속
忘(わす)れる 잊다

しっかり 확실히, 똑똑히, 착실히

来週が試験だから、しっかり勉強しなさい。 다음 주가 시험이니까 착실히 공부하렴.

강의실 생중계!

비슷한 느낌의 부사 しっかり, すっかり, はっきり를 정리해볼까요!

しっかり: 단단한, 꽉, (기억, 판단력 등) 확실히, (기량, 성질, 생각, 심신 등) 똑똑히. 단단함과 견고함에 중점을 둠.

すっかり: 100%를 의미하는 완전히, 전부, 죄다.

はっきり: 다른 것과 구별하여 사물이 확실하고 분명함. 태도나 기분에도 씁니다.

예 その言葉(ことば)はしっかり覚(おぼ)えています。그 단어는 확실히 외우고 있습니다.
先輩(せんぱい)との約束(やくそく)をすっかり忘(わす)れていました。
선배와의 약속을 완전히 잊고 있었습니다.
眼鏡(めがね)をかけると字(じ)がはっきり見えます。안경을 쓰면 글자가 확실히 보입니다.

待(ま)つ 기다리다

しばらく 잠시, 잠깐

喫茶店でしばらくお待ちください。 찻집에서 잠시 기다려 주십시오.

강의실 생중계!

しばらくです라는 표현은 '오래간만입니다'라는 뜻입니다. しばらくぶり와 久(ひさ)しぶり는 같은 뜻입이다.

예 高校(こうこう)の友(とも)だちをしばらくぶりに会(あ)った。=久しぶりに会(あ)った。
고교 때의 친구를 오랜만에 만났다.

～人 じん ~인

アメリカ人が日本語を習ってます。 미국인이 일본어를 배우고 있습니다.

강의실 생중계!

～人(じん)과 ～人(にん)에 대해서 알아볼까요?

～人(じん): 국민, 인종, 사람의 속성 등 일반적인 의미를 나타냅니다.
日本人(にほんじん) 일본인, 外国人(がいこくじん) 외국인, 主人(しゅじん) 남편, 美人(びじん) 미인 등.

～人(にん): 주로 특정 개인을 나타냅니다.
何人(なんにん) 몇 명, 本人(ほんにん) 본인, 他人(たにん) 타인, 代理人(だいりにん) 대리인, 病人(びょうにん) 병자, 환자 등.

暑(あつ)い 덥다
夏(なつ) 여름

ずいぶん 꽤, 상당히

去年はずいぶん暑い夏でした。 작년은 꽤 더운 여름이었습니다.

강의실 생중계!

비슷한 의미인 ずいぶん, だいぶ, かなり를 비교해서 알아볼까요?
ずいぶん: 주관적인 상태를 나타냅니다.
だいぶ: 전보다 나아진 상태를 나타냅니다.
かなり: 지나칠 정도까지는 아니지만 보통을 넘는 정도를 나타냅니다.
예 試合(しあい)のためにずいぶん頑張(がんば)っていますね。시합을 위해 꽤 분발하고 있네요.
昨日より体(からだ)の具合(ぐあい)はだいぶよくなりました。
어제보다 몸 상태는 꽤 좋아졌습니다.
友達との問題(もんだい)でかなり困(こま)っています。친구와의 문제로 상당히 곤란합니다.

約束(やくそく) 약속
忘(わす)れる 잊다

すっかり 완전히, 아주, 몽땅, 죄다

友達との約束をすっかり忘れていました。 친구와의 약속을 완전히 잊고 있었습니다.

ずっと 쭉, 훨씬

日本に来て、ずっとアルバイトしています。 일본에 와서 쭉 아르바이트를 하고 있습니다.

ドア 문
開(あ)ける 열다
猫(ねこ) 고양이

すると 그러자

ドアを開けました。すると猫が入ってきました。
문을 열었습니다. 그러자 고양이가 들어왔습니다.

輸入(ゆにゅう)する 수입하다

~製 せい ~제

今回輸入されたのは日本製の車です。 이번에 수입된 것은 일본제 차입니다.

ぜひ 꼭, 부디

その本はぜひ読みたいと思っています。 그 책은 꼭 읽고 싶다고 생각하고 있습니다.

강의실 생중계!

자신의 희망이나 요구, 상대방에 대한 강한 희망을 나타냅니다.
예 ぜひうちに遊(あそ)びに来(き)てください。꼭 우리 집에 놀러 와 주십시오.
ぜひ新聞社(しんぶんしゃ)の見学(けんがく)に行(い)きたいです。
꼭 신문사 견학을 가고 싶습니다.

数学(すうがく) 수학
問題(もんだい) 문제
易(やさ)しい 쉽다

全然 ぜんぜん 전혀

数学の問題は全然易しくありませんでした。 수학 문제는 전혀 쉽지 않았습니다.

강의실 생중계!

부정표현을 수반하지만 요즘은 회화체에서 긍정의 의미로도 쓰입니다.
예 全然(ぜんぜん)おいしいケーキだね。정말 맛있는 케이크네.

ソファー 소파

そう 그렇게

ソファーの値段はそうやすくなかったです。 소파의 가격은 그렇게 싸지 않았습니다.

その 그

そのネクタイはいくらですか。 그 넥타이는 얼마입니까?

それで 그래서

コンサートに一緒にいくことにした友達が行けないと連絡がありました。それで私も行きませんでした。

콘서트에 함께 가기로 한 친구가 못 간다고 연락이 있었습니다. 그래서 저도 가지 않았습니다.

頭(あたま) 머리
痛(いた)い 아프다

それに 게다가

風邪で熱があります。それに頭も痛くなってきました。

감기로 열이 있습니다. 게다가 머리도 아픕니다.

강의실 생중계!

첨가의 의미를 나타냅니다.

複雑(ふくざつ)だ 복잡하다

それほど 그 정도, 그렇게, 그만큼, 그다지

家から図書館まで行く道はそれほど複雑ではありません。

집에서 도서관까지 가는 길은 그렇게 복잡하지는 않습니다.

강의실 생중계!

긍정, 부정에 다 쓰입니다.

예 友達と会(あ)うのがそれほど嬉(うれ)しいですか。 친구와 만나는 것이 그렇게 기쁩니까?

会議(かいぎ) 회의

そろそろ 슬슬

会議の時間になったから、そろそろ行ってみましょうか。

회의 시간이 되었으니까 슬슬 가 볼까요?

강의실 생중계!

지금보다 나중을 나타냅니다. 시간을 나타내는 다른 표현들도 알아볼까요?

これから 지금부터, 앞으로　　今度(こんど) 이번, 다음 번
すぐ 곧, 바로　　もうすぐ 이제 곧, 머지않아

セミナー 세미나

そんな 그런

セミナーに行けない、そんなことは決してありません。

세미나에 못 가는, 그런 일은 결코 없습니다.

つもり 예정, 생각

そんなに 그렇게

そんなに高い靴を本当に買うつもりですか。 그렇게 비싼 구두를 정말 살 생각입니까?

시나공 따라잡기 た행

~たち ~들

あなたたちはどこから来ましたか。 당신들은 어디에서 왔습니까?

~台 だい ~대

自転車を２台買いました。 자전거를 2대 샀습니다.

足代(あしだい) 차비, 교통비

~代 だい ~비(값), 요금

東京駅から新宿駅まで足代はいくらですか。 도쿄역에서 신주쿠역까지 차비는 얼마입니까?

강의실 생중계!

~代(だい)が 붙어 요금을 나타냅니다.
バス代(だい) 버스요금　食事代(しょくじだい) 식사비　コーヒー代(だい) 커피 값

主人(しゅじん) 남편

たいてい 대개, 대체로, 대부분

主人はたいてい8時に帰えてきます。 남편은 대개 8시에 돌아옵니다.

今週(こんしゅう) 이번 주
先週(せんしゅう) 다음 주
寒(さむ)い 춥다

だいぶ 꽤, 상당히

今週は先週よりだいぶ寒いです。 이번 주는 지난주보다 꽤 춥습니다.

강의실 생중계!

한자표기는 大分(だいぶ)입니다.

約束(やくそく) 약속
時間(じかん) 시간

だから 그래서, 때문에, 그러니까

今回は大事な約束です。だから約束の時間に遅れないでください。
이번에는 중요한 약속입니다. 그러니까 약속시간에 늦지 마세요.

家族(かぞく) 가족
2階建(にかいだ)て 2층 건물

~建て だて ~층 건물

うちの家族は2階建てに住んでいます。 우리 가족은 2층 건물에 살고 있습니다.

韓国(かんこく) 한국
中国(ちゅうごく) 중국
アジア 아시아

例えば　たとえば　예를 들면

例えば、日本、韓国、中国はアジアです。

예를 들면 일본, 한국, 중국은 아시아입니다.

ゴルフ 골프

たまに　가끔

父はたまにゴルフをします。 아빠는 가끔 골프를 칩니다.

강의실 생중계!

빈도를 나타내는 부사를 빈도순으로 알아볼까요?
いつも 언제나, 늘 → よく 자주, 잘 → 時々(ときどき) 때때로 → たまに 가끔 → ほとんど 거의 → 全然(ぜんぜん) 전혀

中国語(ちゅうごくご) 중국어

ちっとも　조금도, 전혀

彼女は中国語はちっともわかりません。 그녀는 중국어는 전혀 모릅니다.

강의실 생중계!

ちっとも 조금도, 전혀, 全然(ぜんぜん) 전혀, 決(けっ)して 결코 등은 부정을 수반하는 부사입니다.

～中　ちゅう　~중

吉田さんは電話中です。 요시다 씨는 전화 중입니다.

강의실 생중계!

中(ちゅう)와 中(じゅう)를 알아볼까요?
中(ちゅう)로 읽을 때에는 한 부분만을 의미합니다.
예 午前中(ごぜんちゅう) 오전 중　会議中(かいぎちゅう) 회의 중
話中(はなしちゅう) 이야기 중
中(じゅう)로 읽을 때에는 전체부분을 의미합니다.
예 一日中(いちにちじゅう) 하루 종일　家中(いえじゅう) 온 집안
世界中(せかいじゅう) 전 세계

文化(ぶんか) 문화
話(はな)す 이야기하다

～について　~에 대해서

今日の授業では日本文化について話しましょう。

오늘 수업에서는 일본 문화에 대해서 이야기합니다.

강의실 생중계!

언어나 사고를 요하는 활동과 관련된 동사에 접속하여 중심이 되는 사항을 한정하여 나타냅니다.
격식 차린 표현으로 ～関(かん)して(~에 관하여)가 있습니다.
예 事故(じこ)について知(し)らせる。 사고에 대해서 알린다.

出(だ)す 제출하다

できるだけ 가능한 한, 될 수 있는 한, 되도록

できるだけレポートは早く出してください。 가능한 한 리포트는 빨리 제출해 주세요.

강의실 생중계!

'할 수 있는 범위는 모두'의 의미로, 비슷한 말로 なるべく가 있습니다.

取(と)る
잡다, (점수를) 받다, 따다

~点 てん ~점

英語の試験で90点を取りました。 영어 시험에서 90점을 받았습니다.

両親(りょうしん) 부모님
考(かんが)え 생각,사고
変(か)える 바꾸다

とうとう 드디어, 마침내

私の留学について、両親はとうとう考えを変えました。 내 유학에 대해 부모님은 드디어 생각을 바꾸었습니다.

강의실 생중계!

비슷한 뜻의 とうとう와 やっと에 대해 더 알아볼까요?
とうとう: 기다렸던 좋은 일이나, 걱정했던 나쁜 일 등이 해결되었음을 나타냅니다.
やっと: 고생하거나 시간이 걸려서 어려운 일이나 문제가 해결되었음을 나타냅니다.
예 働(はたら)きすぎて、とうとう体(からだ)が悪(わる)くなった。
너무 일해서 마침내 몸이 나빠졌습니다.
やっと飛行機(ひこうき)の時間(じかん)に間(ま)に合(あ)いました。
겨우 비행기 시간에 댈 수 있었습니다.

問題(もんだい) 문제

特に とくに 특히

昨日の会議は特に問題はありませんでしたか。 어제 회의는 특별히 문제는 없었습니까?

突然 とつぜん 갑자기

友達が突然遊びに来ました。 친구가 갑자기 놀러 왔습니다.

~度 ~ど ~도

風邪で熱が39度でした。 감기로 열이 39도였습니다.

仕事(しごと) 일
入(はい)る 들어오다

どんどん 자꾸, 계속해서, 잇따라

今週も仕事はどんどん入ってきました。 이번 주도 일은 계속해서 들어 왔습니다.

강의실 생중계!

どんどん과 だんだん을 더 자세하게 알아볼까요?
どんどん: 사물이 기세 좋게 진행하는 모습.
だんだん: 순서에 따라 천천히 변화해 가는 모양.
예 どんどん先(さき)に歩(ある)いて行く。 계속해서 앞으로 걸어간다.
日本語(にほんご)がだんだん難(むずか)しくなる。 일본어가 점점 어려워진다.

映画(えいが) 영화

なかなか 좀처럼, 매우

昨日見た映画はなかなかおもしろかったです。 어제 본 영화는 꽤 재미있었습니다.

강의실 생중계!

부정일 때 '좀처럼', 긍정일 때 '매우, 꽤, 상당히'의 뜻으로 쓰입니다. 한자표기는 中々(なかなか)입니다.

예 約束の時間が過ぎても彼はなかなか来ない。 약속 시간이 지나도 그는 좀처럼 오지 않는다.

遅(おく)れる 늦다

なるべく 되도록, 가능한 한, 될 수 있는 한

今日のパーティはなるべく遅れないようにします。 오늘 파티는 되도록 늦지 않도록 하겠습니다.

なるほど 과연, 정말

彼の話を聞いて「なるほど」と思いました。 그의 이야기를 듣고 '과연 그렇구나'라고 생각했습니다.

何でも なんでも 무엇이든

家族のために何でもしたいです。 가족을 위해서 무엇이든 하고 싶습니다.

~日 にち ~일

先週の水曜日は何日でしたか。 지난 주 수요일은 며칠이었습니까?

~人 にん ~인

３人が話しながら歩いています。 세 사람이 이야기하면서 걷고 있습니다.

~年 ねん ~년

姉は何年生まれですか。 누나는 몇 년생입니까?

강의실 생중계!

年(とし)로 읽을 때는 '세월, 나이'라는 뜻입니다.

~杯 はい ~잔

今日はコーヒーを5杯も飲みました。 오늘은 커피를 5잔이나 마셨습니다.

~番　　ばん　　~번

3番の出口で待ちます。　3번 출구에서 기다리겠습니다.

~にて　　~에서

午後6時からホテルにて始めます。　오후 6시부터 호텔에서 시작합니다.

강의실 생중계!

조사 で의 용법으로 주로 문어체에서 쓰입니다.

一日中(いちにちじゅう) 하루 종일

ばかり　　~만, ~뿐

子供は一日中本ばかり読んでいます。　아이는 하루 종일 책만 읽고 있습니다.

강의실 생중계!

ばかり와 だけ를 비교해서 알아볼까요?
ばかり: 주로 ~하는 경우가 많음을 나타냅니다.
だけ: 오직 ~만, 그 외에는 없음을 나타냅니다.
예 暑(あつ)いので、冷(つめ)たい物(もの)ばかり飲(の)んでいます。
더워서 찬 것만 마시고 있습니다.
その映画を見て泣(な)いたのは私だけです。그 영화를 보고 운 것은 저뿐입니다.
참고로 ~たばかり는 '막 ~하다, ~한 지 얼마 안 되다'라는 뜻입니다.
예 兄は結婚(けっこん)したばかりです。형은 결혼한 지 얼마 안 됩니다.
コーヒーは飲んだばかりです。커피는 막 마셨습니다.

声(こえ) 목소리
聞(き)こえる 들리다

はっきり　　확실히, 분명히

運動場のほうから先生の声がはっきり聞こえました。
운동장 쪽에서 선생님의 목소리가 확실히 들렸습니다.

~匹　　ひき　　~마리

ドアの前に2匹の猫がいます。　문 앞에 2마리의 고양이가 있습니다.

강의실 생중계!

주로 작은 동물 세는 단위에 쓰이며, 큰 동물일 경우엔 '頭(とう)'라고 합니다.

~分　　ふん　　~분

今は10時5分前です。　지금은 10시 5분 전입니다.

料理(りょうり) 요리

久しぶり　　ひさしぶり　　오래간만에

久しぶりに日本料理を食べました。　오래간만에 일본요리를 먹었습니다.

コート 코트

非常に　ひじょうに　매우, 굉장히

非常に高いコートですね。 굉장히 비싼 코트네요.

上手(じょうず)だ 잘하다

別に　べつに　별로, 특별히, 그다지

私は料理が別に上手ではありません。 저는 요리를 특별히 잘하지는 않습니다.

田舎(いなか) 시골, 고향
かかる 걸리다

ほど　만큼, 정도

家から田舎の家までは2時間ほどかかります。 집에서 시골집까지는 2시간 정도 걸립니다.

背(せ) 키
先月(せんげつ) 지난 달
比(くら)べる 비교하다

ほとんど　거의, 대부분

子供の背は先月と比べてほとんど変りがないです。
아이의 키는 지난달과 비교해서 거의 변화가 없습니다.

～本　ほん　~자루, ~병

万年筆は一本持っています。 만년필은 한 자루 가지고 있습니다.

강의실 생중계!

필기도구, 병, 꽃, 우산 등 가늘고 긴 물건을 세는 단위입니다. 一本은 いっぽん으로 읽습니다.

～枚　まい　~매, ~장

ワイシャツは3枚必要です。 와이셔츠는 3장 필요합니다.

牛乳(ぎゅうにゅう) 우유
バター 버터

まず　우선, 먼저

まず、牛乳とバターを買ってきてください。 우선 우유와 버터를 사 오세요.

または　또는, 혹은

日本語のテストは木曜日または金曜日です。 일본어 시험은 목요일 또는 금요일입니다.

강의실 생중계!

また는 병렬이나 첨가의 의미이고, または는 선택의 의미입니다.
예 来月(らいげつ)また会(あ)いましょう。 다음 달에 또 만납시다.
運動会(うんどうかい)には母または父が来ます。 운동회에는 엄마 혹은 아빠가 옵니다.

靴下(くつした) 양말
はく 신다

～まま　～한 채

靴下をはいたまま、寝てしまいました。 양말을 신은 채 자 버렸습니다.

강의실 생중계!

～ままは 지속적인 상태가 계속됨을 나타냅니다.
예 出(で)かけたまま 나간 채로　帽子(ぼうし)をかぶったまま 모자를 쓴 채로
窓(まど)を開(あ)けたまま 창문을 연 채로　靴(くつ)をはいたまま 신발을 신은 채로

～目　め　～째

私はクラスで2番目に背が高いです。 저는 반에서 두 번째로 키가 큽니다.

社長(しゃちょう) 사장님
戻(もど)る 돌아오다

もうすぐ　이제 곧

社長はもうすぐ戻ります。 사장님은 이제 곧 돌아옵니다.

もし　만약

もし、彼が今日中に帰らなかったらどうしましょうか。
만약 그가 오늘 중으로 돌아오지 않으면 어떻게 할까요?

もちろん　물론

コンサートはもちろん雨でも行きます。 콘서트는 물론 비가 와도 갑니다.

～屋　や　～가게

花屋に寄って帰ります。 꽃집에 들렀다 오겠습니다.

汽車(きしゃ) 기차
間(ま)に合(あ)う 시간에 대다

やっと　겨우, 간신히, 가까스로

やっと汽車に間に合いました。 간신히 기차 시간에 대었습니다.

～た通(とお)り ～한 대로

やはり/やっぱり　역시

やはりあなたが言った通りでした。 역시 당신이 말한 대로였습니다.

お話(はなし) 말씀
結婚(けっこん)する 결혼하다

～によると　～에 의하면

友達のお母さんのお話によると友達は結婚したそうです。
친구 어머니 말씀에 의하면 친구는 결혼했다고 합니다.

漢字(かんじ) 한자
試験(しけん) 시험
易(やさ)しい 쉽다

割合に　わりあいに　비교적

漢字の試験は割合に易しかったです。 한자 시험은 비교적 쉬웠습니다.

적 중 예상 문제 ①

もんだい1 ＿＿＿＿の ことばは どう よみますか。
1·2·3·4から いちばん いい ものを ひとつ えらんで ください。

01 かれは しゅうまつに 必ず れんらくすると いいました。

1 かならず　2 まず　3 かず　4 はず

02 わたしは じてんしゃには 全然 のれません。

1 たまに　2 かならず　3 ぜんぜん　4 しばらく

03 バスが 急に とまりました。

1 わりあいに　2 いそぎに　3 きゅうに　4 そんなに

04 それは 非常に たいせつな はなしです。

1 はっきりに　2 べつに　3 しずかに　4 ひじょうに

05 ともだちは はなしちゅうに 突然に でかけました。

1 たま　2 とつぜん　3 それ　4 とく

06 この まちには 特に たかい ビルが おおいです。

1 そんな　2 とく　3 おなじ　4 たいへん

07 せんぱいの しょうかいで オートバイを 割合に やすく かう ことが できました。

1 まにあい　2 しりあい　3 のりあい　4 わりあい

08 れいぞうこは 別に へんでは ありませんでした。

1 べつ　2 いや　3 へん　4 むり

▶ 정답과 해설 316쪽

もんだい 2 ＿＿＿＿＿の ことばは どう かきますか。
1·2·3·4から いちばん いい ものを ひとつ えらんで ください。

01 かのじょは このあいだまで この まちに すんで いました。

1 聞　2 間　3 問　4 門

02 こんかいの しょくじだいは 私が はらいます。

1 食事代　2 食事大　3 食事台　4 食事太

03 たとえば パンや カメラなどを がいらいごと いいます。

1 殆えば　2 列えば　3 例えば　4 礼えば

04 この 漫画は よみはじめて 25さつめです。

1 直　2 県　3 相　4 目

05 せんしゅうの すうがくの しゅくだいは わりあいに かんたんだった。

1 割会　2 害合　3 害会　4 割合

06 アルバイトだいで ほんを だいぶ かいました。

1 大分　2 大部　3 大夫　4 大生

07 だんなは さいきん ぜんぜん うんどうして いません。

1 金然　2 余然　3 全然　4 今然

08 たのまれたのは べつに たいした しごとじゃ ありませんでした。

1 特　2 急　3 楽　4 別

적중 예상 문제 ①

もんだい3 （　　　）に なにを いれますか。
1･2･3･4から いちばん いい ものを ひとつ えらんで ください。

01 （　　　）おそくても 5時には つくでしょう。

1 いくつ　　2 どうも　　3 そんなに　　4 いくら

02 せんしゅうより 体の ぐあいが （　　　）よく なりました。

1 まず　　2 なるほど　　3 だいぶ　　4 なかなか

03 やくそくの ばしょに （　　　）はやく ついて ください。

1 なるべく　　2 さき　　3 ときどき　　4 または

04 とおくて 字か （　　　）みえません。

1 すっかり　　2 しきりに　　3 はっきり　　4 しっかり

05 なつやすみには （　　　）りょこうを したいです。

1 だい　　2 けん　　3 ぜひ　　4 たて

06 （　　　）の ひとが その えいがを みて なきました。

1 しっかり　　2 ずっと　　3 このあいだ　　4 ほとんど

07 ニュースに （　　　）こんしゅう たいふうが くる そうです。

1 ついて　　2 よると　　3 たいして　　4 おいて

08 ふゆやすみには （　　　）いえに いました。

1 ずっと　　2 けっして　　3 きゅうに　　4 ばかり

もんだい 4 ＿＿＿＿の ぶんと だいたい おなじ いみの ぶんが あります。
1･2･3･4から いちばん いい ものを ひとつ えらんで ください。

01 バスが 15分 おきに きます。

1 バスは いちじかんに 4かい いじょう きます。
2 バスは いちじかんに 4かい きます。
3 バスは いちじかんに 4かい いか きます。
4 バスは いちじかんに 4かいも きません。

02 こどものときから 英語の べんきょうを ずっと して きました。

1 こどもの ときから 英語の べんきょうを いままで して きました。
2 こどもの ときから 英語の べんきょうを きのうまで して きました。
3 こどもの ときから 英語の べんきょうを せんしゅうまで して きました。
4 こどもの ときから 英語の べんきょうを せんげつまで して きました。

03 それに かれは 頭も いいです。

1 かれは やさしく ないですが、頭は いいです。
2 かれは やさしいですし、頭は いいです。
3 かれは やさしく ないですし、す頭も いいです。
4 かれは やさしいですし、頭も いいです。

04 窓を あいたまま ねました。

1 窓を しめなくて ねました。
2 窓を しめないで ねました。
3 窓を あけないで ねました。
4 窓を あけなくて ねました。

もんだい5 つぎの ことばの つかいかたで いちばん いい ものを ひとつ えらんで ください。

01 まず

1 たべる まえに 手を まず あらって ください。
2 あした まず また でんわします。
3 しょくじの まず てを あらいましょう。
4 やくそくが あって まず しつれいします。

02 によると

1 かれの 話によると はやく かえりたいです。
2 ニュースによると たいふうが くるそうです。
3 しんぶんによると その りゆうは わかりません。
4 てんきよほうによると たかい そうです。

03 たいてい

1 私は たいてい しごとを して います。
2 おとうとと まいにち たいてい うんどうします。
3 私は たいてい 6じはんに おきます。
4 がくせいなので たいてい べんきょうしません。

04 もうすぐ

1 もうすぐ ジャムは つくりません。
2 もうすぐ かいぎが 始まります。
3 もうすぐ ごはんを たべましたか。
4 もうすぐ じゅぎょうは 終わってません。

적중 예상 문제 ②

▶ 정답 및 해설 321쪽

もんだい１ ＿＿＿＿の ことばは どう よみますか。
1・2・3・4から いちばん いい ものを ひとつ えらんで ください。

01 かのじょは だれよりも 一生懸命 はたらいて います。

1 いっしょけんめい　　2 いっしょうけんめい
3 いっしょうげんめい　　4 いっしょげんめい

02 やまのぼりの とき 決して あぶない ところは いきません。

1 やくして　　2 とおして　　3 たいして　　4 けっして

03 さいきん アメリカ製の パソコンが よく うれて いる そうです。

1 ぜい　　2 さい　　3 せい　　4 ざい

04 例えば くるま、ひこうきは のりものです。

1 たとえば　　2 あらえば　　3 まにあえば　　4 しまえば

05 えいごの しけんは 特に むずかしく ありませんでしたか。

1 べつ　　2 とく　　3 きゅう　　4 それ

06 きのうの かいぎは 中々 おわりませんでした。

1 なかなか　　2 ときどき　　3 ひとびと　　4 いろいろ

07 こんかいの テストは この まえの テストより 大分 かんたんでした。

1 たいぶ　　2 だいふ　　3 たいふ　　4 だいぶ

08 にほん りょうりは 全然 からく ありません。

1 せんせん　　2 せんぜん　　3 ぜんせん　　4 ぜんぜん

적중 예상 문제 ②

もんだい2 ＿＿＿＿の ことばは どう かきますか。
1·2·3·4から いちばん いい ものを ひとつ えらんで ください。

01 あねと あには こうむいんです。

1 円　2 員　3 院　4 園

02 このあいだは ともだちと いろいろ はなしが できて たのしかったです。

1 間　2 門　3 問　4 聞

03 きゅうに あめが ふりだしました。

1 楽　2 急　3 変　4 暇

04 ひとたちは その えいがを みて ぜんぜん こわがりませんでしたか。

1 金熱　2 全熱　3 金然　4 全然

05 かのじょと わかれて ひじょうに かなしいです。

1 非常　2 俳堂　3 非堂　4 俳常

06 バスが なかなか こないです。

1 人々　2 時々　3 中々　4 色々

07 このあいだの パーティーの ときは おせわに なりました。

1 都　2 時　3 寺　4 者

08 こんしゅうは とくに ようじは ありません。

1 持　2 待　3 特　4 侍

▶ 정답과 해설 323쪽

もんだい 3 （　　　　）に なにを いれますか。
1･2･3･4から いちばん いい ものを ひとつ えらんで ください。

01 ふつか（　　　　）に スポーツ センターに かよって います。

1 いくら　　2 おき　　3 ずっと　　4 だいぶ

02 しゅじんは ゆうごはんを たべてから（　　　　）でかけました。

1 おおぜい　　2 はっきり　　3 やっと　　4 しばらく

03 かれは としょかんに（　　　　）きます。

1 そんなに　　2 すると　　3 たまに　　4 それほど

04 らいしゅうの かいぎは（　　　　）しんぱいする ことでは ありません。

1 それほど　　2 ぜひ　　3 とうとう　　4 なるべく

05 いまからは かれが くる のを まつ（　　　　）です。

1 ひさしぶり　　2 だけ　　3 とくに　　4 どんどん

06 やくそくの じかんに なったから（　　　　）でかけよう。

1 なるほど　　2 ついて　　3 ちっとも　　4 そろそろ

07 けんこうの ためには たばこは（　　　　）、おさけも だめです。

1 はっきり　　2 まず　　3 もちろん　　4 あんな

08 でんきを つけた（　　　　）ねて しまいました。

1 まま　　2 ぜんぜん　　3 だいぶ　　4 たまに

적중 예상 문제 ②

もんだい4 ＿＿＿＿＿の ぶんと だいたい おなじ いみの ぶんが あります。
1・2・3・4から いちばん いい ものを ひとつ えらんで ください。

01 できるだけ はやく かいぎを すすめましょう。

1 しばらく はやく かいぎを すすめましょう。
2 ひさしぶりに はやく かいぎを すすめましょう。
3 もちろん かいぎを すすめましょう。
4 なるべく はやく かいぎを すすめましょう。

02 ゆうめいな しょうせつだが わたしには ちっとも おもしろく ありません。

1 ゆうめいな しょうせつだが わたしには たまに おもしろく ありません。
2 ゆうめいな しょうせつだが わたしには ぜんぜん おもしろく ありません。
3 ゆうめいな しょうせつだが わたしには どんどん おもしろく ありません。
4 ゆうめいな しょうせつだが わたしには やっと おもしろく ありません。

03 おもうとは こうこうせいに なって いっしょうけんめい べんきょうします。

1 おもうとは こうこうせいに なって ねっしんに べんきょうします。
2 おもうとは こうこうせいに なって たいてい べんきょうします。
3 おもうとは こうこうせいに なって とくに べんきょうします。
4 おもうとは こうこうせいに なって きゅうに べんきょうします。

04 かれは としは とって いる けれども、かんがえかたは わかいです。

1 かれは としは とって いるし、かんがえかたは わかいです。
2 かれは としは とって いるので、かんがえかたは わかいです。
3 かれは としは とって いるが、かんがえかたは わかいです。
4 かれは としは とって いるから、かんがえかたは わかいです。

もんだい5 つぎの ことばの つかいかたで いちばん いい ものを ひとつ えらんで ください。

01 ぜひ

1 <u>ぜひ</u> むずかしい もんだいじゃ ありません。
2 こんどの しあいは <u>ぜひ</u> かって ほしいです。
3 <u>ぜひ</u> たのしい りょこうでした。
4 その はなしは <u>ぜひ</u> しりませんでした。

02 たいてい

1 <u>たいてい</u> いけんを はなして ください。
2 かのじょは <u>たいてい</u> パーティーに きませんでした。
3 やすみの ひは <u>たいてい</u> ともだちに あいます。
4 かれは <u>たいてい</u> わたしも いきます。

03 もうすぐ

1 こんかいの パーティーは <u>もうすぐ</u> たのしかったです。
2 いっしゅうかん <u>もうすぐ</u> しゅっちょうに いく よていです。
3 <u>もうすぐ</u> はるが くるでしょう。
4 <u>もうすぐ</u> ねむく なりました。

04 それほど

1 あめも ふって <u>それほど</u> かぜも つよいです。
2 その ひととは <u>それほど</u> あいます。
3 はなしても <u>それほど</u> きいて くれません。
4 かぜで うって もらった ちゅうしゃは <u>それほど</u> いたく なかったです。

실전 모의고사

:: 2회분 ::

실전 모의고사 1 회

문자/ 어휘

もんだい 1 ＿＿＿＿の ことばは どう よみますか。
1·2·3·4から いちばん いい ものを ひとつ えらんで ください。

01 むすこは かいしゃでも 真面目に しごとを して います。

1 きけん　2 だいじ　3 まじめ　4 じゆう

02 かぞくに お土産を あげました。

1 みやけ　2 みやげ　3 みあげ　4 みあけ

03 しゅうまつの 都合は どうですか。

1 つこう　2 つご　3 つごう　4 つこ

04 スーツケースが おもかったら、いっしょに 運びましょうか。

1 よび　2 よろこび　3 えらぶ　4 はこび

05 将来 なにを したいと おもって いますか。

1 しょうらい　2 けいかく　3 りょうほう　4 じんじゃ

06 ゆうべ じしんの ニュースを きいて 驚きました。

1 つづき　2 ひらき　3 おどろき　4 うごき

07 かぞくは みそ味の ラーメンが すきです。

1 いろ　2 あじ　3 せき　4 そら

08 えいごの せんせいは せいとたちに 厳しいです。

1 きびしい　　2 さびしい　　3 かなしい　　4 うつくしい

09 こんしゅうの きんようびは 特別な ばんぐみを ほうそうする そうです。

1 どくへつ　　2 とくへつ　　3 どくべつ　　4 とくべつ

10 この まちは 安全だと ききました。

1 あんでん　　2 あんてん　　3 あんせん　　4 あんぜん

もんだい2 ＿＿＿＿の ことばは どう かきますか。
1・2・3・4から いちばん いい ものを ひとつ えらんで ください。

11 この むらは じんこうが だんだん 少なく なります。

1 人口　2 人工　3 入口　4 入工

12 友達と じんじゃと おてらを けんぶつしました。

1 貝牲　2 見牲　3 貝物　4 見物

13 父は しんぶんしゃに つとめて います。

1 親門社　2 新聞社　3 新問社　4 親間社

14 家が せまくて ひっこししたいです。

1 引っ超し　2 引っ起し　3 引っ越し　4 引っ趣し

15 ひつような のは 紙に かいて だして ください。

1 必票　2 心要　3 心票　4 必要

16 アイスクリーム こうじょうの けんがくは きんようびです。

1 工場　2 公長　3 工張　4 公丈

▶ 정답 및 해설 332쪽

もんだい３（　　　）に なにを いれますか。
1･2･3･4から いちばん いい ものを ひとつ えらんで ください。

17 友達と ノートを（　　　）ました。

1 のりかえ　2 かんがえ　3 たずね　4 とりかえ

18 友達の 家に いきました。（　　　）だれも いませんでした。

1 けれども　2 そして　3 それで　4 それとも

19 あなたの 会社の ビルは なんがい（　　　）ですか。

1 けん　2 おき　3 だて　4 め

20 がくせいたちは せんせいの はなしを（　　　）聞いて います。

1 きゅうに　2 いっしょうけんめい　3 しばらく　4 ちっとも

21 きっさてんの いすが（　　　）楽じゃありませんでした。

1 すばらしくて　2 ひどくて　3 こまかくて　4 かたくて

22 もうすぐ おきゃくさんが 来るから はやく（　　　）ましょう。

1 かたづけ　2 のこし　3 そだて　4 にげ

23 デパートに 行く とき バスから でんしゃに（　　　）ました。

1 おくれ　2 とどけ　3 のりかえ　4 まけ

24 けいかんに 道を（　　　）あんないして もらいました。

1 ていねいに　2 めいわくに　3 てきとうに　4 ざんねんに

25 かいしゃの むこうに 新しい コーヒー（　　　）が できました。

1 きょうそう　2 かんけい　3 ねだん　4 うりば

26 自転車を ドアの よこに おくと（　　　）に なります。

1 じゅうぶん　2 むり　3 じゃま　4 ねっしん

もんだい4 ＿＿＿＿の ぶんと だいたい おなじ いみの ぶんが あります。
1・2・3・4から いちばん いい ものを ひとつ えらんで ください。

27 あしたは おとうとの たんじょうびです。

1 あしたは おとうとが そつぎょうした ひです。
2 あしたは おとうとが りゅうがくした ひです。
3 あしたは おとうとが にゅうがくした ひです。
4 あしたは おとうとが うまれた ひです。

28 あねは りょうりが うまいです。

1 あねは りょうりが へたです。
2 あねは りょうりが じょうずです。
3 あねは りょうりが いやです。
4 あねは りょうりが きらいです。

29 その くには いろいろな くにに ガスを ゆしゅつして います。

1 その くには いろいろな くにに ガスを かって います。
2 その くには いろいろな くにに ガスを みて います。
3 その くには いろいろな くにに ガスを うって います。
4 その くには いろいろな くにに ガスを さがして います。

▶ 정답 및 해설 335쪽

30 でんしゃは　つきましたか。

1 でんしゃは　しゅっぱつしましたか。
2 でんしゃは　とうちゃくしましたか。
3 でんしゃは　こわれましたか。
4 でんしゃは　できましたか。

31 わたしは　こうむいんです。

1 わたしは　しやくしょで　はたらいで　います。
2 わたしは　こうじょうで　はたらいで　います。
3 わたしは　くうこうで　はたらいで　います。
4 わたしは　きっさてんで　はたらいで　います。

もんだい5　つぎの　ことばの　つかいかたで　いちばん　いい　ものを　ひとつ　えらんで　ください。

32 おくじょう

1 おくじょうも　おいしいから　飲んで　みて　ください。
2 おくじょうは　いつも　10時　ぐらいに　ねます。
3 おくじょうに　おおきな　テーブルが　おいて　あります。
4 おくじょうが　来て　いるから　はやく　いきましょう。

33 じゅうぶん

1 この　椅子は　まだ　じゅうぶんに　つかえます。
2 かぜを　ひいたので　びょういんに　じゅうぶんでした。
3 せんぱいの　家に　いったら　じゅうぶんでした。
4 さいきん　二人は　じゅうぶんした　そうです。

34 けんがくする

1 せんげつ 自動車 こうじょうを けんがくしました。

2 じてんしゃが こわれて けんがくしました。

3 先生に しけんの ことを けんがくして もらいました。

4 くるまの 中で ニュースを けんがくして います。

35 よろしい

1 部屋に エアコンが なくて 夏は よろしいです。

2 おねがいが ありますが、今 時間 よろしいですか。

3 いみが わからなければ 辞書を よろしくても いいですか。

4 あの レストランは おいしくて 値段と よろしくです。

36 せわする

1 まいにち 運動して いると きいて せわしました。

2 くだものは きれいに せわして 食べます。

3 きのうは せわして 会社に ちこくしました。

4 あねは 犬と ねこを せわして います。

▶ 정답 및 해설 337쪽

문법

もんだい1 （　　）に なにを いれますか。
1･2･3･4から いちばん いい ものを ひとつ えらんで ください。

01 それは き（　　）つくられた にんぎょうです。

1 の　　2 も　　3 で　　4 や

02 A「これは あたらしい コンピューターですか。」
B「はい、（　　）の コンピューターです。」

1 かってだけ　　2 かったばかり　　3 かったりしか　　4 かってほど

03 となりの テレビの おとが（　　）ねる ことが できませんでした。

1 おおきすぎて　　2 おおきく　なくて
3 おおきいのに　　4 おおきいかどうか

04 あの レストランは（　　）わかりません。

1 ゆうめいかどうか　　2 ゆうめいなら
3 ゆうめいでなくて　　4 ゆうめいでないで

05 （　　）きて いない ふくが たくさん あります。

1 かったとおり　　2 かうまえに　　3 かったまま　　4 かうために

06 いくら 忙しくても まいにち（　　）ように して います。

1 うんどうし　　2 うんどうする　　3 うんどうすれ　　4 うんどうしろ

07 道に ごみを（　　）ください。

1 くらべないで　　2 たてないで　　3 はこばないで　　4 すてないで

08 あには うたも え（　　）じょうずです。

1 も　2 が　3 や　4 に

09 ニュースに よると 今週は（　　）。

1 あつかったです　2 あついそうです
3 あついです　4 あつくなってきます

10 ちゅうごくの りゅうがくを かんがえている から ちゅうごくごを（　　）と 思います。

1 ならい　2 ならえる　3 ならう　4 ならおう

11 バスを はんたいのほうから のって 会議に（　　）しまいました。

1 おくれて　2 おくれば　3 おくれ　4 おくれよう

12 どこから ベルの おとが（　　）。

1 あります　2 します　3 なります　4 できます

13 ねて いる（　　） かぞくは でかけました。

1 まえに　2 まま　3 とおりに　4 あいだに

14 A「しつれいします。しゃちょう、いらっしゃいますか。」
B「しゃちょうは　でかけて　いますが、4じ（　　）もどる　よていです。」

1 までには　2 までの　3 までにも　4 までも

15 明日は てんきが はれそうな（　　）が します。

1 あじ　2 き　3 におい　4 おと

もんだい２ ＿＿＿＿に 入る ものは どれですか。
1・2・3・4から いちばん いい ものを ひとつ えらんで ください。

16 しけんべんきょうを ＿＿＿ ＿★＿ ＿＿＿ ＿＿＿ ました。

1 おもい　　2 がんばれば　　3 もうちょっと　　4 よかったと

17 りょうしんに ＿＿＿ ＿＿＿ ＿★＿ ＿＿＿ です。

1 する　　2 つもり　　3 おんがくを　　4 はんたいされても

18 こんかいの ＿＿＿ ＿＿＿ ＿★＿ ＿＿＿ ました。

1 あり　　2 のも　　3 やさしい　　4 かんじテストは

19 かぞく ＿＿＿ ＿＿＿ ＿★＿ ＿＿＿ です。

1 ほしい　　2 げんきに　　3 が　　4 いて

20 あしたは ＿＿＿ ＿＿＿ ＿＿＿ ＿★＿ わかりません。

1 だいしな　　2 あるので　　3 いけるかどうか　　4 やくそくが

もんだい３ [21] から [25] に 何を いれますか。
1・2・3・4から いちばん いい ものを ひとつ えらんで ください。

私は 医学を 勉強して います。1年後に 医者の 試験を 受けます。医者に なる [21] 1ヶ月前から 病院に 出て 見学を して います。病院では お医者さんと [22] います。その 時は 本当に 医者に なった ような 気が します。

せんせんしゅうは 子供がけがして 入院しました。最初には [23]、けがを みたら思ったより ひどく [24] よかったと 思いました。子供は 入院して いる [25] 薬も よく 飲んで、注射も よく 打って もらいました。早く 元気に なって 退院すれば いいと 思いました。

21
1 つもりで　2 ので　3 ために　4 か

22
1 呼ばれて　2 呼び　3 呼べば　4 呼ぼう

23
1 心配したから　2 心配したので　3 心配したくて　4 心配したけれども

24
1 ひどくなって　2 ひどくなくて　3 ひどくして　4 ひどくないで

25
1 間に　2 ことに　3 はずで　4 前に

실전 모의고사 2회

▶ 정답 및 해설 342쪽

문자/ 어휘

もんだい 1 ＿＿＿＿の ことばは どう よみますか。
1・2・3・4から いちばん いい ものを ひとつ えらんで ください。

01 でんしゃの 中で 財布を ぬすまれました。

1 いす　　2 さいふ　　3 えんぴつ　　4 じしょ

02 きの 後ろに いけが あります。

1 うしろ　　2 むしろ　　3 かえろ　　4 あいろ

03 びょういんで 注射を してもらったが、熱が さがりません。

1 じゅうさ　　2 じゅうしゃ　　3 ちゅうしゃ　　4 ちゅうさ

04 にほんには たくさんの お祭りが あります。

1 つくり　　2 すり　　3 ますり　　4 まつり

05 いなかに いる そぼから 連絡が ありました。

1 れんぞく　　2 れんどう　　3 れんらく　　4 れんりつ

06 コンピューターは こちらを 利用して ください。

1 りよう　　2 いよう　　3 りよ　　4 いよ

07 じこで 車が こわれました。

1 ぐろま　　2 ぐるま　　3 くろま　　4 くるま

08 おとうとの しょうらいの 夢は いしゃです。

1 さめ　2 かめ　3 ゆめ　4 あめ

09 ごみは ここに 捨てて ください。

1 すてて　2 たてて　3 まてて　4 かてて

10 むすめが そうじを 手伝って くれました。

1 てつだって　2 てづたって　3 てつたって　4 でつたって

▶ 정답 및 해설 344쪽

もんだい 2 ＿＿＿＿＿の ことばは どう かきますか。
1・2・3・4から いちばん いい ものを ひとつ えらんで ください。

11 わたしは 中国の ぶんかと れきしを べんきょうして います。

1 暦事　2 歴事　3 暦史　4 歴史

12 カメラを ひろって こうばんに とどけました。

1 居け　2 届け　3 屈け　4 屋け

13 友だちを くうこうまで むかえに いきました。

1 迎え　2 送え　3 迁え　4 迄え

14 この 町は こうつうが ふべんです。

1 郊通　2 校通　3 交通　4 教通

15 両親が けっこんを はんたいする りゆうが わかりません。

1 反対　2 返大　3 反大　4 返対

16 その うたは 学生の あいだで よく しられて います。

1 間　2 問　3 聞　4 門

もんだい3（　　）に なにを いれますか。
1･2･3･4から いちばん いい ものを ひとつ えらんで ください。

17 A「わたしは 日本に 3年ほど りゅうがくしました。」
B「（　　）日本語が 上手ですね。」

1 でも　2 そのうえ　3 それで　4 そして

18 この あたらしい（　　）は 病院です。

1 ビール　2 ナイフ　3 ビル　4 テスト

19 この 池は（　　）です。

1 やすい　2 あさい　3 すずしい　4 はやい

20 昨日からの 雨が やっと（　　）。

1 おわりました　2 おえました　3 すみました　4 やみました

21 家族は おじいさんの 病気が（　　）です。

1 しんぱい　2 しつれい　3 しつもん　4 しっぱい

22 兄の（　　）は れきしです。

1 うんどう　2 せんもん　3 がっこう　4 いえ

23 家の（　　）に 庭を つくりました。

1 れいぞうこ　2 おくじょう　3 ひきだし　4 へや

24 あねは 病院の（　　）で はたらいて います。

1 いけん　2 せつめい　3 けんきゅう　4 うけつけ

25 （　　）やくそくの ばしょが かわりました。

1 けっして　　2 それほど　　3 だいぶ　　4 きゅうに

26 にもつは 船で（　　）ください。

1 おくって　　2 つくって　　3 かよって　　4 あつまって

もんだい4 ＿＿＿＿の ぶんと だいたい おなじ いみの ぶんが あります。
1・2・3・4から いちばん いい ものを ひとつ えらんで ください。

27 おとうとは いっしょうけんめい べんきょうして います。

1 おとうとは すこし べんきょうして います。
2 おとうとは ねっしんに べんきょうして います。
3 おとうとは ときどき べんきょうして います。
4 おとうとは たまに べんきょうして います。

28 ここは ひこうじょうです。

1 ひこうきを ゆにゅうしたり、ゆしゅつしたり する ところです。
2 ひこうきを うったり、かったり する ところです。
3 ひこうきに のったり、おりたり する ところです。
4 ひこうきを つくったり、おいたり する ところです。

29 この ケーキを ぜんぶ たべるのは むりです。

1 この ケーキを すこし たべるのは むりです。
2 この ケーキを ぜんぶ たべられません。
3 この ケーキを ぜんぶ たべる ことが できます。
4 この ケーキを すこし たべる ことが できます。

30 きのうは はれで あめも ふらなかったし、かぜも ふきませんでした。

1 きのうは いい てんき でした。
2 きのうは よく ない てんき でした。
3 きのうは くもりでした。
4 きのうは はれて いませんでした。

31 A「田中くんは なにに する。」
B「わたしは コーヒーを いただきます。」

1 ぼくは コーヒーを あげます
2 ぼくは コーヒーを たべます。
3 ぼくは コーヒーを のみます。
4 ぼくは コーヒーを くれます。

もんだい5 つぎの ことばの つかいかたで いちばん いい ものを ひとつ えらんで ください。

32 おきに

1 この はなは みっか おきに みずを やります。
2 えいがを みて いる おきに ねました。
3 ケーキを はんぶん おきに たべます。
4 おきる おきに コーヒーを のみます。

33 こむ

1 かばんの なかに ものが こんで います。
2 みちが こんで かいしゃに 遅れて しまいました。
3 としょかんに ほんが こんで います。
4 せつめいが こんで いますので わかりません。

▶ 정답 및 해설 347쪽

34 かんたんだ

1 かんたんな かばんですか。

2 うちの こどもは かんたんです。

3 この ドローンの 使いかたは とても かんたんですね。

4 かんたんな コーヒーは ありません。

35 おみまい

1 おみまいに ジュースと はなを かって いきます。

2 まいあさ こうえんに おみまいに いきます。

3 ともだちに りょこうで かってきた おみまいを あげました。

4 おかねを かして くれた ひとに おみまいを いいました。

36 ざんねんだ

1 ひさしぶりに お会いできて とても ざんねんでした。

2 しあいに かって ざんねんです。

3 かれは だれにでも ざんねんだ。

4 やまのぼりに いっしょに いけなくて ざんねんです。

문법

もんだい1 （　　）に なにを いれますか。
1·2·3·4から いちばん いい ものを ひとつ えらんで ください。

01 日本語は 先週から ならい（　　）ました。

1 あい　2 にくい　3 やすい　4 はじめ

02 わたしは 将来 かがくしゃに（　　）と おもって います。

1 なり　2 なろ　3 なろよう　4 なろう

03 たんじょうび パーティーに 彼女も（　　）です。

1 きてほしい　2 こようほしい　3 くればほしい　4 こいほしい

04 ゆうべ おさけを（　　）、頭が いたいです。

1 のむすぎて　2 のんですぎて　3 のんだすぎて　4 のみすぎて

05 今度の しあいは（　　）ように します。

1 まけない　2 まける　3 まけ　4 まければ

06 この コップは（　　）ですから，気を つけて ください。

1 わるやすい　2 わりやすい　3 われるやすい　4 われやすい

07 中国語は（　　）わかりませんから、はなせません。

1 よく　2 すこし　3 ぜんぜん　4 たまに

▶ 정답 및 해설 349쪽

08 友達に 田舎へ（　　　）もらいました。

1 つれて いって　　2 つれて いった　　3 つれて いったり　　4 つれて いっても

09 友達は りょうしんと アメリカに（　　　）そうです。

1 いってきたら　　2 いってきたり　　3 いってきた　　4 いってきて

10 きしゃは よていの（　　　）出発する はずです。

1 とおりに　　2 まえに　　3 あとで　　4 まま

11 田中さんは さいきん（　　　）ようです。

1 ひま　　2 ひまで　　3 ひまな　　4 ひまだ

12 コーヒーは（　　　）おわりました。

1 のも　　2 のめ　　3 のむ　　4 のみ

13 テレビを（　　　）まま、でかけました。

1 しめた　　2 ひいた　　3 つけた　　4 はいた

14 いもうとは かいしゃに（　　　）ばかりです。

1 はいった　　2 はいって　　3 はいったり　　4 はいったら

15 花子さんは 彼と わかれて（　　　）います。

1 かなし　　2 かなしがり　　3 かなしがって　　4 かなしかったり

もんだい2 ＿＿＿＿に 入る ものは どれですか。
1･2･3･4から いちばん いい ものを ひとつ えらんで ください。

16 冬休みの ＿★＿ ＿＿＿ ＿＿＿ ＿＿＿ ました。

1 スキーじょうで　2 あいだに　3 し　4 アルバイトを

17 むすこは 宿題は ＿★＿ ＿＿＿ ＿＿＿ ＿＿＿ います。

1 みて　2 テレビ　3 しないで　4 ばかり

18 彼女 ＿＿＿ ＿＿＿ ＿＿＿ ＿★＿ です。

1 らしい　2 だいすき　3 は　4 サラダが

19 会議 ＿＿＿ ＿＿＿ ＿★＿ ＿＿＿ わかりません。

1 いつ　2 が　3 まだ　4 終わるか

20 かれは ＿＿＿ ＿★＿ ＿＿＿ ＿＿＿ ありません。

1 おかねは　2 はたらいているのに
3 あまり　4 いっしょうけんめい

▶ 정답 및 해설 352쪽

もんだい３ 21 から 25 に 何を いれますか。
1·2·3·4から いちばん いい ものを ひとつ えらんで ください。

最近、携帯電話は 生活で 21 ものに なりました。携帯が 身近に ありますので、いつでも 使えるから とても 便利です。急ぐ ことが ある ときとか、事故などが 起きた 22 、すぐ 連絡できますから いいです。 23 、これは 使う 人によって 人に 迷惑を かける ことも あります。バスとか 電車の 中で 周りの 人は 考え 241 、大きな 声で 話す 人たちが います。本当に うるさいです。また、運転中に 電話を かけたら、交通事故に なる ことも ありますから ともて 危ないです。ですから、運転する ときは 電話 25 と 思います。

21
1 なくてもいい
2 なければならない
3 なくなる
4 ないことになる

22
1 ばあい
2 の
3 こと
4 もの

23
1 それで
2 そして
3 でも
4 それに

24
1 なくて
2 ないから
3 ないで
4 ないので

25
1 してもいい
2 してはいけない
3 してもかまわない
4 してほしい

적중 예상 문제
정답과 해설

정답 한눈에 보기

첫째마당 | N4 문법

시나공 01 시험에 나오는 최우선순위 문법 적중 예상 문제 ①

문제 1	01 2	02 2	03 1	04 2	05 3	06 1	07 1	08 4
문제 2	01 4	02 3	03 2	04 4	05 3	06 1	07 4	08 2
문제 3	01 3	02 4	03 1	04 2	05 4			

시나공 01 시험에 나오는 최우선순위 문법 적중 예상 문제 ②

문제 1	01 1	02 4	03 2	04 3	05 4	06 2	07 3	08 1
문제 2	01 3	02 2	03 1	04 4	05 4	06 2	07 3	08 4
문제 3	01 2	02 4	03 1	04 3	05 2			

시나공 02 합격을 위한 필수 문법 적중 예상 문제 ①

문제 1	01 1	02 4	03 3	04 4	05 3	06 1	07 2	08 2
문제 2	01 3	02 3	03 2	04 3	05 3	06 1	07 4	08 4
문제 3	01 4	02 2	03 1	04 3	05 1			

시나공 02 합격을 위한 필수 문법 적중 예상 문제 ②

문제 1	01 2	02 2	03 4	04 2	05 4	06 1	07 3	08 2
문제 2	01 3	02 2	03 3	04 4	05 1	06 4	07 4	08 2
문제 3	01 1	02 4	03 3	04 2	05 4			

시나공 03 고득점을 위한 핵심 문법 적중 예상 문제 ①

문제 1	01 1	02 4	03 3	04 2	05 4	06 2	07 3	08 4
문제 2	01 3	02 2	03 2	04 4	05 4	06 4	07 3	08 3
문제 3	01 2	02 1	03 3	04 2	05 2			

시나공 03 고득점을 위한 핵심 문법 적중 예상 문제 ②

문제 1	01 2	02 1	03 3	04 4	05 1	06 2	07 3	08 1
문제 2	01 4	02 3	03 3	04 3	05 1	06 1	07 1	08 4
문제 3	01 1	02 1	03 1	04 3	05 2			

둘째마당 | N4 문자 · 어휘

시나공 04 い형용사 적중 예상 문제 ①

문제 1	01 2	02 4	03 1	04 2	05 4	06 1	07 3	08 4
문제 2	01 3	02 1	03 2	04 2	05 4	06 1	07 2	08 3
문제 3	01 4	02 2	03 1	04 3	05 1	06 4	07 2	08 3
문제 4	01 1	02 2	03 2	04 2				
문제 5	01 3	02 1	03 2	04 1				

시나공 04 い형용사 적중 예상 문제 ②

문제 1	01 1	02 4	03 3	04 2	05 1	06 4	07 4	08 2
문제 2	01 3	02 3	03 4	04 1	05 3	06 2	07 1	08 2
문제 3	01 4	02 1	03 3	04 2	05 1	06 4	07 2	08 3
문제 4	01 1	02 4	03 3	04 1				
문제 5	01 3	02 2	03 4	04 1				

시나공 05 な형용사 적중 예상 문제 ①

문제 1	01 4	02 1	03 3	04 2	05 3	06 4	07 2	08 2
문제 2	01 2	02 1	03 3	04 1	05 1	06 4	07 3	08 3
문제 3	01 4	02 3	03 1	04 3	05 2	06 2	07 4	08 1
문제 4	01 3	02 4	03 1	04 3				
문제 5	01 2	02 1	03 3	04 1				

시나공 05 な형용사 적중 예상 문제 ②

문제 1	01 4	02 2	03 1	04 3	05 1	06 3	07 2	08 1
문제 2	01 4	02 1	03 3	04 2	05 1	06 4	07 3	08 2
문제 3	01 1	02 4	03 3	04 4	05 2	06 1	07 2	08 1
문제 4	01 1	02 2	03 4	04 2				
문제 5	01 4	02 1	03 2	04 3				

시나공 06 동사 적중 예상 문제 ①

문제 1	01 4	02 2	03 3	04 2	05 2	06 4	07 1	08 2
문제 2	01 2	02 4	03 1	04 2	05 1	06 3	07 1	08 3
문제 3	01 4	02 3	03 3	04 1	05 4	06 2	07 1	08 4
문제 4	01 1	02 2	03 2	04 4				
문제 5	01 1	02 2	03 1	04 3				

시나공 06 동사 적중 예상 문제 ②

문제 1	01 1	02 4	03 3	04 2	05 3	06 1	07 4	08 2
문제 2	01 4	02 2	03 1	04 1	05 1	06 4	07 2	08 1
문제 3	01 1	02 1	03 3	04 2	05 3	06 4	07 2	08 3
문제 4	01 3	02 4	03 1	04 2				
문제 5	01 2	02 2	03 1	04 4				

시나공 07 명사 적중 예상 문제 ①

문제 1	01 3	02 1	03 4	04 2	05 4	06 1	07 3	08 1
문제 2	01 2	02 1	03 2	04 3	05 1	06 2	07 4	08 3
문제 3	01 2	02 1	03 4	04 3	05 1	06 3	07 2	08 4
문제 4	01 3	02 2	03 1	04 3				
문제 5	01 4	02 1	03 3	04 1				

시나공 07 명사 적중 예상 문제 ②

문제 1	01 3	02 1	03 2	04 4	05 1	06 2	07 3	08 1
문제 2	01 4	02 1	03 2	04 1	05 2	06 4	07 3	08 3
문제 3	01 4	02 2	03 3	04 3	05 4	06 1	07 2	08 1
문제 4	01 2	02 4	03 3	04 1				
문제 5	01 2	02 4	03 3	04 3				

시나공 08 기타 적중 예상 문제 ①

문제 1	01 1	02 3	03 3	04 4	05 2	06 2	07 4	08 1
문제 2	01 2	02 1	03 3	04 4	05 4	06 1	07 3	08 4
문제 3	01 4	02 3	03 1	04 3	05 3	06 4	07 2	08 1
문제 4	01 2	02 1	03 4	04 2				
문제 5	01 1	02 2	03 3	04 2				

시나공 08 기타 적중 예상 문제 ②

문제 1	01 2	02 4	03 3	04 1	05 2	06 1	07 4	08 4
문제 2	01 2	02 1	03 2	04 4	05 1	06 3	07 2	08 3
문제 3	01 2	02 4	03 3	04 1	05 2	06 4	07 3	08 1
문제 4	01 4	02 2	03 1	04 3				
문제 5	01 2	02 3	03 3	04 4				

정답 및 해설

첫째마당 | N4 문법

시나공 01 시험에 나오는 최우선순위 문법 | 적중 예상 문제 ①

문제 1 (　　) 안에 무엇을 넣습니까? 1・2・3・4에서 가장 알맞은 것을 하나 고르세요.

01 かれは 手を（　　）ごはんを 食べます。

1 あわらなくて　　2 あらわないで

2 あらいながら　　4 あらいはじめて

해석 그는 손을 **(씻지 않고)** 밥을 먹습니다.

정답 찾기 선택지를 살펴보면 1번은 ～なくて ~않아서, 2번은 ～ないで ~하지 않고, 3번은 ～ながら ~하면서, 4번은 ～はじめる ~하기 시작하다 용법입니다. 문맥상 '손을 씻지 않고 밥을 먹다'라는 문장이 되는 것이 자연스러우므로 공란에는 '씻지 않고'가 들어가는 것이 적절합니다. 洗(あら)う는 5단 활용을 하는 동사로 洗う의 ない형은 洗わない입니다. 洗わない에서 ～ない 대신에 '~하지 않고'라는 표현인 ～ないで가 접속된 2번 '洗わないで 씻지 않고'가 정답입니다.

오답 분석 1번 '씻지 않아서', 3번 '씻으면서', 4번 '씻기 시작하면서'이므로 오답입니다.

복습 꼭! ～ないで(~하지 않고)

어휘 手(て) 손 | 洗(あら)う 씻다

정답 2

---

02 この 漢字は むずかしくて（　　）です。

1 よむにくい　　2 よみにくい

3 よめにくい　　4 よまにくい

해석 이 한자는 어려워서 **(읽기 어렵)**습니다.

정답 찾기 '~하기 어렵다'는 표현인 ～にくい(~하기 어렵다)와 読む의 ます형을 알아야 풀 수 있는 문제입니다. 우선 読(よ)む는 5단 활용을 하는 동사로 ます형은 読みます입니다. 読みます에서 ～ます 대신에 ～にくい가 접속된 2번 '読みにくい 읽기 어렵다'가 정답입니다.

오답 분석 1, 3, 4 번은 접속형태가 틀리므로 오답입니다.

복습 꼭! ～にくい(~하기 어렵다)

어휘 漢字(かんじ) 한자 | 難(むずか)しい 어렵다

정답 2

---

03 部長は いつ（　　）。

1 おもどりになりますか

2 おもどりにしますか

3 おもどりなりますか

4 おもどりしますか

해석 부장님은 언제 **(돌아오십니까)**?

정답 찾기 존경을 나타내는 표현은 'お/ご+동사 ます형+になる'이므로 여기에 맞는 형태를 찾으면 됩니다. 戻(もど)る의 ます형은 戻ります이므로 お戻りになりますか를 접속시킨 1번이 정답입니다.

오답 분석 4번 'お+동사 ます형+~する'는 자신의 행동을 낮게 표현함으로써 상대방을 높이는 겸양어로 자신의 행동에 대해 표현할 때 사용하므로 오답이며 2, 3번은 접속형태가 틀리므로 오답입니다.

복습 꼭 お/ご～になる(~하시다)

정답 1

04 A「どうしたんですか。かおいろが 悪いですね。」
B「おさけを（　　　）あたまが いたいです。」

1 のますぎて　　2 のみすぎて
3 のんですぎて　　4 のむすぎて

해석 A: 무슨 일입니까? 안색이 좋지 않네요.
B: 술을 **(너무 마셔서)** 머리가 아픕니다.

정답 찾기 행동이나 상태가 지나침을 나타내는 표현인 ～すぎる(너무 ～하다)와 飲(の)む의 ます형을 알고 있으면 풀 수 있는 문제입니다. ～すぎる는 동사 ます형에 접속하는 표현이므로 飲む의 ます형이 접속된 형태를 찾으면 됩니다. 飲む는 5단 활용을 하는 동사로 ます형은 飲みます입니다. 飲みます에서 ～ます 대신에 ～すぎる가 접속된 2번 '飲みすぎて 너무 마셔서'가 정답입니다.

오답 분석 1, 3, 4번은 접속형태가 틀리므로 오답입니다.

복습 꼭! ～すぎる(너무 ～하다)

어휘 顔色(かおいろ) 안색 | 悪(わる)い 나쁘다 | 頭(あたま) 머리 | 痛(いた)い 아프다

정답 2

05 この ドローンの（　　　）を教えて ください。

1 つかってかた　　2 つかてかた
3 つかいかた　　4 つかうかた

해석 이 드론 **(사용법)**을 가르쳐 주세요.

정답 찾기 使(つか)う는 5단 활용을 하는 동사로 使う의 ます형은 使います입니다. ~ 하는 방법을 나타내는 표현인 ～方(かた)에 使う의 ます형이 접속된 3번 '使い方 사용법'이 정답입니다.

오답 분석 1, 2, 4번은 접속형태가 틀리므로 오답입니다.

복습 꼭! ～方(～하는 방법)

어휘 ドローン 드론 | 教(おし)える 가르치다

정답 3

06 しゅくだいを（　　　）先生に しかられました。

1 しなくて　　2 しないで
3 して　　4 したら

해석 숙제를 **(하지 않아서)** 선생님에게 혼났습니다.

정답 찾기 する는 불규칙 활용을 하는 동사로 する의 ない형은 しない입니다. 'しない+～하지 않아서'를 나타내는 표현인 ～なくて가 접속된 1번 'しなくて ～하지 않아서'가 정답입니다.

오답 분석 2번 '하지 않고', 3번 '하고', 4번 '했더니'이므로 오답입니다.

복습 꼭! ～なくて(～하지 않아서)

어휘 宿題(しゅくだい) 숙제 | 叱(しか)る 혼나다

정답 1

07 彼は にほんりょこうに（　　　）。

1 いきたがっています
2 いくたがっています
3 いったがっています
4 いけたがっています

해석 그는 일본 여행을 **(가고 싶어 합니다)**.

정답 찾기 行(い)く의 3인칭 희망을 나타내는 표현은 '동사 ます형+たがる'이므로 여기에 맞는 형태를 찾으면 됩니다. 行く의 ます형은 行きます이고 ～ます 대신에 ～たがっています를 접속시킨 1번이 정답입니다.

오답 분석 2, 3 ,4번은 접속형태가 틀리므로 오답입니다.

복습 꼭! ～たがる(～하고 싶어 하다)

어휘 日本旅行(にほんりょこう) 일본 여행

정답 1

08 わからない ところを せんせいが ( ) ました。

1 おおしえにください

2 おしえにください

3 おおしえてください

4 おおしえください

해석 모르는 부분을 선생님께서 **(가르쳐주셨)**습니다.

정답 찾기 존경어 문제로 'お/ご+동사 ます형+ください'는 ～てください 보다 더 공손한 형태의 존경 표현입니다.

오답 분석 2, 3, 4번은 접속형태가 틀리므로 오답입니다.

복습 꼭 お+동사 ます형+ください(～하십시오)

어휘 ところ 곳, 부분 | 教(おし)える 가르치다

정답 4

문제 2 ＿★＿ 안에 어떤 것이 들어갑니까? 1・2・3・4 에서 가장 알맞은 것을 하나 고르세요.

01 今度の 大阪 ＿＿ ＿＿ ★ ＿＿ ました。

1 には 2 りょこう

3 なり 4 いけなく

문장 배열 今度(こんど)の 大阪(おおさか) 旅行(りょこう)(2) には(1) 行(い)けなく(4) なり(3)ました。

해석 이번 오사카 여행에는 갈 수 없게 되었습니다.

정답 찾기 먼저 大阪(おおさか)에 연결되는 것을 찾으면 旅行(りょこう)입니다. 나머지 선택지를 보면 1번과 4번을 묶을 수 있으므로 ～には行(い)けなく가 됩니다. 또한 行けなく는 ない의 ～くなる의 용법이므로 3번 なり에 접속하는 것을 알 수 있습니다. 2-1-4-3 순으로 연결되므로 정답은 4번입니다.

복습 꼭! ～なくなる(～없게 되다), ～않게 되다

어휘 今度(こんど) 이번, 다음 번 | 行(い)ける 갈 수 있다

정답 4

02 この みせの ケーキ ＿＿ ＿＿ ★ ＿＿ です。

1 そう 2 は

3 なさ 4 おいしく

문장 배열 この 店(みせ)の ケーキ は(2) おいしく(4) なさ(3) そう(1) です。

해석 이 가게 케이크는 맛있을 것 같지 않습니다.

정답 찾기 먼저 ケーキ에 연결되는 것을 찾으면 2번 조사 は입니다. 나머지 선택지를 살펴보면 모양이나 모습, 상태를 보고 느낀 생각이나 느낌을 나타내는 ～そうだ(～할 것 같다) 용법의 부정 표현에 관한 문장 배열임을 알 수 있습니다. ～そうだ는 동사일 경우는 '동사 ます형+そうにもない, そうにない, そうもない' 형태가 되며 い형용사일 경우는 'い형용사 어간+くなさそうだ', な형용사일 경우는'な형용사 어간+では(=じゃ)なさそうだ'의 형태가 됩니다. おいしい는 い형용사이므로 おいくなさそうだ가 됩니다. 2-4-3-1 순이 되므로 정답은 3번입니다.

복습 꼭 ～そうだ(～할 것 같다) / ～なさそうだ(～할 것 같지 않다)

어휘 店(みせ) 가게 | ケーキ 케이크

정답 3

---

03 友達 ＿＿ ＿＿ ★ ＿＿ います。

1 あるいて　2 ながら
3 と　4 はなし

문장 배열 友達(ともだち) と(3) 話(はな)し(4) ながら(2) 歩(ある)いて(1) います。

해석 친구와 이야기하면서 걷고 있습니다.

정답 찾기 먼저 友(とも)だち에 연결되는 것을 찾으면 조사 '～と(～와)'입니다. 나머지 선택지를 보면 ～ながら가 보이므로 동시 진행 동작 표현인 ～ながら(～하면서) 문형을 중심으로 나열하도록 합니다. ～ながら는 두 동작을 동시에 하는 표현이므로 話(はな)し와 歩(ある)いて를 ～ながら를 사이에 두고 배치할 수 있는데, 문장 끝부분이 현재 진행 상태를 나타내는 ～ています(～하고 있습니다) 형태가 되어야 하므로 ながら의 앞쪽으로 話し를, 뒤쪽으로 歩いて를 배치하여 話しながら歩いています라는 문장이 됩니다. 3-4-2-1 순이 되므로 정답은 2번입니다.

복습 꼭! ～ながら(～하면서)

어휘 話(はな)す 이야기하다 | 歩(ある)く 걷다

정답 2

---

04 たんじょうび ＿＿ ＿＿ ＿＿ ★ です。

1 うたは　2 おいわいの
3 うたい　4 やすい

문장 배열 誕生日(たんじょうび) お祝(いわ)いの(2) 歌(うた)は(1) 歌(うた)い(3) やすい(4) です。

해석 생일 축하 노래는 부르기 쉽습니다.

정답 찾기 먼저 誕生日(たんじょうび)에 연결되는 것을 찾으면 선택지를 보면 2번 お祝(いわ)いの에 명사와 명사를 연결하는 の가 있으므로 1번 명사 歌(うた)와 함께 묶어서 'お祝いの歌は 축하 노래는'이 됩니다. 그리고 나머지 선택지에 ～やすい가 보이므로 '동사 ます형+やすい' 형태로 어떤 상태로 되기 쉽거나, ～하기가 쉽다는 표현을 만듭니다. 즉 歌(うた)う의 ます형은 歌います이고 ～ます 대신에 ～やすい가 접속된 歌いやすい 순서로 나열합니다.

복습 꼭! ～やすい(～하기 쉽다)

어휘 誕生日(たんじょうび) 생일 | お祝(いわ)い 축하

정답 4

---

05 わたしが　山田さん ＿＿ ＿＿ ＿＿ ★ します。

1 にもつ　2 の
3 おもち　4 を

문장 배열 私(わたし)が 山田(やまだ)さん の(2) 荷物(にもつ)(1) を(4) お持(も)ち(3) します。

해석 내가 야마다 씨의 짐을 들어 드리겠습니다.

정답 찾기 먼저 3번 선택지를 보면 동사 持(も)つ 앞에 접두어 お가 있으므로 자신의 행동을 낮게 표현함으로써 상대방을 높이는 겸손한 표현인 お/ご+ます형+する(~해 드리다) 문장임을 파악할 수 있어야 합니다. 하나씩 맞추어 보면 持つ는 '들다'라는 뜻이므로 드는 대상이 되는 1번 荷物(にもつ)와 4번 조사 を가 持つ 앞으로 올 수 있습니다. 그리고 の는 山田(やまだ)さん 뒤에 붙어서 山田さんの荷物를 만들 수 있습니다. 전체적으로 연결하면 わたしが山田さんの荷物をお持ちします가 되므로 2-1-4-3 순이 됩니다.

복습 꼭! お/ご+ます형+する(~해 드리다)

어휘 荷物(にもつ) 짐 | 持(も)つ 들다

정답 3

---

06 わたしは　せんせい ＿＿「＿＿ ＿★＿」 ＿＿言われました。

1 しなさい　　2 べんきょう

3 に　　4 と

문장 배열 私(わたし)は 先生(せんせい) に「勉強(べんきょう) しなさい」と 言(い)われました。
(に 3, 勉強(べんきょう) 2, しなさい 1, と 4)

해석 나는 선생님에게 "공부하렴"이라고 말을 들었습니다.

정답 찾기 먼저 선택지를 보면 1번에 ～なさい가 보이므로 '동사 ます형+～なさい'가 중요한 힌트가 됩니다. ～なさい(~하렴, 하세요)는 윗사람이 아랫사람에 대해 하는 부드러운 명령 표현입니다. 문장 앞 부분에 先生(せんせい)가 보이므로 선생님이 나에게 어떤 사항을 명령했다는 문장을 만들면 됩니다. 2번 勉強(べんきょう)가 선생님이 명령한 내용이되겠지요. 또한 先生(せんせい)에 연결되는 것을 찾으면 に이므로 3-2-1 순으로 배치가 됩니다. 문말에 있는 言(い)われました는 기능어 と言(い)う(~라고 말하다)의 수동형이므로 4번에 연결되는 것을 알 수 있습니다. 전체적으로 나열하면 3-2-1-4이 됩니다.

복습 꼭! ～なさい(~하렴, 하세요)

어휘 先生(せんせい) 선생님 | 勉強(べんきょう) 공부

정답 1

---

07 かないは　えいごの ＿＿ ＿＿ ＿＿ ＿★＿ ました。

1 べんきょう　　2 し

3 を　　4 はじめ

문장 배열 家内(かない)は 英語(えいご)の 勉強(べんきょう) を し 始(はじ)め ました。
(勉強(べんきょう) 1, を 3, し 2, 始(はじ)め 4)

해석 아내는 영어 공부를 하기 시작했습니다.

정답 찾기 먼저 선택지를 보면 4번에 はじめ가 보이므로 ～始める(~하기 시작하다) 표현을 단서로 문제를 풀어나갑니다. ～始(はじ)める는 동사 ます형에 접속하므로 4번 앞에는 する의 ます형인 し가 오며 그 앞쪽으로는 1번 勉強(べんきょう)와 3번 조사 を를 묶어서 새로 시작한 대상을 나타냅니다. 1-3-2-4가 되므로 정답은 4번입니다.

복습 꼭! ～始める(~하기 시작하다)

어휘 家内(かない) 아내 | 英語(えいご) 영어

정답 4

08 あした ____ ____ ____ ★ ました 。

1 レポート　　2 かきおわり
3 だす　　4 は

문장 배열 明日(あした) 出(だ)す(3) レポート(1) は(4) 書(か)き終(お)わり(2) ました。

해석 내일 제출할 리포트는 다 썼습니다.

정답 찾기 먼저 선택지를 보면 2번에 かきおわり가 보이므로 동작의 종료를 나타내는 ～終わる(다 ～하다) 표현 문제임을 짐작할 수 있습니다. ～終わる(다 ～하다)는 동사 ます형에 접속하므로 書(か)く의 ます형에 접속하여 2번 書(か)き終(おわ)り가 된 것이며 그 앞쪽에는 다 쓴 대상인 1번 レポート와 4번 조사 は를 묶어서 배치합니다. 마지막으로 レポート를 수식하는 형태인 出(だ)す를 1번 앞에 두면 됩니다. 전체적으로 나열하면 3-1-4-2가 되므로 정답은 2번입니다.

복습 꼭! ～終わる(다 ～하다)

어휘 レポート 리포트 | 書(か)き終(お)わる 다 쓰다

정답 2

문제 3 [01] 부터 [05] 안에 어떤 것이 들어갑니까? 1 · 2 · 3 · 4 에서 가장 알맞은 것을 하나 고르세요.

先月から 日本語 学校 [01] 通い始めました。最初 ひらがなと かたかなを 習いました。ひらがなは 覚え [02] ですが、かたかなは なかなか 覚えにくかったです。最近は 漢字も 習っていますが、書き方が 分から [03] 大変です。昨日は 作文の 宿題が ありました。[04] 全部 ひらがなで 書いて 出しました。それを 見た 先生に「これからは 漢字で 書き [05]。」と 言われました。

해석 지난달부터 일본어 학교 [1 에] 다니기 시작했습니다. 처음에 히라가나와 가타카나를 배웠습니다. 히라가나는 외우기 [2 쉽지] 만 가타카나는 꽤 외우기 어려웠습니다. 요즘에는 한자도 배우고 있는데 쓰는 법을 [3 몰라서] 힘듭니다. 어제는 작문 숙제가 있었습니다. [4 그러나] 전부 히라가나로 써서 제출했습니다. 그것을 본 선생님에게 '이제부터는 한자로 [5 쓰세요].'라고 말을 들었습니다.

어휘 先月(せんげつ) 지난달 | 通(かよ)い始(はじ)める 다니기 시작하다 | 最初(さいしょ) 처음, 최초 | 習(なら)う 배우다 | 覚(おぼ)える 외우다, 기억하다 | ～やすい ～하기 쉽다 | ～にくい ～하기 어렵다 | 漢字(かんじ) 한자 | 書(か)き方(かた) 쓰는 방법 | 大変(たいへん)だ 힘들다 | 作文(さくぶん) 작문 | 宿題(しゅくだい) 숙제 | しかし 그러나 | これから 지금부터, 이제부터 | ～なさい ～하렴, ～하세요

01

1 を　　2 で
3 へ　　4 が

해설 공란 앞뒤의 제시 단어를 보면 '学校'와 '다니기 시작했습니다'이므로 방향을 나타내는 조사 '～へ ～에'인 3번이 정답입니다.

오답 분석 1번 '～를', 2번 '～에서', 4번 '～가'이므로 오답입니다.

정답 3

02

1 むずかしい　　2 やさしい
3 ほしい　　4 やすい

해설 공란 뒤의 ～ですが는 '～지만'이라는 의미의 역접 표현이므로 뒤의 문장은 반대되는 내용이 온다는 것을 알 수 있습니다. 뒷 문장에 '覚えにくかったです 외우기 어려웠습니다'라는 내용이 있으므로 앞에는 어떤 상태로 되기 쉽거나, ～하기가 쉽다는 표현인 '동사 ます형 +～やすい'가 올 수 있습니다. 覚(おぼ)える의 ます형에 접속하여 '覚(おぼ)えやすい ～외우기 쉽다'인 4번이 정답입니다.

오답 분석 1번 '어렵다', 2번 '쉽다', 3번 '원하다'이므로 오답입니다.

정답 4

03

1 なくて　　2 なくても

3 ないで　　4 なければ

해설 한자 쓰기가 힘든 이유를 묻는 문제이므로 なくて(~않아서)가 分(わ)かる의 ない형에 접속된 형태인 1번 'わからなくて 몰라서'가 정답입니다.

오답 분석 2번 '알지 못해도', 3번은 틀린 접속', 4번은 '알지 못하면'이므로 오답입니다.

정답 1

04

1 そして　　2 しかし

3 それで　　4 それから

해설 앞의 내용을 보면 한자도 배우기 때문에 작문 숙제를 할 때도 한자를 써야 하지만 전부 히라가나로 써서 제출했으므로 대립되는 표현인 'しかし 그러나'인 2번이 정답입니다.

오답 분석 1번 순접 '그리고', 3번 순접 '그래서', 4번 첨가 '그리고(또), 그 다음에'이므로 오답입니다.

정답 2

05

1 ください　　2 ならい

3 ない　　4 なさい

해설 히라가나로 만 쓴 작문 숙제를 본 선생님이 한자로 쓰라고 했다고 하는 내용이므로 부드러운 명령을 나타내는 ～なさい(~하렴, 하세요)에 書(か)く의 ます형이 접속된 형태인 '書(か)きなさい 쓰세요'가 정답입니다.

오답 분석 1, 2, 3번은 접속형태가 틀리므로 오답입니다.

정답 4

시나공 01 시험에 나오는 최우선순위 문법 | 적중 예상 문제 ②

문제 1 (　　) 안에 무엇을 넣습니까? 1・2・3・4에서 가장 알맞은 것을 하나 고르세요.

01 A「こんかい　ホテルルームの　よやく　じょうきょうは　どうですか。」

B「いま　みたら　まえより(　　　)　そうです。」

1 ふえ　　2 ふえよう

3 ふえれば　　4 ふえると

해석 A: 이번 호텔 방 예약 상태는 어떻습니까?
B: 지금 보면 전보다 **(늘)** 것 같습니다.

정답 찾기 모양이나 모습, 상태를 보고 느낀 생각이나 느낌을 나타내는 표현은 '동사 ます형+そうだ'이므로 여기에 맞는 형태를 찾으면 됩니다. 増(ふ)える의 ます형은 増えます이고 ～ます 대신에 ～そうです를 접속시킨 1번이 정답입니다.

오답 분석 2, 3, 4번은 접속형태가 틀리므로 오답입니다.

복습 꼭! ～そうだ(~할 것 같다)

어휘 今回(こんかい) 이번 | ホテル 호텔 | 部屋(へや) 방, 객실 | 予約(よやく) 예약 | 状況(じょうきょう) 상황 | 増(ふ)える 늘다

정답 1

02 この ペンは（　　　）やすいです。

1 かか　　2 かけ
3 かく　　4 かき

해석 이 펜은 **(쓰기)** 편합니다.

정답 찾기 ~하기 쉽다는 표현과 書(か)く의 ます형을 알아야 풀 수 있는 문제입니다. 우선 書く는 5단 활용을 하는 동사로 書く의 ます형은 書きます입니다. 書きます의 ます형에 ~하기 쉽다는 표현인 ~やすい가 접속된 4번 '書きやすいです 쓰기 편합니다'가 정답입니다.

오답 분석 1, 2, 3번은 접속형태가 틀리므로 오답입니다.

복습 꼭! ~やすい (~하기 편하다, ~하기 쉽다)

어휘 ペン 펜 | 書(か)く 쓰다

정답 4

---

03 ふたりは（　　　）ながら はなして います。

1 わらう　　2 わらい
3 わらえ　　4 わらわ

해석 두 사람은 **(웃으)**면서 이야기하고 있습니다.

정답 찾기 동시 동작 표현인 ~ながら(~하면서)와 笑(わら)う의 ます형을 알아야 풀 수 있는 문제입니다. 우선 笑う는 5단 활용을 하는 동사로 笑う의 ます형은 笑います입니다. 笑います의 ます형에 ~ながら가 접속된 2번 '笑いながら 웃으면서'가 정답입니다.

오답 분석 1, 3, 4번은 접속형태가 틀리므로 오답입니다.

복습 꼭! ~ながら(~하면서)

어휘 二人(ふたり) 둘 | 笑(わら)う 웃다 | 話(はな)す 이야기하다

정답 2

---

04 その もんだいは むずかしくないから ふかく（　　　）やさしく 考えて ください。

1 かんがえながら　　2 かんがえにくい
3 かんがえないで　　4 かんがえかた

해석 그 문제는 어렵지 않으니까 깊이 **(생각하지 말고)** 쉽게 생각하세요.

정답 찾기 考(かんが)える의 앞의 행동을 하지 않고 뒤의 행동을 하는 표현과 考える의 ない형을 알아야 풀 수 있는 문제입니다. 우선 考える는 1단 활용을 하는 동사로 考える의 ない형은 考(かんが)えない입니다. 考(かんが)えない+앞의 행동을 하지 않고 뒤의 행동을 하는 표현인 ~ないで가 접속된 3번 考(かんが)えないで'생각하지 말고'가 정답입니다.

오답 분석 1번 동시 동작 '생각하면서', 2번 '생각하기 어렵다', 4번 '사고 방식'이므로 오답입니다.

복습 꼭! ~ないで (~말고, 않고)

어휘 問題(もんだい) 문제 | 深(ふか)い 깊다 | 易(やさ)しい 쉽다

정답 3

---

05 ごかぞくに よろしく お（　　　）ください。

1 つたえよう　　2 つたえなくて
3 つたえる　　4 つたえ

해석 가족 분들에게 안부 **(전해)** 주십시오.

정답 찾기 존경을 나타내는 표현은 'お+동사 ます형+ください'이므로 여기에 맞는 형태를 찾으면 됩니다. 伝(つた)える의 ます형은 伝えます이므로 お伝えください를 접속시킨 4번이 정답입니다.

오답 분석 1, 2, 3,번은 접속형태가 틀리므로 오답입니다.

복습 꼭 お/ご+동사 ます형+ください(~해 주십시오)

어휘 家族(かぞく) 가족 | 伝(つた)える 전하다

정답 4

---

06 あの レストランは ステーキの ねだんが (　　) ます。

1 たかなり　　2 たかすぎ
3 たかおわり　　4 たかはじめ

해석 저 레스토랑은 스테이크 가격이 **(너무 비쌉)**니다.

정답 찾기 정도가 지나침을 나타내는 표현과 高(たか)い의 어간을 알아야 풀 수 있는 문제입니다. 우선 高い는 い형용사로 高い의 어간은 高입니다. ~すぎる(너무 ~ 하다)는 い형용사에 접속될 경우 어간에 접속되므로 2번 '高すぎます너무 비쌉니다'가 정답입니다.

오답 분석 1, 3, 4번은 접속형태가 틀리므로 오답입니다.

복습 꼭! ~すぎる(너무 ~ 하다)

어휘 レストラン 레스토랑 | ステーキ 스테이크 | 値段(ねだん) 값, 가격

정답 2

---

07 ごみの (　　) が わからない ときは しやくしょに きいて ください。

1 すてるかた　　2 すてようかた
3 すてかた　　4 すてれかた

해석 쓰레기 **(버리는 방법)**을 모를 때에는 시청에 문의하세요.

정답 찾기 어떤 동작을 하는 방법을 표현하는 ~方(かた)와 捨(す)てる의 ます형을 알아야 풀 수 있는 문제입니다. 우선 捨てる는 1단 활용을 하는 동사로 捨てる의 ます형은 捨てます입니다. ~ます 대신에 ~方가 접속된 3번 '捨て方 버리는 법'이 정답입니다.

오답 분석 1, 2, 4번은 접속형태가 틀리므로 오답입니다.

복습 꼭! ~かた(~하는 법)

어휘 ごみ 쓰레기, 먼지 | 市役所(しやくしょ) 시청

정답 3

---

08 ことしの なつは (　　)、よかったですね。

1 あつくなくて　　2 あつないで
3 あつくなくなる　　4 あつなければ

해석 올여름은 **(덥지 않아서)** 다행이네요.

정답 찾기 앞의 상태가 되지 않고 끝나는 표현과 暑い의 く용법을 알아야 풀 수 있는 문제입니다. 우선 暑(あつ)い는 い형용사로 ~なくて(~않아서)와 접속될 경우 い형용사 어간+く+~なくて 형태가 됩니다. 따라서 1번 '暑くなくて 덥지 않아서'가 정답입니다.

오답 분석 2번 틀린 접속, 3번 변화인 '덥지 않게 되다', 4번 틀린 접속이므로 오답입니다.

복습 꼭! ~なくて(~않아서)

어휘 今年(ことし) 올해 | 夏(なつ) 여름 | 暑(あつ)い 덥다 | よかった 다행이다

정답 1

문제 2 ＿★＿ 안에 어떤 것이 들어갑니까? 1・2・3・4 에서 가장 알맞은 것을 하나 고르세요.

01 あしたは しゅっぱつ ＿＿ ＿＿ ＿＿ ＿★＿ なさい。

1 から　　2 はやい
3 ね　　4 が

문장 배열 明日(あした)は 出発(しゅっぱつ) が(4) 早(はや)い(2) から(1) 寝(ね)(3) なさい。

해석 내일은 출발이 이르니까 자렴.

정답 찾기 먼저 出発(しゅっぱつ)에 연결되는 것을 찾으면 4번 조사 ～が입니다. 나머지 선택지를 보면 술어가 될 수 있는 早(はや)い와 이유를 나타내는 ～から(~라서)를 묶을 수 있으므로 早いから가 됩니다. 문장 끝에 있는 ～なさい는 부드러운 명령을 나타내는 표현으로 동사 ます형에 접속하므로 寝(ね)에 연결되는 것을 알 수 있습니다. 4-2-1-3 순으로 연결할 수 있으므로 정답은 3번입니다.

복습 꼭 ～なさい(~하렴)

어휘 出発(しゅっぱつ) 출발 | 早(はや)い 이르다 | 寝(ね)る 자다

정답 3

02 いなかの ＿＿ ＿＿ ＿★＿ ＿＿ ました。

1 なくなり　　2 ひつようじゃ
3 オートバイは　　4 いえの

문장 배열 田舎(いなか)の 家(いえ)の(4) オートバイは(3) 必要(ひつよう)じゃ(2) なくなり(1) ました。

해석 고향집의 오토바이는 필요없게 되었습니다.

정답 찾기 먼저 田舎(いなか)の에 연결되는 것을 찾으면 家(いえ)の입니다. 그 뒤로 올 수 있는 것은 명사+조사 형태인 オートバイは입니다. 그리고 선택지 2번과 1번을 보면 ～くなる 용법이 보이므로 1번 なくなり가 ました 앞으로 와서 なくなりました가 됩니다. 나머지 선택지 2번은 な형용사로 1번 앞쪽에 올 수 있습니다.

복습 꼭 ～くなる(~하게 되다) / ～なくなる(~않게 되다)

어휘 オートバイ 오토바이 | 必要(ひつよう)だ 필요하다

정답 2

03 けいさつが ゆうべの ＿＿ ＿＿ ＿＿ ＿★＿ ました。

1 しらべはじめ　　2 じこ
3 を　　4 こうつう

문장 배열 警察(けいさつ)が 夕(ゆう)べの 交通(こうつう)(4) 事故(じこ)(2) を(3) 調(しら)べ始(はじ)め(1) ました。

해석 경찰이 어젯밤 교통사고를 조사하기 시작했습니다.

정답 찾기 먼저 夕(ゆう)べの에 연결되는 것을 찾으면 交通(こうつう)입니다. 나머지 선택지를 보면 2번과 3번을 묶을 수 있으므로 事故(じこ)を가 됩니다. ました는 ます형에 접속하므로 調(しら)べ始(はじ)め에 연결되는 것을 알 수 있습니다.

복습 꼭! ～はじめる(~하기 시작하다)

어휘 警察(けいさつ) 경찰 | 交通(こうつう) 교통 | 事故(じこ) 사고 | 調(しら)べる 조사하다

정답 1

04 あめが ふって ____ ____ ____ ★ ですが。

1 ので　　2 かさを
3 いる　　4 おかりしたい

문장 배열 雨(あめ)が 降(ふ)って いる(3) ので、(1) 傘(かさ)を(2) お借(か)りしたい(4) ですが。

해석 비가 내리고 있어서 우산을 빌리고 싶습니다만.

정답 찾기 먼저 降(ふ)って에 연결되는 것을 찾으면 いる입니다. 나머지 선택지를 보면 2번과 4번을 묶을 수 있으므로 傘(かさ)をお借(か)りしたい가 됩니다. 또한 いる는 ので가 접속하는 것을 알 수 있습니다.

복습 꼭! お/で+동사 ます형+する(~하다)

어휘 降(ふ)る 내리다 | 傘(かさ) 우산 | 借(か)りる 빌리다

정답 4

---

05 友達 ____ ____ ★ ____ います。

1 せんせいに　　2 は
3 うれしがって　　4 ほめられて

문장 배열 友達(ともだち) は(2) 先生(せんせい)に(1) ほめられて(4) 嬉(うれ)しがって(3) います。

해석 친구는 선생님에게 칭찬받아서 기뻐하고 있습니다.

정답 찾기 먼저 友(とも)だち에 연결되는 것을 찾으면 は입니다. 나머지 선택지를 보면 1번과 4번을 묶을 수 있으므로 先生(せんせい)にほめられて가 됩니다. います는 て형에 접속하므로 嬉(うれ)しがって에 연결되는 것을 알 수 있습니다.

복습 꼭! ~(ら)れる (~해 받다, 당하다)

어휘 誉(ほ)める 칭찬하다 | 嬉(うれ)しい 기쁘다 | ~がる ~해하다

정답 4

---

06 この ____ ★ ____ ____ でした。

1 たいへん　　2 つかいかたは
3 きかいの　　4 かんたんではなくて

문장 배열 この 機会(きかい)の(3) 使(つか)い方(かた)は(2) 簡単(かんたん)ではなくて、(4) 大変(たいへん)(1) でした。

해석 이 기계 사용법은 간단하지 않아서 힘들었습니다.

정답 찾기 먼저 この에 연결되는 것을 찾으면 명사+の 형태인 機械(きかい)の입니다. 나머지 선택지를 보면 2번에 使(つか)う의 동사 ます형인 使(つか)い에 어떤 동작을 하는 방법을 나타내는 표현이 ~方(かた)가 접속된 使い方가 있으므로 3번 뒤로 올 수 있습니다. 2번은 형용사인 4번과 묶을 수 있으므로 使い方は簡単ではなくて가 됩니다. でした는 な형용사 어간에 접속하므로 大変(たいへん)에 연결되는 것을 알 수 있습니다. 3-2-4-1 순으로 배열되므로 정답은 2번입니다.

복습 꼭! ~方(~하는 법)

어휘 機械(きかい) 기계 | 簡単(かんたん)だ 간단하다 | 大変(たいへん) 힘들다

정답 2

07 レポート ＿＿ ＿＿ ★ ＿＿ か。

1 かき　　2 ました
3 おわり　　4 は

문장 배열 レポート は(4) 書(か)き(1) 終(お)わり(3) ました(2) か。

해석 리포트는 다 썼습니까?

정답 찾기 먼저 レポート에 연결되는 것을 찾으면 조사 は입니다. 나머지 선택지를 보면 1번과 3번을 묶어서 동작의 종료를 나타내는 표현 ~終(お)わる(다 ~하다)를 나타낼 수 있습니다. 終わる는 동사 ます형에 접속이 되므로 書(か)き終わり가 됩니다. 또한 書き終わり는 ました에 접속하는 것을 알 수 있습니다. 순서대로 연결하면 4-1-3-2이 되므로 정답은 3번입니다.

복습 꼭! ~おわる(다 ~하다)

어휘 レポート 리포트 | 書(か)く 쓰다

정답 3

08 ここ ＿＿ ★ ＿＿ ＿＿ ください。

1 おまち　　2 に
3 なって　　4 おすわりに

문장 배열 ここ に(2) お座(すわ)りに(4) なって(3) お待(ま)ち(1) ください。

해석 여기에 앉으셔서 기다려 주세요.

정답 찾기 먼저 ここ에 연결되는 것을 찾으면 조사 に입니다. 나머지 선택지를 보면 お/ご+동사 ます형+になる(~하시다) 형태로 존경 표현을 나타낼 수 있으므로 4번과 3번을 묶어서 お座(すわ)りになって가 됩니다. 그리고 ください는 존경표현 お/ご+동사 ます형+ください(~해 주세요) 표현이 되므로 お待(ま)ち에 연결되는 것을 알 수 있습니다. 순서대로 연결하면 2-4-3-1이 되므로 정답은 4번입니다.

복습 꼭 お/ご+동사 ます형+になる(~하시다) / お/ご+동사 ます형+ください(~해 주세요)

어휘 座(すわ)る 앉다 | 待(ま)つ 기다리다

정답 4

문제 3 [01] 부터 [05] 안에 어떤 것이 들어갑니까? 1・2・3・4 에서 가장 알맞은 것을 하나 고르세요.

日本から 山下先生さんが いらっしゃいました。私が 空港まで [01]。山下先生は 日本の 大学で 韓国語を 教えて いらっしゃいます。今回 いらっしゃったのは 韓国大学の 李先生と お会いになる [02] です。私が ご案内しました。李先生の 研究室に 行きました。李先生は いらっしゃらなかったです。李先生の 学生から「今、席を外しておりますので、少々 [03]」と言われました。十分 ぐらい 待ったら 李先生は [04]、お二人は お話を なさいました。お帰りの日は 私が 空港 [05] お送りしました。

해석 일본에서 야마시타 선생님이 오셨습니다. 제가 공항까지 [1 마중 나갔습니다]. 야마시타 선생님은 일본의 대학에서 한국어를 가르치고 계십니다. 이번에 오신 것은 한국 대학의 이 선생님과 만나시기 [2 위해서]입니다. 제가 안내해 드렸습니다. 이 선생님의 연구실에 갔습니다. 이 선생님은 계시지 않았습니다. 이 선생님의 학생에게 '지금 자리에 없으니 잠시 [3 기다려 주십시오].'라는 말을 들었습니다. 10분 정도 기다리자 이 선생님은 [4 오셨고], 두 분은 이야기를 하셨습니다. 가시는 날은 제가 공항[5 까지] 모셔다 드렸습니다.

어휘 いらつしゃる 계시다 | 空港(くうこう) 공항 | 迎(むか)える 마중나가다, 마중하다 | 教(おし)える 가르치다 | 今回(こんかい) 이번 | 案内(あんない) 안내 | 研究室(けんきゅうしつ) 연구실 | 席(せき) 자리 | 外(はず)す 비우다 | 十分(じゅっぷん) 10분 | 戻(もど)る (제자리) 돌아오다 | なさる 하시다 | 送(おく)る 바래주다, 보내다

01

1 迎えしました　2 お迎えしました

3 お迎えてしました　4 迎えてしました

해설 일본에서 야마시타 선생님이 오셔서 공항까지 마중하러 갔다는 표현이 되어야 하므로 겸양 표현인 'お迎(むか)えしました 마중 나갔습니다'를 써야 하므로 2번이 정답입니다.

오답 분석 1, 3, 4번은 접속형태가 틀리므로 오답입니다.

정답 2

02

1 から　2 ばかり

3 の　4 ため

해설 야마시타 선생님이 한국에 오신 목적이 이 선생님을 만나러 오시는 것이기 때문이므로 목적을 나타내는 표현인 'ため 위해서' 4번이 정답입니다

오답 분석 1번 원인, 이유 '때문', 2번 한정 '만, 뿐', 3번 형식 명사 '것'이므로 오답입니다.

정답 4

03

1 お待ちください　2 待ちください

3 お待ってください　4 お待ちします。

해설 이 선생님을 뵈러 갔지만 자리를 비우셨으니 잠시 기다려달라는 표현인 'お待(ま)ちください 잠시 기다려 주십시오'로 1번이 정답입니다.

오답 분석 2 ,3, 4번은 접속형태가 틀리므로 오답입니다.

정답 1

04

1 お戻りなって　2 お戻ってなって

3 お戻りになって　4 戻ってなって

해설 10분 정도 기다리자 이 선생님이 오셨다는 존경 표현인 'お戻(もど)りになって 돌아오셨고'가 정답입니다.

오답 분석 1, 2, 4번은 접속형태가 틀리므로 오답입니다.

정답 3

05

1 から　2 まで

3 しか　4 くらい

해설 앞뒤의 문장을 보면 '공항'과 '모셔다 드렸습니다'라고 되어 있으므로 도착 지점을 나타내는 'まで ~까지'인 2번이 정답입니다.

오답 분석 1번 시점 '부터', 3번 한정 '밖에', 4번 범위 '정도'이므로 오답입니다.

정답 2

시나공 02 합격을 위한 필수 문법 | 적중 예상 문제 ①

문제 1 (　　) 안에 무엇을 넣습니까? 1 · 2 · 3 · 4에서 가장 알맞은 것을 하나 고르세요.

01 ぶちょうが どこへ (　　　) か わかりませんか。

1 いった　　2 いって
3 いったり　　4 いったら

해석 부장님이 어디에 **(갔)**는지 모릅니까?

정답 찾기 何(なに), どこ, 誰(だれ), いつ 등 의문사가 있는 문장에서 의문을 나타내는 부조사 ～か는 동사에 접속할 경우 '동사 보통형+～か'이므로 여기에 맞는 형태를 찾으면 됩니다. 그러므로 1번 行(い)ったが 정답입니다.

오답 분석 2, 3, 4번은 접속형태가 틀리므로 오답입니다.

복습 꼭! ～か(～인지, ～일지, ～지)

어휘 部長(ぶちょう) 부장님 | 行(い)く 가다

정답 1

---

02 A「どんな おさけが すきですか。」
B「おさけ (　　　) にほんの おさけが すきです。」

1 たら　　2 と
3 ば　　4 なら

해석 A: 어떤 술을 좋아합니까?
B: 술**(이라면)** 일본 술을 좋아합니다.

정답 찾기 가정조건 표현 ～なら를 알아야 풀 수 있는 문제입니다. 명사+～なら 형태로 '~이라면'이라는 가정조건 표현을 나타내므로 お酒(さけ)에 ～なら가 접속된 4번 'お酒(さけ)なら 술이라면'이 정답입니다.

오답 분석 1, 2, 3번은 접속형태가 틀리므로 오답입니다.

복습 꼭! ～なら(～이라면, ～한다면)

어휘 どんな 어떤 | お酒(さけ) 술

정답 4

---

03 明日は あめだ (　　　) です。

1 らしい　　2 みたい
3 そう　　4 よう

해석 내일은 비가 온**(다고 합)**니다.

정답 찾기 남에게 들은 말을 전할 때 사용하는 표현은 ～そうだ(~라고 한다)인데 명사와 접속할 경우 '명사+だ+そうだ' 형태가 되므로 여기에 맞는 형태를 찾으면 됩니다. 그러므로 공란에는 そう를 넣어서 雨(あめ)だそうです가 됩니다.

오답 분석 1, 2, 4번은 접속형태가 틀리므로 오답입니다.

복습 꼭! ～そうだ(～라고 한다)

어휘 明日(あした) 내일 | 雨(あめ) 비

정답 3

---

04 お酒を のんで (　　　) な。

1 うんてんして　　2 うんてんしろ
3 うんてんしよう　　4 うんてんする

해석 술을 마시고 **(운전)**하지 마라.

정답 찾기 공란 뒤에 반말체 명령 표현인 ～な(~하지 마라)가 보이므로 접속할 수 있는 형태를 찾으면 됩니다. ～な는 동사 기본형에 접속하므로 4번 運転(うんてん)する가 정답입니다.

오답 분석 1, 2, 3번은 접속형태가 틀리므로 오답입니다.

복습 꼭! ～な(～하지마라)

어휘 飲(の)む 마시다 | 運転(うんてん)する 운전하다

정답 4

05 そんなに しんぱい（　　　）いっしょに いきましょう。

1 から　　2 ので
3 なら　　4 けれど

해석 그렇게 걱정**(이라면)** 함께 갑시다.

정답 찾기 가정 조건 표현 ～なら(～이라면)과 心配(しんぱい)だ의 어간을 알아야 풀 수 있는 문제입니다. 心配だ는 な형용사로 어간은 心配입니다. 心配에 ～なら가 접속된 3번 '心配なら 걱정이라면'이 정답입니다.

오답 분석 1, 2, 4번은 접속형태가 틀리므로 오답입니다.

복습 꼭! ～なら(～이라면, ～한다면)

어휘 そんなに 그렇게 | 心配(しんぱい)だ 걱정이다 | 一緒(いっしょ)に 함께, 같이

정답 3

06 あの 国は ゆにゅうより ゆしゅつの ほうが（　　　）らしいです。

1 おおい　　2 おお
3 おおく　　4 おおくて

해석 저 나라는 수입보다 수출이 더 **(많)**은 것 같습니다.

정답 찾기 추측 표현 ～らしい(～인 것 같다)가 い형용사에 접속할 경우 보통형에 접속하므로 1번 多(おお)い가 정답입니다.

오답 분석 1, 2, 3번은 접속형태가 틀리므로 오답입니다.

복습 꼭! ～らしい(～인 것 같다)

어휘 輸入(ゆにゅう) 수입 | 輸出(ゆしゅつ) 수출

정답 1

07 さいきん 彼女は（　　　）んです。

1 いそがしく　　2 いそがしい
3 いそがしいだろう　　4 いそがしければ

해석 요즘 그녀는 **(바쁩)**니다.

정답 찾기 이유나 상황을 나타내는 표현인 ～んです(～입니다)에 접속하는 형태를 알아야 풀 수 있는 문제입니다. ～んです가 い형용사에 접속할 경우 보통형에 접속하므로 보통형이 쓰인 선택지를 찾으면 됩니다. 忙(いそが)しい+んです가 접속된 2번 '忙しいんです 바쁩니다'가 정답입니다.

오답 분석 1번 부사 '바쁘게', 3번 추측 '바쁘겠지', 4번 가정형 '바쁘면'이므로 오답입니다.

복습 꼭! ～んです(～인 것이다, ～이다)

어휘 最近(さいきん) 요즘, 최근 | 忙(いそが)しい 바쁘다

정답 2

08 こんしゅうの セミナーに（　　　）かどうか まだ わかりません。

1 いけ　　2 いける
3 いけよう　　4 いけれ

해석 이번 주 세미나에 **(갈 수)** 있을지 어떨지 아직 모르겠습니다.

정답 찾기 ～かどうか(～일지 어떨지)는 동사 보통형에 접속하므로 맞는 형태를 찾으면 됩니다. 2번 行(い)ける가 정답입니다.

오답 분석 1, 3, 4번은 접속 형태가 틀리므로 오답입니다.

복습 꼭! ～かどうか(～일지 어떨지, ～할지 어떨지)

어휘 今週(こんしゅう) 이번 주 | セミナー 세미나

정답 2

문제 2　＿★＿ 안에 어떤 것이 들어갑니까? 1・2・3・4 에서 가장 알맞은 것을 하나 고르세요.

01 彼は その ＿＿ ＿＿ ＿★＿ ＿＿ わかりません。

1 えいが　　2 かどうか
3 みた　　4 を

문장 배열 彼(かれ)は その 映画(えいが)(1) を(4) 見(み)た(3) かどうか(2) わかりません。

해석 그는 그 영화를 봤는지 안 봤는지 모르겠습니다.

정답 찾기 먼저 その에 연결되는 것을 찾으면 명사인 映画(えいが)입니다. 그리고 映画 뒤에는 조사 ～を가 오고 바로 뒤에 동사 見(み)た가 와서 映画を見た가 되는 것이 자연스럽습니다. 나머지 선택지 ～かどうか(～일지 어떨지)는 동사 보통형에 접속하므로 見た 뒤에 배치하면 됩니다. 순서대로 연결하면 1-4-3-2이므로 정답은 3번입니다.

복습 꼭! ～かどうか(～일지 어떨지, ～할지 어떨지)

어휘 映画(えいが) 영화 | 見(み)る 보다

정답 3

02 その ＿＿ ＿＿ ＿★＿ ＿＿ そうです。

1 は　　2 とけい
3 たかく　　4 ない

문장 배열 その 時計(とけい)(2) は(1) 高(たか)く(3) ない(4) そうです。

해석 그 시계는 비싸지 않다고 합니다.

정답 찾기 먼저 その에 연결되는 것을 찾으면 時計(とけい)입니다. 나머지 선택지를 보면 1번과 3번을 묶을 수 있으므로 ～は高(たか)く가 됩니다. 또한 高く는 ない에 접속하는 것을 알 수 있습니다. 전문 표현 ～そうです(～라고 합니다)는 보통형에 접속하므로 高くない에 연결되는 것을 알 수 있습니다. 순서대로 나열하면 2-1-3-4가 되므로 정답은 3번입니다.

복습 꼭! ～そうだ(～라고 한다)

어휘 時計(とけい) 시계 | 高(たか)い 비싸다, 높다

정답 3

03 子供が ____ __★__ ____ ____ あんしんします。

1 は　　2 なら
3 おや　　4 げんき

문장 배열 子供(こども)が 元気(げんき)[4] なら[2] 親(おや)[3] は[1] 安心(あんしん)します。

해석 아이가 건강하면 부모는 안심합니다.

정답 찾기 먼저 子供(こども)が에 연결되는 것을 찾으면 元気(げんき)입니다. 나머지 선택지를 보면 親(おや)는 명사이므로 조사 は에 접속하는 것을 알 수 있습니다. 安心(あんしん)します 앞에는 親は가 와서 親は安心します 형태가 됩니다. 가정 조건 표현인 ～なら(~이라면, ~하다면)는 な형용사 어간에 접속하므로 元気なら가 됩니다. 전체적으로 연결하면 4-2-3-1이 되므로 정답은 2번입니다.

복습 꼭! ～なら(~이라면, ~하다면)

어휘 元気(げんき)だ 건강하다 | 親(おや) 부모 | 安心(あんしん)する 안심하다

정답 2

---

04 吉田さん ____ ____ __★__ ____ いますか。

1 しって　　2 いつ
3 かえったか　　4 が

문장 배열 吉田(よしだ)さん が[4] いつ[2] 帰(かえ)ったか[3] 知(し)って[1] いますか。

해석 요시다 씨가 언제 돌아갔는지 알고 있습니까?

정답 찾기 먼저 吉田(よしだ)さん에 연결되는 것을 찾으면 조사 が입니다. 나머지 선택지를 보면 의문사+～か 형태로 의문사가 있는 의문문을 만드는 표현이 되므로 2번과 3번을 묶어서 いつ帰(かえ)ったか가 됩니다. 나머지 しって는 いますか와 함께 ～ています 표현을 나타내므로 知(し)って에 연결되는 것을 알 수 있습니다. 4-2-3-1 순서가 되므로 정답은 3번입니다.

복습 꼭! ～か(~인지, ~일지)

어휘 いつ 언제 | 帰(かえ)る 돌아가다 | 知(し)る 알다

정답 3

---

05 この かわ ____ ____ ____ __★__ な。

1 から　　2 ふかい
3 はいる　　4 は

문장 배열 この 川(かわ) は[4] 深(ふか)い[2] から[1] 入(はい)る[3] な。

해석 이 강은 깊으니까 들어가지 마라.

정답 찾기 우선 この川(かわ)에 연결되는 것은 조사 ～は입니다. 뒤로는 '깊다'라는 표현이 연결되는 것이 자연스러우므로 川(かわ)は深(ふか)い가 됩니다. 그리고 문장 끝 부분의 금지 표현 ～な(~하지 마라)는 동사 기본형에 접속하므로 入(はい)る가 ～な 앞쪽 공란에 들어가면 됩니다. 나머지 선택지 ～から(~이므로)는 深い에 접속하여 '深いから 깊으니까'가 됩니다. 4-2-1-3 순서가 되므로 정답은 3번입니다.

복습 꼭! ～な(~하지 마라)

어휘 川(かわ) 강 | 深(ふか)い 깊다 | 入(はい)る 들어가(오)다

정답 3

06 まいにち ＿＿ ＿＿ ★ ＿＿ ました。

1 さんぽする　　2 いぬと
3 し　　4 ことに

문장 배열 毎日(まいにち) 犬(いぬ)と[2] 散歩(さんぽ)する[4] ことに[1] し[3] ました。

해석 매일 개와 산책하기로 했습니다.

정답 찾기 먼저 毎日(まいにち)에 연결되는 것을 찾으면 犬(いぬ)と입니다. 나머지 선택지를 보면 1번과 4번을 묶을 수 있으므로 散歩(さんぽ)することに가 됩니다. ～ました는 ます형에 접속하므로 し에 연결되는 것을 알 수 있습니다.

복습 꼭! ～ことにする(～하기로 하다)

어휘 犬(いぬ) 개 | 散歩(さんぽ)する 산책하다

정답 1

---

07 友達の ＿＿ ＿＿ ★ ＿＿ です。

1 は　　2 ごりょうしん
3 らしい　　4 げんき

문장 배열 友達(ともだち)の ご両親(りょうしん)[2] は[1] 元気(げんき)[4] らしい[3] です。

해석 친구의 부모님은 건강하신 것 같습니다.

정답 찾기 먼저 友達(ともだち)の에 연결되는 것을 찾으면 ご両親(りょうしん)이며 조사 は가 그 뒤로 와서 ご両親は가 됩니다. 또한 元気(げんき)는 な형용사 어간이므로 ～らしい에 접속하는 것을 알 수 있습니다.

복습 꼭! ～らしい (～것 같다)

어휘 ご両親(りょうしん) 부모님 | 元気(げんき)だ 건강하다

정답 4

---

08 かれは やくそくした ＿＿ ＿＿ ★ ＿＿ です。

1 かならず　　2 から
3 はず　　4 くる

문장 배열 彼(かれ)は 約束(やくそく)した から[2] 必(かなら)ず[1] 来(く)る[4] はず[3] です。

해석 그는 약속했으니까 반드시 올 것입니다.

정답 찾기 먼저 約束(やくそく)した에 연결되는 것을 찾으면 から입니다. 나머지 선택지를 보면 かならず는 부사로 くる 앞에서 동사를 수식하므로 必(かなら)ず来(く)る가 됩니다. 또한 ～はずだ(당연히 ～하다)는 동사의 보통형에 접속하므로 来(く)る 뒤로 접속하여 '来るはずです 당연히 옵니다'가 됩니다. 2-1-4-3 순서가 되므로 정답은 4번입니다.

복습 꼭! ～はずだ(당연히 ～하다)

어휘 約束(やくそく) 약속 | 必(かなら)ず 반드시

정답 4

문제 3 [01]부터 [05] 안에 어떤 것이 들어갑니까? 1 · 2 · 3 · 4 에서 가장 알맞은 것을 하나 고르세요.

先週 飲み会が ありました。久しぶりの 飲み会でした。一人の 友達が みんなに「お酒を 飲む [01] 運転する [02]」と言いました。最近、お酒を 飲んで 運転して 交通事故が 増えた という ニュースが [03]。本当に お酒を 飲んで 運転するのは 危ない ことです [04] 運転する べきでは ないと 思います。私たちは いつ 会うか わかりませんが、[05] 会う 約束を して 別れました。

해석 지난 주 술 모임이 있었습니다. 오랜만의 술 모임이었습니다. 한 명의 친구가 모두에게 '술을 마신[1 다면] 운전하지[2 마]'라고 말했습니다. 최근 술을 마시고 운전해서 교통사고가 늘어났다는 뉴스가 [3 있었다고 합니다]. 정말로 술을 마시고 운전하는 것은 위험한 일이기 [4 때문에] 운전해서는 안 된다고 생각합니다. 우리는 언제 만날지 모르지만 [5 또] 만날 약속을 하고 헤어졌습니다.

어휘 飲(の)み会(かい) 술 모임 | 久(ひさ)しぶり 오랜만 | お酒(さけ) 술 | 飲(の)む 마시다 | 運転(うんてん) 운전 | 交通事故(こうつうじこ) 교통사고 | 増(ふ)える 늘어나다 | ニュース 뉴스 | 危(あぶ)ない 위험하다 | べきではない 해서는 안 된다 | いつか 언젠가 | 会(あ)う 만나다 | 約束(やくそく) 약속 | 別(わか)れる 헤어지다

01

1 たら　　2 だったら
3 ば　　4 なら

정답 찾기 술 모임에서 최근 음주 운전이 늘었다는 이야기이므로 친구가 한 말은 술 마시고 운전하지 말라는 내용을 추측할 수 있으므로 가정 조건 표현 '飲(の)むなら 마신다면'인 4번이 정답입니다.

오답 분석 1, 2, 3번도 가정 조건을 나타내는 표현이지만 접속형태가 틀리므로 오답입니다.

정답 4

02

1 よ　　2 な
3 ね　　4 か

정답 찾기 문제 1번에 이어지는 내용으로 술을 마시면 운전해서는 안 된다는 금지 표현 '運転(うんてん)するな 운전하지 마라'인 2번이 정답입니다.

오답 분석 1번 강조 '운전할거야', 3번 동의 및 확인 '운전하지?', 4번 의문 '운전할까?'이므로 오답입니다.

정답 2

03

1 あったそうです　　2 あるそうです
3 ありそうです　　4 あらそうです

정답 찾기 최근 술을 마시고 운전해서 교통사고가 늘어났다는 뉴스가 보도 되었다는 내용이므로 전문 표현 'あったそうです 있었다고 합니다'인 1번이 정답입니다.

오답 분석 2번 현재형 '있다고 합니다', 3번 추측 '있을 것 같습니다', 4번 접속형태가 틀리므로 오답입니다.

정답 1

04

1 し　　2 より
3 から　　4 や

정답 찾기 술을 마시고 운전해서는 것은 위험한 일이라는 이유의 표현인 'ことですから 일이기 때문에'인 3번이 정답입니다.

오답 분석 1번 나열 '~하고', 2번 비교 '~보다', 4번 나열 '~이랑'이므로 오답입니다.

정답 3

05

1 また　　2 それでは
3 そのために　　4 たとえば

정답 찾기 '언제 만날지 모르지만 만날 약속을 했다'는 내용이므로 반복을 의미하는 'また 또'가 정답입니다.

오답 분석 2번 '그럼', 3번 원인, 이유 '그 때문에', 4번 예시 '예를 들면'이므로 오답입니다.

정답 1

시나공 02 합격을 위한 필수 문법 | 적중 예상 문제 ②

문제 1 (　　) 안에 무엇을 넣습니까? 1 · 2 · 3 · 4에서 가장 알맞은 것을 하나 고르세요.

01 今日は アルバイトに（　　）ことに なりました。

1 いかなくて　　2 いかない
3 いかないで　　4 いかなくても

해석 오늘은 아르바이트하러 **(가지 않게)** 되었습니다.

정답 찾기 예정이나 계획이 정해지는 것을 나타내는 표현은 '동사 기본형 · 동사 ない형+ことになる'이므로 여기에 맞는 형태를 찾으면 됩니다. 동사 ない형인 行(い)かない에 ことになる를 접속시킨 2번이 정답입니다.

오답 분석 1, 3, 4번은 접속형태가 틀리므로 오답입니다.

복습 꼭! ～ことになる(～하게 되다)

어휘 アルバイト 아르바이트 | ～に ～하러

정답 2

02 家族の（　　）いしょうけんめい はたらきます。

1 かわりに　　2 ために
3 うちに　　4 なかで

해석 가족을 **(위해)** 열심히 일합니다.

정답 찾기 공란에 선택지를 넣어보면 1번 '가족 대신에', 3번 틀린 접속, 4번 '가족 중에서'이므로 문맥상 맞지 않고 2번 '가족을 위해서'가 문맥상 맞기 때문에 공란에는 목적을 나타내는 표현인 ～ために(～을 위해서)가 들어가야 합니다. 목적 표현 ～ために가 명사에 접속할 경우 '명사+の+ために' 형태가 되어야 한다는 것을 기억해 두세요.

오답 분석 1번 '가족 대신에', 3번 틀린 접속, 4번 '가족 중에서'이므로 오답입니다.

복습 꼭! ～ために (～을 위해서)

어휘 家族(かぞく) 가족 | 一生懸命(いっしょうけんめい) 열심히 | 働(はたら)く 일하다

정답 2

03 わたしが いない（　　）に ともだちが きた そうです。

1 まえ　　2 とおり
3 まま　　4 あいだ

해석 제가 없는 **(동안)**에 친구가 왔다고 합니다.

정답 찾기 선택지를 하나씩 공란에 넣어보면 문맥상 '내가 없는 동안에'라는 말이 되는 것이 적절하므로 한정된 시간 내에 동작이 행해지거나 사태가 일어나는 기간을 나타내는 표현인 ～間(あいだ)に(～하는 동안에)가 들어가면 됩니다. ～間に가 동사에 접속될 경우 동사 보통형에 접속된다는 것을 기억해 두세요.

오답 분석 1번 '~전에', 2번 '~대로', 3번'~한 채로'이므로 오답입니다.

복습 꼭! ~間に(~하는 동안에)

어휘 友(とも)だち 친구 | 来(く)る 오다 | ~そうだ ~라고 한다

정답 4

---

04 子供は 今 ごはんを たべる（　　　）です。

1 あいだ　　2 ところ
3 ばかり　　4 だけ

해석 아이는 지금 밥을 먹으**(려는 참)**입니다.

정답 찾기 행동이 진행되기 직전의 표현 ~ところだ(~하려는 참이다)를 묻는 문제입니다. 동사 기본형+~ところだ로 쓰이므로 食(た)べる에 ところだ가 접속된 2번 '食べるところです 먹으려는 참입니다'가 정답입니다.

오답 분석 1, 3, 4번은 문맥상 맞지 않는 표현이므로 오답입니다.

복습 꼭! ~ところだ(~하려는 참이다)

어휘 子供(こども) 아이, 자식 | 今(いま) 지금 | ご飯(はん) 밥

정답 2

---

05 明日 しけんが あります（　　　）あそべません。

1 けれども　　2 が
3 のに　　4 ので

해석 내일 시험이 있**(어서)** 놀 수 없습니다.

정답 찾기 공란 앞은 '내일 시험이 있습니다'이고 공란 뒤는 '놀 수 없습니다'이므로 공란에는 놀 수 없는 이유나 원인을 나타내는 표현이 들어가면 됩니다. 4번 ~ので(~이기 때문에, ~여서)가 원인, 이유를 나타내는 표현이므로 4번이 정답입니다.

오답 분석 1, 2, 3번 역접인 '~지만, ~인데'라는 표현이므로 오답입니다.

복습 꼭! ~ので(~이기 때문에, ~여서)

어휘 明日(あした) 내일 | 試験(しけん) 시험 | 遊(あそ)ぶ 놀다

정답 4

---

06 これからは やくそくの じかんに おくれない（　　　）します。

1 ように　　2 ようで
3 ようだ　　4 ような

해석 이제부터는 약속 시간에 늦지 않**(도록)** 하겠습니다.

정답 찾기 문장을 해석해 보면 '지금부터는 약속 시간에 늦지 않도록 합니다'이므로 공란에 들어갈 수 있는 표현을 선택지에서 찾아보면 ~ようにする(~하도록 하다)에 알맞은 ように로 정답은 1번입니다. '동사 기본형 · 동사 ない형 + ~ようにする' 형태로 접속한다는 것을 기억해 두세요.

오답 분석 2번 '늦지 않을 것 같아서', 3번 '늦지 않을 것 같다', 4번 '늦지 않을 것 같은'이므로 오답입니다.

복습 꼭! ~ようにする(~하도록 하다)

어휘 これから 이제부터 | 約束(やくそく) 약속 | 時間(じかん) 시간 | 遅(おく)れる 늦다

정답 1

07 だいがくに はいる ために いっしょうけんめい (　　　) ことに しました。

1 べんきょうした　　2 べんきょうして
3 べんきょうする　　4 べんきょうしない

해석 대학에 들어가기 위해 열심히 **(공부)**하기로 했습니다.

정답 찾기 공란 뒤가 자신의 결심이나 결정을 나타내는 표현인 ～ことにする(～하기로 하다)이므로 공란에는 알맞은 접속형태를 찾으면 됩니다. '동사 기본형 · 동사 ない형+～ことにする'이므로 3번 べんきょうする가 정답입니다.

오답 분석 1, 2번은 잘못된 접속형태, 4번은 '공부하지 않기로 하다'로 문맥상 맞지 않으므로 오답입니다.

복습 꼭! ～ことにする(～하기로 하다)

어휘 大学(だいがく) 대학 | 入(はい)る 들어가다 | 勉強(べんきょう)する 공부하다

정답 3

08 あの 店は ハンバーグが (　　　) ようです。

1 ゆうめいに　　2 ゆうめいな
3 ゆうめいだ　　4 ゆうめい

해석 저 가게는 햄버그스테이크가 **(유명)**한 것 같습니다.

정답 찾기 공란 뒤가 추량을 나타내는 표현인 ～ようだ(～한 것 같다)가 있기 때문에 ～ようだ가 な형용사에 접속하는 형태를 찾으면 됩니다. 'な형용사 어간+なら+～ようだ' 형태로 접속하므로 정답은 2번입니다.

오답 분석 1, 3, 4번은 접속 형태가 틀리므로 오답입니다.

복습 꼭! ～ようだ(～한 것 같다)

어휘 店(みせ) 가게 | ハンバーグ 햄버거스테이크 | 有名(ゆうめい)だ 유명하다

정답 2

문제 2 ＿★＿ 안에 어떤 것이 들어갑니까? 1 · 2 · 3 · 4 에서 가장 알맞은 것을 하나 고르세요.

01 びじゅつかんで たばこ ＿＿ ＿＿ ＿★＿ ＿＿ ください。

1 すわない　　2 して
3 ように　　4 は

문장 배열 美術館(びじゅつかん)で たばこ は(4) 吸(す)わない(1) ように(3) して(2) ください。

해석 미술관에서 담배는 피우지 않도록 해 주세요.

정답 찾기 먼저 たばこ에 연결되는 것을 찾으면 조사 ～は입니다. 나머지 선택지를 보면 2번과 3번을 묶어서 ～ようにする(～하도록 하다) 표현을 만들 수 있습니다. 또한 ようにする는 동사 기본형 · 동사 ない형 + ～ようにする 형태가 되므로 吸(す)わない가 ～ように 앞쪽에 오고 して는 する의 て형으로 ください에 접속하여 してください가 됩니다. 전체적으로 연결하면 4-1-3-2가 되므로 정답은 3번입니다.

복습 꼭! ～ようにする(～하도록 하다)

어휘 美術館(びじゅつかん) 미술관 | たばこ 담배 | 吸(す)う 피우다

정답 3

02 音楽を ＿＿ ＿★＿ ＿＿ ＿＿ ですか。

1 が　　2 の
3 きく　　4 すき

문장 배열 音楽(おんがく)を 聞(き)く(3) の(2) が(1) 好(す)き(4) ですか。

해석 음악을 듣는 것을 좋아합니까?

정답 찾기 먼저 音楽(おんがく)を에 연결되는 것을 찾으면 동사 聞(き)く입니다. 나머지 선택지를 보면 2번과 1번을 묶을 수 있으므로 ～のが 형식명사로 쓰이는 ～のが(～것이)가 됩니다. 뒤에는 好(す)きですか가 오면 되므로 전체적으로 연결하면 3-2-1-4가 되어 정답은 2번입니다.

복습 꼭! ～のが(～것이)

어휘 音楽(おんがく) 음악 | 聞(き)く 듣다 | 好(す)きだ 좋아하다

정답 2

---

03 そのすうがくの ＿＿ ＿＿ ＿＿ ＿★＿ んです。

1 もんだい　　2 は
3 かんたんな　　4 とても

문장 배열 その 数学(すうがく)の 問題(もんだい)(1) は(2) とても(4) 簡単(かんたん)な(3) んです。

해석 그 수학 문제는 매우 간단합니다.

정답 찾기 먼저 数学(すうがく)の에 연결되는 것을 찾으면 問題(もんだい)이고 바로 뒤에 조사 ～は를 연결합니다. 나머지 선택지를 보면 4번은 부사로 술어인 簡単(かんたん)だ를 수식해주므로 簡単 앞에 배치합니다. 마지막으로 ～んだ는 な형용사에 접속할 경우 'な형용사 어간＋な＋んだ' 형태가 되므로 '簡単なんです 간단합니다'가 됩니다. 전체적으로 연결하면 1-2-4-3이 되므로 정답은 3번입니다.

복습 꼭! ～んだ(～한 것이다)

어휘 数学(すうがく) 수학 | 問題(もんだい) 문제 | 簡単(かんたん)だ 간단하다

정답 3

---

04 日本語の ＿＿ ＿＿ ＿★＿ ＿＿ なりました。

1 が　　2 かんじ
3 ように　　4 かける

문장 배열 日本語(にほんご)の 漢字(かんじ)(2) が(1) 書(か)ける(4) ように(3) なりました。

해석 일본어 한자를 쓸 수 있게 되었습니다.

정답 찾기 먼저 日本語(にほんご)の에 연결되는 것을 찾으면 漢字(かんじ)이며 그 뒤로는 조사 ～が가 접속하여 주어가 됩니다. 나머지 선택지를 보면 4번에 書(か)ける가 있으므로 2-1-4로 연결하여 漢字が書ける를 만듭니다. 나머지 선택지 ～ように는 '동사 기본형 · 동사 ない형 · 동사 가능형+～ようになる' 형태로 상태나 습관의 변화를 나타내므로 漢字が書けるようになりました라는 문장을 완성할 수 있습니다. 따라서 정답은 4번입니다.

복습 꼭! ～ようになる(～하게 되다)

어휘 漢字(かんじ) 한자 | 書(か)ける 쓸 수 있다

정답 4

05 彼は こんども ＿＿ ＿＿ ＿＿ ＿★＿ です。

1 はず　　2 セミナー
3 には　　4 いかない

문장 배열 彼(かれ)は 今度(こんど)も セミナー(2) には(3) 行(い)かない(4) はず(1) です。

해석 그는 이번에도 세미나에는 가지 않을 겁니다.

정답 찾기 선택지를 보고 2번과 3번, 4번을 연결하여 セミナーには行(い)かない를 만듭니다. 근거가 있는 확신이나 판단을 나타내는 표현인 ～はずだ(~하다)는 동사의 보통형에 접속하므로 セミナーには行かないはずですが 됩니다. 2-3-4-1 순으로 연결되므로 정답은 1번입니다.

복습 꼭! ～はずだ(~하다)

어휘 今度(こんど)も 이번에도 | セミナー 세미나

정답 1

06 りょうしんに 週 ＿＿ ＿＿ ＿★＿ ＿＿ します。

1 いっかい　　2 に
3 ように　　4 でんわする

문장 배열 両親(りょうしん)に 週(しゅう) に(2) 一回(いっかい)(1) 電話(でんわ)する(4) ように(3) します。

해석 부모님에게 주에 한번 전화하도록 합니다.

정답 찾기 먼저 週(しゅう)에 연결되는 것을 찾으면 に입니다. 나머지 선택지를 보면 1번과 4번을 묶을 수 있으므로 一回(いっかい)電話(でんわ)する가 됩니다. 뒤로는 ～ようにする(~하도록 하다)로 연결됩니다. '동사 기본형 · 동사 ない형 + ～ようにする' 형태로 접속하므로 '電話するようにします 전화하도록 합니다'가 됩니다. 2-1-4-3 순으로 정답은 4번입니다.

복습 꼭! ～ようにする(~하도록 하다)

어휘 両親(りょうしん) 부모님 | 週(しゅう)に 일주일에 | 一回(いっかい) 한번

정답 4

07 父が はなしている ＿★＿ ＿＿ ＿＿ ＿＿ いません。

1 きいて　　2 だれ
3 も　　4 のに

문장 배열 父(ちち)が 話(はな)している のに(4) 誰(だれ)(2) も(3) 聞(き)いて(1) いません。

해석 아버지가 이야기하고 있는데 아무도 듣고 있지 않습니다.

정답 찾기 먼저 話(はな)している에 연결되는 것을 찾으면 역접을 나타내는 ～のに(~하는데도, ~인데도)입니다. 나머지 선택지를 보면 2번과 3번을 묶을 수 있으므로 誰(だれ)も가 됩니다. いません은 て형에 접속하므로 聞(き)いて에 연결되는 것을 알 수 있습니다.

복습 꼭! ～のに(~하는데도, ~인데도)

어휘 話(はな)す 이야기하다 | 誰(だれ)も 아무도 | 聞(き)く 듣다

정답 4

08 私も やまのぼりに ＿＿ ★ ＿＿ ＿＿ ＿＿ ました。

1 でしたが　　2 つもり
3 いけなくなり　　4 いく

문장 배열 私(わたし)も 山登(やまのぼ)りに 行(い)く(4) つもり(2) でしたが(1)、行(い)けなくなり(3) ました。

해석 나도 등산 갈 생각이었는데 갈 수 없게 되었습니다.

정답 찾기 먼저 山登(やまのぼ)りに에 연결되는 것을 찾으면 行(い)く 입니다. 나머지 선택지를 보면 말하는 사람의 계획이나 예정을 나타내는 표현인 ～つもり(～할 생각)가 1번 でしたが와 연결됩니다. でしたが의 ～が는 역접을 나타내므로 뒤에는 行(い)けなくなりましたが 됩니다. 4-2-1-3 순서가 되므로 정답은 2번입니다.

복습 꼭! ～つもりだ(～할 생각이다)

어휘 山登(やまのぼ)り 등산 | 行(い)けない 갈 수 없다

정답 2

문제 3 [01]부터 [05] 안에 어떤 것이 들어갑니까? 1・2・3・4 에서 가장 알맞은 것을 하나 고르세요.

最近、体が 弱くなりました。[01] お酒を 飲まない ことにしています。病院にも 行きました。お医者さんに「[02]」と言われました。それで お医者さんに 言われてから 会社から 帰ってきたら 毎日 1時間ずつ 公園を [03]。最初は 30分 走るのも 大変でしたが、だんだん 慣れてきて 1ヶ月前からは 1時間半ずつ 走っています。毎日 運動して いる ので 体が よくなると 思っています。これからも 一生懸命 運動して 前 [04] もっと 体を [05]。

해석 최근 몸이 약해졌습니다. [1 그래서] 술을 마시지 않기로 했습니다. 병원에도 갔습니다. 의사 선생님에게 「[2 운동하도록 해 주세요]」라고 말을 들었습니다. 의사 선생님에게 말을 듣고 나서 회사에서 돌아오면 매일 1시간씩 공원을 [3 달리도록 하고 있습니다]. 처음에는 30분 달리는 것도 힘들었지만 점점 익숙해져서 한 달 전부터는 1시간 반씩 달리고 있습니다. 매일 운동하고 있어서 몸도 좋아질 거라고 생각하고 있습니다. 앞으로도 열심히 운동해서 전 [4 보다] 더 몸을 [5 튼튼하게 할 생각입니다].

어휘 最近(さいきん) 최근 | 体(からだ) 몸 | 弱(よわ)い 약하다 | それで 그래서 | お酒(さけ) 술 | 飲(の)む 마시다 | 病院(びょういん) 병원 | 医者(いしゃ) 의사 | 運動(うんどう)する 운동하다 | ～ようにする ～하게 하다 | 会社(かいしゃ) 회사 | 帰(かえ)る 돌아오(가)다 | ずつ 씩 | 公園(こうえん) 공원 | 走(はし)る 달리다 | 最初(さいしょ) 처음 | 大変(たいへん)だ 힘들다 | だんだん 점점 | 慣(な)れる 익숙해지다 | よくなる 좋아지다 | これからも 앞으로도 | 一生懸命(いっしょうけんめい) 열심히 | より 보다 | もっと 더 | 強(つよ)い 강하다 | つもり 생각,작정

01

1 それで　　2 すると
3 なぜなら　　4 または

정답 찾기 최근 몸이 약해져서 술을 마시지 않기로 했으므로 순접을 나타내는 접속사 'それで 그래서'가 정답입니다.

오답 분석 2번 '그러자', 3번 이유에 대한 설명 '왜냐하면', 4번 선택 '또는'이므로 오답입니다.

정답 1

02

1 運動しようにしてください
2 運動のようにしてください
3 運動しないようにしてください
4 運動するようにしてください

정답 찾기 병원에 가서 의사 선생님에게 어떤 조언을 들었다는 문장이므로 '運動(うんどう)するようにしてください 운동하도록 해 주세요' 4번이 정답입니다.

오답 분석 1, 2번 틀린 접속, 3번 부정 '운동하지 않도록 해 주세요'이므로 오답입니다.

정답 4

03

1 走るようにしていました

2 走らないようにしていました

3 走るようにしています

4 走らないようにしています

정답 찾기 병원에서 운동하라는 조언을 들었으므로 ' 走(はし)るようにしています 달리도록 하고 있습니다' 3번이 정답입니다.

오답 분석 1번 과거형 '달리도록 하고 있었습니다', 2번 과거 부정형 '달리도록 하고 있지 않았습니다', 4번 현재 부정형 '달리도록 하고 있지 않습니다"이므로 오답입니다.

정답 3

04

1 のに　　2 より

3 たり　　4 ながら

정답 찾기 앞으로도 열심히 운동해서 전보다 더 몸을 튼튼하게 하려고 하므로 비교 표현인 'より~보다' 2번이 정답입니다.

오답 분석 1번 역접 '인데도', 3번 '~하거나', 4번 동시 동작 '~하면서' 이므로 오답입니다.

정답 2

05

1 強いする　つもりです

2 強する　つもりです

3 強くてする　つもりです

4 強くする　つもりです

정답 찾기 말하는 사람의 계획과 의지를 나타내 전보다 더 몸을 튼튼하게 하려고 한다는 '強(つよ)くするつもりです 튼튼하게 할 생각입니다' 4번이 정답입니다.

오답 분석 1, 2, 3번은 접속형태가 틀리므로 오답입니다.

정답 4

시나공 03 고득점을 위한 핵심 문법 | 적중 예상 문제 ①

문제 1 (　　) 안에 무엇을 넣습니까? 1 · 2 · 3 · 4에서 가장 알맞은 것을 하나 고르세요.

01 母は 私に フランス りょうりを (　　　) くれました。

1 つくって　　2 つくり

3 つくる　　4 つくれ

해석 엄마는 나에게 프랑스 요리를 **(만들어)** 주었습니다.

정답 찾기 공란 앞과 선택지를 통해 내 가족이 나에게 무언가를 해 주거나 남이 나 또는 내 가족에게 무언가를 해줄 때 사용하는 표현인 ~てくれる(~해 주다)표현에 접속하는 형태를 묻는 문제임을 알 수 있습니다. 동사 て형 +~てくれる 형태가 되므로 作(つく)る의 て형을 찾으면 됩니다. 作る는 5단 활용을 하는 동사로 作る의 て형은 作って이므로 정답은 1번입니다.

오답 분석 2, 3, 4번은 접속 형태가 틀리므로 오답입니다.

복습 꼭! ~てくれる(~해 주다)

어휘 母(はは) 어머니 | 料理(りょうり) 요리 | 作(つく)る 만들다 | くれる 주다

정답 1

02 あには げんかんの ドアを（　　　）まま でかけました。

1 あけり　　2 あけ
3 あけっ　　4 あけた

해석 형은 현관문을 **(연)** 채로 외출했습니다.

정답 찾기 선택지에는 동일한 동사가 사용되고 있고 공란 뒤에 まま가 보이므로 이 문제는 ～たまま (～한 채로) 용법의 접속형태를 묻는 문제임을 알 수 있어야 합니다. ～たまま는 어떤 행동이나 상태가 지속된 상황에서 다른 행동이 이루어짐을 나타내며 동사에 접속할 경우 '동사 た형 +～たまま' 형태가 됩니다. 따라서 開(あ)ける의 た형인 開けた가 공란에 들어갑니다.

오답 분석 1, 2, 3번은 접속 형태가 틀리므로 오답입니다.

복습 꼭! ～たまま(～한 채로)

어휘 玄関(げんかん) 현관 | 開(あ)ける 열다 | 出(で)かける 외출하다

정답 4

---

03 むずかしくても にほんごの べんきょうは（　　　）。

1 つづけいきます　　2 つづけたいきます
3 つづけていきます　　4 つづけっていきます

해석 어려워도 일본어 공부는 **(계속하겠습니다)**.

정답 찾기 현재를 기점으로 앞으로의 추이나 변화를 나타내거나 일이나 상황이 화자로부터 점점 멀어져 감을 나타내는 표현은 '동사 て형+～ていく'이므로 여기에 맞는 형태를 찾으면 됩니다. 続(つづ)ける의 て형은 続けて이고 ～ていきます를 접속시킨 3번이 정답입니다.

오답 분석 1, 2, 4번은 접속형태가 틀리므로 오답입니다.

복습 꼭! ～ていく(～해 가다)

어휘 難(むずか)しい 어렵다 | ～ても ～해도 | 続(つづ)ける 계속하다

정답 3

---

04 A「ホテルは よやくしましたか。」
B「はい、もう よやく（　　　）。」

1 して ありません　　2 して あります
3 して います　　4 して いません

해석 A: 호텔은 예약했습니까?
B: 네. 이미 예약**(되어 있습니다)**.

정답 찾기 누군가가 한 행동의 결과로써 남아 있는 상태가 지속됨을 나타내는 상태 표현은 '동사 て형+～てある'이므로 여기에 맞는 형태를 찾으면 됩니다. する의 て형은 して이고 ～て 대신에 ～てあります를 접속시킨 2번이 정답입니다.

오답 분석 1번 부정형 '되어 있지 않습니다', 3번 현재 진행형 '하고 있습니다', 4번 현재 진행 부정형 '하고 있지 않습니다'이므로 오답입니다.

복습 꼭! ～てある(～해져 있다)

어휘 ホテル 호텔 | 予約(よやく) 예약 | もう 이미

정답 2

05 さいふは ひきだしの 中に いれて ( ) ください。

1 おいた　2 おきて
3 おくて　4 おいて

해석 지갑은 서랍 안에 넣어 **(두)**세요.

정답 찾기 부탁 표현 ~てください는 '동사 て형+~てください'이므로 おく의 て형을 찾으면 됩니다. おく는 5단 활용을 하는 동사로 おく의 て형은 おいて입니다. 따라서 4번이 정답입니다.

오답 분석 1, 2, 3번은 접속형태가 틀리므로 오답입니다.

복습 꼭! ~ておく(~해 두다) / ~てください(~해 주세요)

어휘 財布(さいふ) 지갑 | 引(ひ)き出(だ)し 서랍 | いれる 넣다 | おく 두다, 놓다

정답 4

06 だんなは かいしゃから いま かえって きた ( ) です。

1 だけ　2 ところ
3 よう　4 はず

해석 남편은 회사에서 지금 **(막)** 돌아 **(왔)**습니다.

정답 찾기 행동이 끝난 직후의 표현인 ~たところだ(막 ~하다)을 알면 답을 바로 찾을 수 있습니다. ~たところ는 동사 た형에 접속하므로 来る의 た형인 来た에 접속된 것입니다.

오답 분석 1번 '돌아 왔을 뿐입니다', 3번 추측 '돌아온 것 같습니다.' 4번 당연성 '돌아왔을 것입니다'이므로 오답입니다.

복습 꼭! ~たところだ(막 ~하다)

어휘 旦那(だんな) 남편 | 会社(かいしゃ) 회사 | 帰(かえ)る 돌아오다

정답 2

07 せんぱいは ビール 5ほんを 全部 ( ) しまいました。

1 のんだら　2 のんだり
3 のんで　4 のんだ

해석 선배는 맥주 5병을 전부 **(마셔)** 버렸습니다.

정답 찾기 행동의 완료 표현은 '동사 て형+てしまう'이므로 여기에 맞는 형태를 찾으면 됩니다. 飲(の)む의 て형은 飲んで이고 ~でしまいました를 접속시킨 3번이 정답입니다.

오답 분석 1, 2, 4번은 접속형태가 틀리므로 오답입니다.

복습 꼭! ~てしまう(~해 버리다, ~하고 말다)

어휘 先輩(せんぱい) 선배 | ビール 맥주 | 全部(ぜんぶ) 전부

정답 3

08 コンサートの じゅんびは せんぱいが ( ) とおりに しました。

1 いって　2 いったり
3 いったら　4 いった

해석 콘서트 준비는 선배가 **(말)**한 대로 했습니다.

정답 찾기 본대로 들은 대로 그 행동을 할 때 쓰이는 표현 ~たとおりに(~한 대로)가 동사에 접속되는 형태를 알면 문제는 쉽게 풀 수 있습니다. 접속 형태는 '동사 た형+~とおりに'이므로 言う의 た형을 고르면 됩니다. 言(い)う는 5단 활용을 하는 동사로 た형은 言った이므로 4번이 정답입니다.

오답 분석 1, 2, 3번은 접속형태가 틀리므로 오답입니다.

복습 꼭! ~たとおりに(~한 대로)

어휘 コンサート 콘서트 | 準備(じゅんび) 준비 | 先輩(せんぱい) 선배

정답 4

문제 2 ＿★＿ 안에 어떤 것이 들어갑니까? 1・2・3・4 에서 가장 알맞은 것을 하나 고르세요.

01 友達に ＿＿ ＿＿ ★ ＿＿ ました。

1 もらい　　2 に
3 かして　　4 ペンを

문장 배열 友達(ともだち) に(2) ペンを(4) 貸(か)して(3) もらい(1) ました。

해석 친구가 펜을 빌려 주었습니다.

정답 찾기 먼저 友(とも)だち에 연결되는 것을 찾으면 조사 ～に입니다. 나머지 선택지를 보면 3번과 1번을 단서로 ～てもらう(～해 받다) 표현임을 알 수 있으므로 3-1이 되어 貸(か)してもらう가 됩니다. 그리고 빌려 받는 대상이 필요하므로 ペンを를 그 앞쪽 칸에 넣습니다. 전체적으로 나열하면 2-4-3-1이 되므로 정답은 3번입니다.

복습 꼭! ～てもらう (～해 받다)

어휘 ペン 펜 | 貸(か)す 빌려주다

정답 3

02 スミスさん ＿＿ ＿＿ ＿＿ ★ です。

1 えいごを　　2 ほしい
3 おしえて　　4 が

문장 배열 スミスさん が(4) 英語(えいご)を(1) 教(おし)えて(3) ほしい(2) です。

해석 스미스 씨가 영어를 가르쳐 주기를 바랍니다.

정답 찾기 먼저 スミスさん에 연결되는 것을 찾으면 조사 ～が입니다. 그리고 3번과 2번을 단서로 ～てほしい(～해 주기 바라다) 표현을 만들 수 있으므로 教(おし)えてほしい가 됩니다. 또한 가르쳐 주기를 바라는 대상은 英語(えいご)이므로 教えてほしい앞쪽 칸에 넣으면 英語を教えてほしい가 됩니다. 전체적으로 나열하면 4-1-3-2이므로 정답은 2번입니다.

복습 꼭! ～てほしい(～해 주기 바라다)

어휘 英語(えいご) 영어 | 教(おし)える 가르치다

정답 2

03 これから ＿＿ ＿＿ ★ ＿＿ ます。

1 を　　2 みようと
3 テレビ　　4 おもい

문장 배열 これから テレビ(3) を(1) 見(み)ようと(2) 思(おも)い(4) ます。

해석 이제부터 텔레비전을 보려고 생각합니다.

정답 찾기 선택지 2번과 4번을 단서로 말하는 사람의 예정이나 의지를 나타내는 ～(よ)うと思う(～하려고 생각하다) 표현을 중심으로 문장을 완성해 나가면 됩니다. 見(み)ようと思います의 앞쪽 칸에는 문맥상 3번과 1번을 묶어서 テレビを를 넣으면 됩니다. 전체적으로 나열하면 3-1-2-4가 되므로 정답은 2번입니다.

복습 꼭! ～(よ)うと思う(～하려고 생각하다)

어휘 これから 이제부터 | テレビ 텔레비전 | 見る 보다

정답 2

04 ふたり ____ ____ ★ ____ です。

1 ばかり　2 けっこん
3 は　4 した

문장 배열 二人(ふたり) は(3) 結婚(けっこん)(2) した(4) ばかり(1) です。

해석 두 사람은 결혼한 지 얼마 안 됩니다.

정답 찾기 먼저 二人(ふたり)에 연결되는 것을 찾으면 ～は(～은)입니다. 나머지 선택지를 보면 2번과 4번을 묶을 수 있으므로 結婚(けっこん)した가 됩니다. 또한 した는 행동이 끝난 직후의 표현인 ～たばかり에 접속하는 것을 알 수 있습니다. 따라서 정답은 4번입니다.

복습 꼭! ～たばかりだ(막 ～하다, ～한 지 얼마 안 된다)

어휘 二人(ふたり) 두 사람 | 結婚(けっこん) 결혼

정답 4

05 せんせい ____ ____ ★ ____ ました。

1 はなを　2 に
3 さしあげ　4 かって

문장 배열 先生(せんせい) に(2) 花(はな)を(1) 買(か)って(4) さしあげ(3) ました。

해석 선생님에게 꽃을 사 드렸습니다.

정답 찾기 먼저 先生(せんせい)에 연결되는 것을 찾으면 조사 ～に(～에게)입니다. 나머지 선택지를 보면 의미상 1번과 4번을 묶을 수 있으므로 花(はな)を買(か)って가 됩니다. 또한 買って 뒤에는 아랫사람이 윗사람에게 무언가를 해 줄 때 사용하는 표현인 ～てさしあげる가 연결될 수 있는 것을 알 수 있습니다. 전체적으로 나열하면 2-1-4-3이므로 정답은 4번입니다.

복습 꼭! ～てさしあげる(～ 해 드리다)

어휘 先生(せんせい) 선생님 | 花(はな) 꽃 | 買(か)う 사다

정답 4

06 田中さんに ____ ____ ★ ____ ました。

1 いただき　2 ことを
3 きのうの　4 はなして

문장 배열 田中(たなか)さんに 昨日(きのう)の(3) ことを(2) 話(はな)して(4) いただき(1) ました。

해석 다나카 씨가 어제 일을 말해 주셨습니다.

정답 찾기 田中(たなか)さんに에 연결되는 것을 찾으면 きのうのことを입니다. 그리고 끊어져 있는 형태이지만 1번을 통해서 ～ていただく(～해 받다)임을 알 수 있으므로 4-1이 되어 2번 뒤에 넣어서 きのうのことを話(はな)していただきました가 됩니다. 전체적으로 나열하면 3-2-4-1이 되므로 정답은 4번입니다.

복습 꼭! ～ていただく(～해 받다)

어휘 昨日(きのう) 어제 | こと 일, 것 | 話(はな)す 이야기하다

정답 4

---

07 天気が ＿＿ ＿＿ ★ ＿＿ ます。

1 あつく　　2 だんだん
3 なって　　4 き

문장 배열 天気(てんき)が だんだん(2) 暑(あつ)く(1) なって(3) き(4) ます。

해석 날씨가 점점 더워집니다.

정답 찾기 끊어져 있는 형태이지만 선택지 3번과 4번을 통해서 추이나 변화를 나타내는 표현인 ～てくる(～해 오다) 형태임을 알 수 있으므로 마지막 두 칸에 넣어서 なってきます가 됩니다. 그리고 ～くなる(～해지다)가 단서로 暑くが なって 앞쪽 칸에 들어가는 것을 알 수 있습니다. 마지막으로 부사 だんだん(점점)은 暑くなって 앞으로 넣으면 됩니다. 전체적으로 나열하면 2-1-3-4가 되므로 정답은 3번입니다.

복습 꼭! ～てくる (～해 오다)

어휘 天気(てんき) 날씨 だんだん 점점 暑(あつ)い 덥다

정답 3

---

08 あしたは ＿＿ ＿＿ ★ ＿＿ です。

1 ところ　　2 いけないと
3 はなした　　4 いそがしくて

문장 배열 明日(あした)は 忙(いそが)しくて(4) 行(い)けないと(2) 話(はな)した(3) ところ(1) です。

해석 내일은 바빠서 못 간다고 방금 말했습니다.

정답 찾기 선택지 3번과 1번을 단서로 행동이 끝난 직후 표현인 '동사 た형 + ～たところだ' 형태로 연결하면 話したところ가 됩니다. 그리고 문맥상 이야기한 내용은 '바빠서 가지 못한다'는 것이므로 忙しくて行けないと가 됩니다. 전체적으로 나열하면 4-2-3-1 순서가 되므로 정답은 3번입니다.

복습 꼭! ～たところ (막 ～하다)

어휘 忙(いそが)しい 바쁘다 | 行(い)く 가다 | 話(はな)す 말하다

정답 3

문제 3 [01]부터 [05] 안에 어떤 것이 들어갑니까? 1 · 2 · 3 · 4 에서 가장 알맞은 것을 하나 고르세요.

昨日は 留学生 [01] パーティーが ありました。パーティーは 一ヶ月に 一回 あります。パーティーは 7時からでしたが 道が 込んで [02] 。着いたら たくさんの 人が 来ていました。テーブルの 上には おいし [03] 料理と きれいな 花が [04] 。みんなが 楽しく 話したり 食べたり しました。ひさしぶりに 楽しい 時間を 過ごしました。[05] 今度 また 会う 約束を して 別れました。車が ない わたしは スミスさんに 家まで 送ってもらいました。

해석 어제는 유학생 [1 의] 파티가 있습니다. 파티는 1개월에 1번 있습니다. 파티는 7시부터였는데 길이 붐벼서 [2 늦고 말았습니다]. 도착했더니 많은 사람이 와 있었습니다. 테이블 위에는 맛있어 [3 보이는] 요리와 예쁜 꽃이 [4 놓여 있었습니다]. 모두가 즐겁게 이야기하거나 먹거나 했습니다. 오랜만에 즐거운 시간을 보냈습니다. [5 그리고] 다음번에 또 만날 약속을 하고 헤어졌습니다. 차가 없는 나를 스미스 씨가 집까지 바래다 주었습니다.

어휘 留学生(りゅうがくせい) 유학생 | パーティー 파티 | 一ヶ月(いっかげつ) 한 달 | 2回目(にかいめ) 2번째 | 道(みち) 길 | 込(こ)む 붐비다 | 遅(おく)れる 늦다 | 到着(とうちゃく) 도착하다 | たくさんの 많은 | テーブル 테이블 | 料理(りょうり) 요리 | きれいだ 예쁘다 | 置(お)く 놓다, 두다 | 楽(たの)しい 즐겁다 | ひさしぶりに 오랜만에 | 過(す)ごす 보내다, 지내다 | そして 그리고 | 今度(こんど) 다음번 | 約束(やくそく) 약속 | 別(わか)れる 헤어지다 | 送(おく)る 보내다, 바래다주다

01

1 に　　2 の
3 を　　4 で

정답 찾기 앞뒤의 유학생과 파티는 각각 명사이고 명사와 명사 사이에는 조사 '~の ~의'가 쓰이므로 2번이 정답입니다.

오답 분석 1번 '~에게', 3번 '~을', 4번 '~에서'이므로 오답입니다.

정답 2

02

1 遅れてしまいました
2 飲んでしまいました
3 忘れてしまいました
4 食べてしまいました

정답 찾기 길이 붐볐다고 했으므로 파티 시간에 늦었다는 것을 알 수 있으므로 '遅れてしまいました 늦고 말았습니다'인 1번이 정답입니다.

오답 분석 2번 동작 완료 '마셔버렸습니다', 3번 유감 '잊어버렸습니다', 4번 동작 완료 '먹어버렸습니다'이므로 오답입니다.

정답 1

03

1 ような　　2 ように
3 そうな　　4 そうに

정답 찾기 테이블 위에 있는 요리를 보고 그 요리가 맛있을 것 같다는 양태의 조동사 'おいしそうな 맛있어 보이는' 2번이 정답입니다.

오답 분석 1번 '맛있을 것 같은', 2번 '맛있을 것 같이', 4번 '맛있는 듯이 '이므로 오답입니다.

정답 3

04

1 書いています　　2 置いてありました
3 すてています　　4 かけてありました

정답 찾기 테이블 위에 맛있어 보이는 음식 외에 파티장에 도착했을 때 예쁜 꽃이 이미 장식되어 있었다는 상태 표현이 와야 하므로 '置いてあります 놓여 있었습니다'인 2번이 정답입니다.

오답 분석 1번 '쓰고 있습니다', 3번 '버리고 있습니다', 4번 '걸려 있었습니다'이므로 오답입니다.

정답 2

05

1 しかし　2 そして
3 でも　4 けれども

정답 찾기 '즐거운 시간을 보내서 다음에 또 만나기로 했으므로 순접의 접속사인 'そして 그리고' 2번이 정답입니다. 1, 3, 4번은 역접인 '그러나, 그렇지만'이므로 오답입니다.

정답 2

시나공 03 고득점을 위한 핵심 문법 | 적중 예상 문제 ②

문제 1 (　　) 안에 무엇을 넣습니까? 1・2・3・4에서 가장 알맞은 것을 하나 고르세요.

01 机の 下に かばんが (　　　)。

1 おいて います　2 おいて あります
3 おいて おきます　4 おいて みます

해석 책상 밑에 가방이 **(놓여 있습니다)**.

정답 찾기 문맥상 공란에는 '놓여 있다'는 말이 들어가는 것이 적절하므로 누군가가 한 행동의 결과로써 남아 있는 상태 표현인 '동사 て형+ある'에 맞는 형태를 찾으면 됩니다. する의 て형은 して이고 ～て 대신에 ～てあります를 접속시킨 2번이 정답입니다.

오답 분석 1번 현재 진행형 '놓고 있습니다', 3번 '놔 두겠습니다', 4번 시도 '놓아 보겠습니다'이므로 오답입니다.

복습 꼭! ～てある(~해져 있다)

어휘 机(つくえ) 책상 | 下(した) 아래, 밑 | かばん 가방 | 置(お)く 두다, 놓다

정답 2

---

02 さいきん 夜は だんだん (　　　)。

1 さむく なって きました
2 さむく なりません
3 さむい つもりです
4 さむい はずです

해석 요즘 밤은 점점 **(추워졌습니다)**.

정답 찾기 과거부터 현재로의 추이나 변화를 나타내거나 일이나 상황이 화자로 점점 접근해 오는 상황을 나타내는 표현은 '동사 て형+～てくる'이므로 여기에 맞는 형태를 찾으면 됩니다. い형용사일 경우는 寒(さむ)い의 어간+く+なって로 寒くなって에 ～てきました를 접속시킨 1번이 정답입니다.

오답 분석 2번 부정형 '추워지지 않습니다', 3번은 틀린 문장, 4번은 '추울 터입니다' 이므로 오답입니다.

복습 꼭! ～てくる(~해 오다)

어휘 最近(さいきん) 요즘, 최근 | 夜(よる) 밤 | だんだん 점점 | 寒(さむ)い 춥다

정답 1

---

03 わたしは ゴルフは した ことが ないが、きかいが あれば (　　　) です。

1 しながら　2 した とおりに
3 して みたい　4 しないで

해석 저는 골프를 쳐 본 적이 없지만 기회가 있으면 **(쳐 보고 싶)**습니다.

정답 찾기 시도를 나타내는 표현은 '동사 て형+～てみる'이므로 여기에 맞는 형태를 찾으면 됩니다. する의 て형은 して이고 ～てみたいです를 접속시킨 3번이 정답입니다.

오답 분석 1번 '하면서', 2번 '한 대로', 4번 '하지 않고'이므로 오답입니다.

복습 꼭! ～てみる(～해 보다)

어휘 ゴルフ 골프 | ～ことがある ～한 적이 있다 | 機会(きかい) 기회

정답 3

04 エアコンが（　　　）窓が 開けて ありました。

1 つけにくい　　2 つけすぎる
3 つけたら　　4 ついたまま

해석 에어컨이 **(켜진 채로)** 창문이 열려 있었습니다.

정답 찾기 공란 앞은 '에어컨을'이고 공란 뒤는 '창문이 열려 있었습니다'이므로 공란에는 '켠 채로'가 되는 것이 자연스러우므로 4번 付(つ)けたままま가 들어가는 것을 알 수 있습니다. ～たまま(～한 채로)는 어떤 행동이나 상태가 지속된 상황에서 다른 행동이 이루어짐을 나타내며 동사에 접속할 경우 '동사 た형 +～たまま' 형태가 됩니다. 따라서 開(あ)ける의 た형인 開けた가 공란에 들어갑니다.

오답 분석 1번 '켜기 어렵다', 2번 '너무 켜다', 3번 가정형 '켜면'이므로 오답입니다.

복습 꼭! ～たまま (～한 채로)

어휘 エアコン 에어콘 | 付(つ)ける 켜다 | 窓(まど) 창문 | 開(あ)ける 열다

정답 4

05 母は いま せんたく（　　　）いる ところです。

1 して　　2 した
3 すれば　　4 しよう

해석 엄마는 지금 빨래**(하고)** 있는 중입니다.

정답 찾기 공란 뒤의 いる ところ를 통해 동작의 진행을 나타내는 ～ているところだ (～하고 있는 중이다)의 접속 형태를 묻는 문제임을 알 수 있습니다. '동사 て형 + ～ているところだ'가 되어야 하므로 する의 て형을 찾으면 됩니다. する는 불규칙 활용을 하는 동사로 する의 て형은 して로 정답은 1번입니다.

오답 분석 2, 3, 4번은 접속이 틀리므로 오답입니다.

복습 꼭! ～ているところだ (～하고 있는 중이다)

어휘 今(いま) 지금 | 洗濯(せんたく) 세탁

정답 1

06 この スーツは かった（　　　）です。

1 までに　　2 ばかり
3 まえ　　4 だけ

해석 이 양복은 **(산)**지 얼마 안 됩니다.

정답 찾기 행동이 끝난 직후 또는 어느 정도 시간이 지난 주관적인 시점을 나타내는 ～たばかりだ(～한 지 얼마 안 되다)를 묻는 문제임을 알 수 있습니다. 동사 た형 + ～たばかりだ가 되어야 하므로 買(か)う의 た형이 접속된 買ったばかり가 되어 2번이 정답입니다.

오답 분석 1, 3, 4는 문맥상 맞지 않는 표현이므로 오답입니다.

복습 꼭! ～たばかりだ(～한 지 얼마 안 되다)

어휘 スーツ 양복 | 買(か)う 사다

정답 2

07 先生に がいこくじんの ともだちを
（　　　）。

1 しょうかいしても いいです
2 しょうかいしては いけません
3 しょうかいして もらいました
4 して くださいます

해석 선생님으로부터 외국인 친구를 **(소개 받았습니다)**.

정답 찾기 紹介(しょうかい)する는 불규칙 활용을 하는 동사로 紹介する의 て형은 紹介して입니다. 紹介して+~てもらう가 접속된 3번 紹介してもらいました가 정답입니다.

오답 분석 1번 허락 '소개해도 좋습니다', 2번 금지 '소개해서는 안 됩니다', 4번 부탁 '소개해 주세요'이므로 오답입니다.

복습 꼭! ~てもらう(~해 받다)

어휘 外国人(がいこくじん) 외국인 | 紹介(しょうかい) 소개

정답 3

---

08 毎日 ゴルフの れんしゅうを（　　　）と
します。

1 しよう　　2 する
3 しない　　4 しろ

해석 매일 골프 연습을 **(하려)**고 합니다.

정답 찾기 동작의 실현이나 시도 표현은 '동사 의지형+(よ) うとする'이므로 여기에 맞는 형태를 찾으면 됩니다. する의 의지형은 しよう이고 とします를 접속시킨 1번이 정답입니다.

오답 분석 2, 3, 4번은 접속형태가 틀리므로 오답입니다.

복습 꼭! ~(よ)うとする(~하려고 하다)

어휘 毎日(まいにち) 매일 | ゴルフ 골프 | 練習(れんしゅう) 연습

정답 1

문제 2 ___★___ 안에 어떤 것이 들어갑니까? 1 · 2 · 3 · 4 에서 가장 알맞은 것을 하나 고르세요.

01 母は いつも ＿＿ ＿＿ ＿＿ ＿★＿ あげ
ます。

1 かみを　　2 の
3 いもうと　　4 きって

문장 배열 母(はは)は いつも 妹(いもうと)(3) の(2) 髪(かみ)を(1) 切(き)って(4) あげます。

해석 엄마는 언제나 여동생의 머리(카락)을 잘라 줍니다.

정답 찾기 문제를 푸는 단서는 문장 끝에 있는 あげます로 4번 切(き)て와 함께 ~てあげる(~해 주다) 표현이 됩니다. 그리고 切てあげる의 대상인 되는 내용이 앞쪽으로 와야 하기 때문에 3번과 1번을 조사 の로 묶어서 妹(いもうと)の髪(かみ)を를 앞쪽으로 배치합니다. 부사 전체적으로 나열하면 3-2-1-4가 되어 정답은 4번입니다.

복습 꼭! ~てあげる(~해 주다)

어휘 いつも 언제나 | 髪(かみ) 머리카락 | 切(き)る 자르다

정답 4

---

02 ハンカチ ＿＿ ＿＿ ＿＿ ＿★＿ します。

1 かおり　　2 いい
3 が　　4 から

문장 배열 ハンカチ から(4) いい(2) 香(かお)り(1) が(3) します。

해석 손수건에서 좋은 향기가 납니다.

정답 찾기 먼저 ハンカチ에 연결되는 것을 찾으면 から입니다. 나머지 선택지를 보면 1번에 '香(かお)り 향기'라는 단어가 나오므로 맛, 소리, 향기, 느낌 등의 감각을 나타내는 표현인 ~がする(~가 나다)

표현을 묻는 문제임을 알 수 있습니다. 따라서 香(かお)りがします가 되며 그 앞쪽으로는 형용사인 いい가 와서 いい香(かお)りがします가 됩니다. 조사 ～から(～에서)는 ハンカチ와 묶을 수 있으므로 전체적으로 나열하면 4-2-1-3이 되어 정답은 3번입니다.

복습 꼭! ～がする(～가 나다)

어휘 ハンカチ 손수건 | いい 좋다 | 香(かお)り 향기

정답 3

---

03 今日の やまのぼりに ____ __★__ ____ ____ ました。

1 たくさんの　　2 きて
3 かたがたが　　4 ください

문장 배열 今日(きょう)の 山登(やまのぼ)りに たくさんの(1) 方々(かたがた)が(3) 来(き)て(2) ください(4) ました。

해석 오늘 등산에 많은 분들이 와 주셨습니다.

정답 찾기 2번과 4번을 단서로 윗사람이 아랫사람에게 어떤 행동을 할 때 사용하는 표현인 ～てくださる(～해 주시다)로 문장을 나열해 보면 '来(き)てくださいました 와 주셨습니다'가 됩니다. 그리고 문맥상 앞쪽 칸에는 누가 와 주신 것인지가 들어가는 것이 자연스러우므로 'たくさんの方々(かたがた)'가 1-3에 들어갑니다. 전체적으로 나열하면 1-3-2-4가 되므로 정답은 3번입니다.

복습 꼭! ～てくださる(～해 주시다)

어휘 山登(やまのぼ)り 등산 | たくさんの 많은 | 方々(かたがた) 분들

정답 3

---

04 かいぎは ____ ____ __★__ ____ たいです。

1 すすめ　　2 かんがえた
3 とおりに　　4 じぶんが

문장 배열 会議(かいぎ)は 自分(じぶん)が(4) 考(かんが)えた(2) とおりに(3) 進(すす)め(1) たい です。

해석 회의는 자신이 생각한 대로 진행하고 싶습니다.

정답 찾기 2번과 3번의 ～たとおりに(～한 대로)를 단서로 자리를 찾아 나갑니다. 2-3의 앞쪽과 뒤쪽에 무엇이 들어가는지를 보면 희망 표현 ～たい는 동사 ます형에 접속하므로 進(すす)め에 연결되는 것을 알 수 있습니다. 따라서 2-3-1이 되고 나머지 4번 自分(じぶん)が를 첫 번째 칸에 넣으면 됩니다.

복습 꼭! ～たとおりに(～한 대로)

어휘 会議(かいぎ) 회의 | 自分(じぶん) 나, 자신 | 考(かんが)える 생각하다 | 進(すす)める 진행하다

정답 3

---

05 一日も ____ ____ ____ __★__ です。

1 ほしい　　2 あきに
3 なって　　4 はやく

문장 배열 一日(いちにち)も 早(はや)く(4) 秋(あき)に(2) なって(3) ほしい(1) です。

해석 하루 빨리 가을이 되었으면 합니다.

정답 찾기 제3자에 대한 희망이나 어떤 사태가 일어나기를 바라는 마음을 나타내는 표현인 ～てほしい(~해 주기 바라다)를 단서로 문장을 연결해 보면 우선 3-1이 되고 변화를 나타내는 ～になる(~가 되다)를 묶을 수 있으므로 2-3이 되어 연결하면 秋(あき)になってほしい가 됩니다. 부사 早(はや)く는 첫 번째 칸에 들어가는 것이 자연스러우므로 4-2-3-1이 되어 정답은 1번입니다.

복습 꼭! ～てほしい(~해 주기 바라다)

어휘 一日(いちにち)も 하루라도 | 早(はや)く 빨리 | 秋(あき) 가을

정답 1

---

06 パーティーが おわって ほかの ____ ____ ★ ____ ました。

1 かえって　　2 ひとたちは

3 みんな　　4 しまい

문장 배열 パーティーが 終(お)わって 他(ほか)の 人(ひと)たちは(2) 皆(みんな)(3) 帰(かえ)って(1) しまい(4) ました。

해석 파티가 끝나고 다른 사람들은 모두 돌아가 버렸습니다.

정답 찾기 먼저 他(ほか)の에 연결되는 것을 찾으면 人(ひと)たちは皆(みんな)입니다. 나머지 선택지를 보면 1번과 4번을 묶어서 행동이나 작용의 완료를 나타내거나, 후회나 유감을 나타내는 표현인 ～てしまう(~해 버리다) 표현이 될 수 있으므로 帰(かえ)ってしまい가 됩니다. 전체적으로 나열하면 2-3-1-4가 되므로 정답은 1번입니다.

복습 꼭! ～てしまう(~해 버리다)

어휘 パーティー 파티 | 終(お)わる 끝나다 | 他(ほか)の 다른 | 皆(みんな) 모두 | 帰(かえ)る 돌아가다

정답 1

---

07 りょうしんは ____ ____ ★ ____ です。

1 ついた　　2 いま

3 ところ　　4 くうこうに

문장 배열 両親(りょうしん)は 今(いま)(2) 空港(くうこう)に(4) 着(つ)いた(1) ところ(3) です。

해석 부모님은 지금 공항에 막 도착했습니다.

정답 찾기 행동이 끝난 직후를 나타내는 표현인 ～たところ(막 ~하다)을 단서로 문장을 연결해 나갑니다. ～たところ는 동사 た형에 접속하므로 着(つ)く의 た형인 着いた에 접속된 것으로 1-3이 되며, 도착한 장소인 空港(くうこう)に가 앞쪽 칸에 들어갑니다. 시간을 나타내는 今(いま)는 첫 번째 칸에 들어가는 것이 자연스러우므로 2-4-1-3이 되어 정답은 1번입니다.

복습 꼭! ～たところだ (막 ~하다)

어휘 両親(りょうしん) 부모님 | 今(いま) 지금 | 空港(くうこう) 공항 | 着(つ)く 도착하다

정답 1

08 たいしかんまで ＿＿ ＿＿ ★ ＿＿ ました。

1 みちを　　2 いただき
3 たなかさんに　　4 あんないして

문장 배열 大使館(たいしかん)まで 田中(たなか)さんに(3) 道(みち)を(1) 案内(あんない)して(4) いただき(2) ました。

해석 대사관까지 다나카 씨가 길을 안내해 주셨습니다.

정답 찾기 선택지 2번에 いただき가 보이므로 이 문제는 ～ていただく(～해 받다) 표현을 중심으로 문장을 완성해 나갑니다. '동사 て형 + ～ていただく'이므로 4-2가 되어 가장 뒤쪽의 두 칸에 들어가서 案内(あんない)していただきました가 됩니다. 안내 받은 대상인 '道(みち) 길'이 앞쪽 칸에 들어가고 안내해 준 주체가 가장 앞쪽 칸에 들어가므로 3-1-4-2가 되어 정답은 4번입니다.

복습 꼭! ～ていただく(～해 받다)

어휘 大使館(たいしかん) 대사관 | 道(みち) 길 | 案内(あんない) 안내

정답 4

문제 3 [01]부터 [05] 안에 어떤 것이 들어갑니까? 1·2·3·4 에서 가장 알맞은 것을 하나 고르세요.

今日は 会社で 山登りを しました。田中さんも [01] いましたが、おとといから 仕事 [02] 名古屋に [03] 。出発時間になって、私たちはバスに乗りました。バスから 山が 見えてきました。バスから 降りて みんなが 歩いて 登り始めました。山に 登ったら 花が たくさん 咲いて いました。私が 花を 見ている 間に 前の 人たちとの 間が だんだん [04] いきました。私も がんばって 歩きました。下り坂は登り坂より 大変でした。今日は 歩きすぎて 足が 痛くなりました。 [05] 楽しい 一日でした。

해석 오늘은 회사에서 등산을 했습니다. 다나카 씨도 [1 가고 싶어] 했지만 그저께부터 일 [2 로] 나고야에 [3 갔습니다]. 출발 시간이 되어서 우리는 버스를 탔습니다. 버스에서 산이 보입니다. 버스에서 내려 모두가 걸어 올라가기 시작했습니다. 산에 오르자 꽃이 많이 피어 있었습니다. 내가 꽃을 보고 있는 동안에 앞 사람들과의 사이가 [4 멀어져] 갔습니다. 나도 분발해서 걸었습니다. 내리막길은 오르막길보다 힘들었습니다. 오늘은 너무 걸어서 발이 아픕니다. [5 하지만] 즐거운 하루였습니다.

어휘 会社(かいしゃ) 회사 | 山登(やまのぼ)り 등산 | たくさんの 많은 | ～てほしい ～해주기 바라다 | ～たがる ～하고 싶어하다 | 仕事(しごと) 일, 업무 | 名古屋(なごや) 나고야 | 出発(しゅっぱつ) 출발 | 時間(じかん) 시간 | バス 버스 | 乗(の)る 타다 | 見(み)える 보이다 | 降(お)りる 내리다 | 歩(ある)く 걷다 | 登(のぼ)り始(はじ)める 오르기 시작하다 | 花(はな) 꽃 | 咲(さ)く 피다 | 間(あいだ)に 사이에, 동안에 | 前(まえ) 앞 | だんだん 점점 | 遠(とお)く 멀리 | 頑張(がんば)る 분발하다 | 下(くだ)り坂(ざか) 내리막길 | 登(のぼ)り坂(ざか) 오르막길 | 大変(たいへん)だ 힘들다 | ～すぎる 너무 ～하다 | 足(あし) 발 | 痛(いた)い 아프다 | でも 하지만 | 楽(たの)しい 즐겁다 | 一日(いちにち) 하루

01

1 行きたがって　　2 行きたくて
3 行かないで　　4 行かなくて

정답 찾기 다나카 씨도 산행에 참가하고 싶어 했다고 했으므로 3인칭 희망의 표현을 나타내는 표현이 와야 합니다. 따라서 '行きたがって 가고 싶어'인 1번이 정답입니다.

오답 분석 2번 1,2인칭 희망 '가고 싶어서', 3번 앞 동작을 하지 않고 다음 동작이 행해지는 '가지 않고', 4번 앞 동작을 행하지 않아서 뒤 동작에 영향을 미치는 '가지 않아서'이므로 오답입니다.

정답 1

02

1 で　　2 を
3 は　　4 が

정답 찾기 그제부터 나고야 출장을 간 이유가 일 때문이므로 명사에 접속하는 이유에 쓰이는 조사 '~で ~로'인 1번이 정답입니다.

오답 분석 2번 '~를', 3번 '~는', 4번 '~가'이므로 오답입니다.

정답 1

03

1 行っています　　2 行ってやります
3 行ってしまいます　　4 行ってほしいです

정답 찾기 다나카 씨는 그저께 나고야 출장을 갔다고 했으므로 '行っています 가 있습니다'인 1번이 정답입니다.

오답 분석 2번 틀린 접속', 3번 유감 '가 버려습니다', 4번 제3자에 대한 희망 '가 주길 바랍니다'이므로 오답입니다.

정답 1

04

1 遅くなり　　2 遅くなって
3 遠くなって　　4 遠くなり

정답 찾기 산에 오르면서 꽃을 보고 있는 동안에 앞 사람들과의 거리가 점점 멀어진다는 '遠くなって 멀어져'인 3번이 정답입니다.

오답 분석 1,2번 '늦어져', 4번 틀린 접속이므로 오답입니다.

정답 3

05

1 そして　　2 でも
3 それで　　4 そのうえ

정답 찾기 너무 걸어 발은 아프지만 즐거운 하루였다'는 역접의 접속사인 でも '하지만'인 2번이 정답입니다.

오답 분석 1번 순접 '그리고', 3번 순접 '그래서', 4번 추가 '게다가'이므로 오답입니다.

정답 2

둘째마당 | N4 문자·어휘

시나공 04 い형용사 | 적중 예상 문제 ①

문제 1 ＿＿＿＿의 단어는 어떻게 읽습니까? 1·2·3·4 에서 가장 알맞은 것을 하나 고르세요.

01 ともだちに あえなくて 寂しいです。

1 むずかしい　2 さびしい
3 かなしい　4 うつくしい

해석 친구를 만날 수 없어서 쓸쓸합니다.
정답 2

02 じゅぎょうちゅうに 眠くて たいへんでした。

1 とおくて　2 おおくて
3 ながくて　4 ねむくて

해석 수업 중에 졸려서 힘들었습니다.
정답 4

03 この かわは 深いですか。

1 ふかい　2 みじかい
3 ちかい　4 やさしい

해석 이 강은 깊습니까?
정답 1

04 学生が がんばっている ことを きくと 嬉しいです。

1 さびしい　2 うれしい
3 はずかしい　4 めずらしい

해석 학생이 분발하고 있다는 말을 들으면 기쁩니다.
정답 2

05 パンが 固く なって、 たべられません。

1 ふるく　2 あまく
3 からく　4 かたく

해석 빵이 딱딱해져서 먹을 수 없습니다.
정답 4

06 この みせの にくは すごく 柔らかいです。

1 やわらかい　2 あきらかい
3 ほがらかい　4 たいらかい

해석 이 가게의 고기는 매우 부드럽습니다.
정답 1

07 細かい じで かくと よみにくいです。

1 ふかい　2 たかい
3 こまかい　4 みじかい

해석 작은 글씨로 쓰면 읽기 어렵습니다.
정답 3

08 そぼに しなれて 悲しいです。

1 ただしい　　2 はずかしい
3 おかしい　　4 かなしい

해석 할머니가 돌아가셔서 슬픕니다.
정답 4

문제 2 ＿＿＿＿의 단어는 어떻게 씁니까? 1 · 2 · 3 · 4에서 가장 알맞은 것을 하나 고르세요.

01 あなたの いう ことが ただしいと おもう。

1 嬉しい　　2 厳しい
3 正しい　　4 優しい

해석 당신이 하는 말이 옳다고 생각한다.
정답 3

02 わたしの へやは あかるくて、ひろいです。

1 明るくて　　2 悪るくて
3 古るくて　　4 軽るくて

해석 저의 방은 밝고 넓습니다.
정답 1

03 ふゆは ひが みじかく なります。

1 高く　　2 短く
3 暖かく　　4 深く

해석 겨울은 해가 '짧아집니다.
정답 2

04 わたしの りょうしんは けっこう きびしいです。

1 寂しい　　2 厳しい
3 正しい　　4 珍しい

해석 저의 부모님은 꽤 엄격합니다.
정답 2

05 こどもたちは あさい ところで およいでいます。

1 長い　　2 高い
2 深い　　4 浅い

해석 아이들은 얕은 곳에서 헤엄치고 있습니다.
정답 4

06 その えいがの 音楽は うつくしいと おもいます。

1 美しい　　2 嬉しい
3 難しい　　4 易しい

해석 그 영화 음악은 아름답다고 생각합니다.
정답 1

07 わたしは にがい コーヒーが すきです。

1 辛い　2 苦い
3 古い　4 甘い

해석 저는 쓴 커피를 좋아합니다.
정답 2

08 かのじょは やさしくて みんなに すかれます。

1 欲しくて　2 悲しくて
3 優しくて　4 厳しくて

해석 그녀는 상냥해서 모두가 좋아합니다.
정답 3

문제 3 (　　)에 무엇을 넣습니까? 1 · 2 · 3 · 4에서 가장 알맞은 것을 하나 고르세요.

01 わたしの ちちの じは よみ (　　) です。

1 いい　2 かたい
3 みじかい　4 にくい

해석 저의 아버지 글씨는 읽기 **(어렵)**습니다.
정답 4

02 こんかいは (　　) そつぎょう りょこうでした。

1 あさい　2 すばらしい
3 やわらかい　4 こまかい

해석 이번에는 **(멋진)** 졸업 여행이었습니다.
정답 2

03 しごとが おわったから かえっても (　　) ですか。

1 よろしい　2 さびしい
3 うれしい　4 うつくしい

해석 일이 끝났으니까 돌아가도 **(괜찮겠)**습니까?
정답 1

04 レポートは (　　) にほんごで かきました。

1 あさい　2 おかしい
3 やさしい　4 ふかい

해석 리포트는 **(쉬운)** 일본어로 썼습니다.
정답 3

05 ここは (　　) たかい レストランですね。

1 すごく　2 おおく
3 おおきい　4 ながく

해석 여기는 **(매우)** 비싼 레스토랑이네요.
정답 1

06 わたしは（　　　）えいがを みたら ねられません。

1 あかるい　2 ねむい
3 くらい　4 こわい

해석 저는 **(무서운)** 영화를 보면 못 잡니다.
정답 4

---

07 かれから ずっと れんらくが ない ことが（　　　）です。

1 おもしろい　2 おかしい
3 やすい　4 ぬるい

해석 그에게서 쭉 연락이 없는 것이 **(이상)**합니다.
정답 2

---

08 この みせの ハンバーグは（　　　）です。

1 にがい　2 こわい
3 うまい　4 ほそい

해석 이 가게의 햄버그 스테이크는 **(맛있)**습니다.
정답 3

문제 4 ＿＿＿＿＿ 문장과 대체로 비슷한 의미의 문장이 있습니다. 1 · 2 · 3 · 4에서 가장 알맞은 것을 하나 고르세요.

01 ともだちの はなしを きいて はずかしく なりました。

1 ともだちの はなしを きいて かおが あかく なりました。
2 ともだちの はなしを きいて かおが しろく なりました
3 ともだちの はなしを きいて かおが あおく なりました
4 ともだちの はなしを きいて かおが きいろく なりました

해석 친구의 이야기를 듣고 부끄러워졌습니다.
해설 'はずかしい 창피하다'를 다르게 표현한 것을 찾으면 되겠죠? 'かおが　あかく　なりました 얼굴이 빨게 졌습니다'가 같은 뜻이므로 1번이 정답입니다.
정답 1

---

02 ゆうべ おそく ねたので いま すごく ねむいです。

1 ゆうべ おそく ねたので いま ねないで ください。
2 ゆうべ おそく ねたので いま ねたいです。
3 ゆうべ おそく ねたので あとで ねます。
4 ゆうべ おそく ねたので いま ねなくて いいです。

해석 어젯밤에 늦게 자서 지금 매우 졸립니다.
해설 '眠(ねむ)い 졸리다'를 다르게 표현한 것을 찾으면 되겠죠? 'ねたいです 자고 싶습니다'가 같은 뜻이므로 2번이 정답입니다.
정답 2

03 ちかくの こうえんに ある いけは ふかい です。

1 ちかくの こうえんに ある いけに はいっても いいです。

2 ちかくの こうえんに ある いけに はいっては いけません。

3 ちかくの こうえんに ある いけに はいって あそべます。

4 ちかくの こうえんに ある いけに はいらなければ なりません。

해석 근처 공원에 있는 연못은 깊습니다.

해설 深(ふか)い는 '깊다'는 뜻입니다. '깊다'를 다르게 표현한 것을 찾으면 되겠죠? 'はいっては いけません 들어가서는 안됩니다'가 같은 뜻이므로 2번이 정답입니다.

정답 2

04 かれは わたしに やさしく して くれます。

1 かれは わたしに しんせつに して あげます。

2 かれは わたしに しんせつに して くれます。

3 かれは わたしに しんせつに して もらいます。

4 かれは わたしに しんせつに して ほしいです。

해석 그는 나에게 상냥하게 대해 줍니다.

해설 'やさしく 상냥하게'를 다르게 표현한 것을 찾으면 되겠죠? '親切(しんせつ)に 친절하게'가 같은 뜻이므로 2번이 정답입니다.

정답 2

문제 5 다음 단어의 사용법으로 가장 알맞은 것을 하나 고르세요.

01 あかるい

1 えいがは あかるい ところで みます。

2 あかるい ひとより くらい ひとが すきです。

3 この みちは あかるくて こわく ないです。

4 やおやの ひとは あかるいから いやです。

해석 밝다

1 영화는 밝은 곳에서 봅니다.

2 밝은 사람보다 우울한 사람을 좋아합니다.

3 이 길은 밝아서 무섭지 않습니다.

4 야채 가게 사람은 밝아서 싫습니다.

해설 明(あか)るい는 빛이 충분히 비쳐 사물이 잘 보이는 상태를 나타내므로 '明るくて怖(こわ)くない 밝아서 무섭지 않다'인 3번이 정답입니다. 1번은 영화는 어두운 곳에서 봐야 하므로 '暗(くら)い 어둡다'를, 2번은 우울한 사람보다 밝은 성격의 사람을 좋아하므로 '明るい 밝다'를, 4번은 싫은 이유인 '暗い 우울하다'를 쓰면 자연스럽습니다.

정답 3

02 さびしい

1 ともだちが いなく なると さびしく なります。

2 りょうしんと いっしょだから さびしいです。

3 せんせいに しかられて さびしいです。

4 かれと こんばん あうので さびしいです。

해석 쓸쓸하다

1 친구가 없게 되면 쓸쓸해집니다.

2 부모님과 함께이기 때문에 쓸쓸합니다.

3 선생님에게 혼나서 쓸쓸합니다.

4 그와 오늘 저녁 만나므로 쓸쓸합니다.

해설 寂(さび)しい는 외로움을 느끼는 상태를 나타내므로 '友(とも)だちがいなくなると寂しくなる 친구가 없게 되면 쓸쓸해진다'인 1번이 정답입니다. 2번은 부모님과 함께이므로 '嬉(うれ)しい 기쁘다'가 자연스럽고, 3번은 선생님에게 혼나면 '気持(きもち)がよくない 기분이 좋지 않다'가 자연스러우며, 4번도 그와 오늘 저녁 만나므로 '嬉しい 기쁘다'를 쓰면 자연스럽습니다.

정답 1

---

03 めずらしい

1 かのじょが ごはんを たべるのは めずらしい ことです。

2 かれが ちこくする ことは けっして めずらしい ことでは ありません。

3 てを あらうのは めずらしい ことです。

4 がっこうに いくのは めずらしい ことです。

해석 드물다, 신기하다
1 그녀가 밥을 먹는 것은 드문 일입니다.
2 그가 지각하는 것은 결코 드문 일은 아닙니다.
3 손을 씻는 것은 드문 일입니다.
4 학교에 가는 것은 드문 일입니다.

해설 珍(めずら)しい는 거의 없는 희박한 상태를 나타내므로 '決(けっ)して珍しいことではない 결코 드문 일이 아니다'인 2번이 정답입니다. 1번은 ごはんを たべないのは 밥을 먹지 않는 것은 'めずらしい 드문 있는 일이다'가 자연스럽고, 3번은 손을 씻는 것과 4번 학교에 가는 것은 '当然(とうぜん)だ 당연하다'를 쓰면 자연스럽습니다.

정답 2

---

04 やさしい

1 だれでも よめる やさしい ほんです。

2 ふじさんに のぼるのは やさしいです。

3 ほうりつの べんきょうは やさしいです。

4 べんきょうと バイトを りょうほう するのは やさしいです。

해석 쉽다
1 누구라도 읽을 수 있는 쉬운 책입니다.
2 후지산에 오르는 것은 쉽습니다.
3 법률 공부는 쉽습니다.
4 공부와 아르바이트를 양쪽 다 하는 것은 쉽습니다.

해설 易(やさ)しい는 '간단하다, 용이하다'는 의미를 나타내므로 '誰(だれ)でも読(よ)める易(やさ)しい本(ほん) 누구라도 읽을 수 있는 쉬운 책'인 1번이 정답입니다. 2번은 후지산에 오르는 것과 4번 공부와 아르바이트를 병행하는 것은 '大変(たいへん)だ 힘들다'를, 3번은 법률 공부는 '難(むずか)しい 어렵다'를 쓰면 자연스럽습니다.

정답 1

시나공 04 い형용사 | 적중 예상 문제 ②

문제 1 ＿＿＿＿＿의 단어는 어떻게 읽습니까? 1・2・3・4 에서 가장 알맞은 것을 하나 고르세요.

01 スープが 温くなりました。

1 ぬるく　2 かたく
3 たかく　4 ながく

해석 스프가 미지근해졌습니다.

정답 1

02 こうこうの せんせいを ひさしぶりに あって 嬉しかったです。

1 うつくし　　2 かなし
3 さびし　　4 うれし

해석 고등학교 선생님을 오랜만에 만나 기뻤습니다.
정답 4

03 ゆうべ ほうそうされた えいがは 怖く ありませんでした。

1 ひくく　　2 まずく
3 こわく　　4 おもしろく

해석 어젯밤 방송된 영화는 무섭지 않습니다.
정답 3

04 いえの うしろの かわは 浅いです。

1 すごい　　2 あさい
3 ふかい　　4 ねむい

해석 집 뒤의 강은 얕습니다.
정답 2

05 あなたが いった いけんが 正しかったです。

1 ただし　　2 はずかし
3 うれし　　4 さびし

해석 당신이 말한 의견이 옳았습니다.
정답 1

06 あの レストランの ステーキは 固いですか。

1 うまい　　2 にがい
3 こわい　　4 かたい

해석 저 레스토랑의 스테이크는 질깁니까?
정답 4

07 苦い くすりは からだに いい ことばが あります。

1 うまい　　2 ひくい
3 ひどい　　4 にがい

해석 쓴 약은 몸에 좋다는 말이 있습니다.
정답 4

08 となりの おばあさんは 優しいです。

1 めずらしい　　2 やさしい
3 おかしい　　4 きびしい

해석 옆집 할머니는 친절합니다.
정답 2

문제 2 ＿＿＿＿＿의 단어는 어떻게 씁니까? 1・2・3・4에서 가장 알맞은 것을 하나 고르세요.

01 かれは めずらしく にほんの ドラマを みて います。

1 嬉しく　2 寂しく
3 珍しく　4 正しく

해석 그는 드물게 일본 드라마를 보고 있습니다.
정답 3

02 こうちょう せんせいは きびしいです。

1 悲しい　2 美しい
3 厳しい　4 優しい

해석 교장 선생님은 엄격합니다.
정답 3

03 ごご 4じ ぐらいに なると ねむく なります。

1 怖く　2 苦く
3 深く　4 眠く

해석 오후 4시 정도가 되면 졸립니다.
정답 4

04 やさいを こまかく きって ください。

1 細かく　2 柔らかく
3 暖かく　4 短くて

해석 야채를 잘게 잘라(썰어) 주세요.
정답 1

05 アメリカじんの ともだちが きこくするから かなしいです 。

1 正しい　2 珍しい
3 悲しい　4 優しい

해석 미국인 친구가 귀국하기 때문에 슬픕니다.
정답 3

06 うちの こどもは にがい くすりを よく のみます。

1 固い　2 苦い
3 温い　4 深い

해석 우리 아이는 쓴 약을 잘 먹습니다.
정답 2

07 にほんごを ならったばかりなので やさしい 本から よんで います。

1 易しい　2 厳しい
3 寂しい　4 嬉しい

해석 일본어를 배운지 얼마 안되서 쉬운 책부터 읽고 있습니다.
정답 1

08 このあいだ よんだ むかしばなしは こわく ありませんでした。

1 浅く　　2 怖く
3 苦く　　4 深く

해석 요전에 읽은 옛날이야기는 무섭지 않았습니다.
정답 2

문제 3 (　　)에 무엇을 넣습니까? 1・2・3・4에서 가장 알맞은 것을 하나 고르세요.

01 かれは（　　）くるまを もって います。

1 おかしい　　2 はずかしい
3 ひどい　　4 すばらしい

해석 그는 **(멋진)** 차를 가지고 있습니다.
정답 4

02 そとが きゅうに（　　）なりました。

1 あかるく　　2 みじかく
3 よろしく　　4 あさく

해석 밖이 갑자기 **(밝아)**졌습니다.
정답 1

03 しつもんに たいした その こたえは（　　）ありませんか。

1 にがく　　2 ぬるく
3 おかしく　　4 きびしく

해석 질문에 대한 그 대답은 **(이상하지)** 않습니까?
정답 3

04 せんせいは がくせいたちに（　　）わらって くださいました。

1 みじかく　　2 やさしく
3 こわく　　4 ひどく

해석 선생님은 학생들에게 **(상냥하게)** 웃어 주셨습니다.
정답 2

05 ひさしぶりに ともだちが たずねてきて（　　）です。

1 うれしかった　　2 にがかった
3 かたかった　　4 ねむかった

해석 오랜만에 친구가 찾아와서 **(기뻤)**습니다.
정답 1

06 きょう ははは（　　）おそく おきました。

1 みじかく　　2 あかるく
3 かるく　　4 めずらしく

해석 오늘 엄마는 **(드물게)** 늦게 일어났습니다.
정답 4

07 きのうよりは ぐあいが（　　　）ありません。

1 うまく　2 ひどく
3 しろく　4 たかく

해석 어제보다는 몸 상태가 **(심하지)** 않습니다.
정답 2

08 むらたさんの いけんが（　　　）と おもったら てを あげて ください。

1 かたい　2 やわらかい
3 ただしい　4 あさい

해석 무라타 씨의 의견이 **(옳다)**고 생각하면 손을 들어 주세요.
정답 3

문제 4 ＿＿＿＿ 문장과 대체로 비슷한 의미의 문장이 있습니다. 1・2・3・4에서 가장 알맞은 것을 하나 고르세요.

01 かのじょは パーティーに おかしい ふくを きて きました。

1 かのじょは パーティーに へんな ふくを きて きました。
2 かのじょは パーティーに たかい ふくを きて きました。
3 かのじょは パーティーに やすい ふくを きて きました。
4 かのじょは パーティーに きれいな ふくを きて きました。

해석 그녀는 파티에 이상한 옷을 입고 왔습니다.
해설 'おかしい 이상하다'를 다르게 표현한 것을 찾으면 되겠죠? '変(へん)だ 이상하다'가 같은 뜻이므로 1번이 정답입니다.
정답 1

02 まちを うつくしく しましょう。

1 まちを あかるく しましょう。
2 まちを げんきに しましょう。
3 まちを うまく しましょう。
4 まちを きれいに しましょう。

해석 마을을 아름답게 합시다.
해설 '美(うつく)しく 아름답게'를 다르게 표현한 것을 찾으면 되겠죠? 'きれいに 아름답게'가 같은 뜻이므로 4번이 정답입니다.
정답 4

03 しゃちょうが いらっしゃるまで ここで まっても いいですか。

1 しゃちょうが いらっしゃるまで ここで まっては いけませんか。

해석 사장님이 오실 때까지 여기서 기다려도 됩니까?
해설 'いい 좋다'를 다르게 표현한 것을 찾으면 되겠죠? 공손한 표현인 'よろしい 좋다, 괜찮다'가 같은 뜻이므로 3번이 정답입니다.
정답 3

2 しゃちょうが いらっしゃるまで ここで まっても なりませんか。

3 しゃちょうが いらっしゃるまで ここで まっても よろしいですか。

4 しゃちょうが いらっしゃるまで ここで まっても いやですか。

04 かれは ゴルフが うまいです。

1 かれは ゴルフが じょうずです。

2 かれは ゴルフが じょうずでは あります。

3 かれは ゴルフが へたです。

4 かれは ゴルフが へたでは あります。

해석 그는 골프를 잘합니다.

해설 'うまい 잘하다'를 다르게 표현한 것을 찾으면 되겠죠? '上手(じょうず)だ 잘하다, 능숙하다'가 같은 뜻이므로 1번이 정답입니다.

정답 1

문제 5 다음 단어의 사용법으로 가장 알맞은 것을 하나 고르세요.

01 きびしい

1 となりの こどもは きびしいです。

2 きびしい ほんが よみたいです。

3 せんせいは じゅぎょうちゅうには きびしいです。

4 ははは きびしい りょうりを つくりました。

해석 엄하다, 엄격하다

1 옆집 아이는 엄합니다.

2 엄한 책을 읽고 싶습니다.

3 선생님은 수업 중에는 엄합니다.

4 어머니는 엄한 요리를 만들었습니다.

해설 厳(きび)しい는 엄중하거나 사물의 상태나 사람의 표정 등이 긴장하고 있는 상태를 나타내므로 '先生(せんせい)は授業中(じゅぎょうちゅう)には厳しい 선생님은 수업 중에는 엄하다'인 3번이 정답입니다. 1번은 'かわいい 귀엽다'를, 2번은 '易(やさ)しい 쉽다'를, 4번은 'おいしい 맛있다'를 쓰면 자연스럽습니다.

정답 3

02 こわい

1 りょうしんが げんきなのが こわいです。

2 じしんは こわいです。

3 うれしい ことが あったら こわいです。

4 けっこんするのが こわいです。

해석 무섭다

1 부모님이 건강한 것이 무섭습니다.

2 지진은 무섭습니다.

3 기쁜 일이 있다면 무섭습니다.

4 결혼하는 것이 무섭습니다.

해설 怖(こわ)い는 좋지 않은 결과가 예상되어 가까이 하고 싶지 않은 상태를 나타내므로 '地震(じしん)は怖い 지진은 무섭다'인 2번이 정답입니다. 1번은 건강한 것은 좋은 일이므로 'いい ことだ 좋은 일이다'를, 3번은 기쁜 일이 있으면 'いい 좋다'를, 4번은 결혼하는 것은 '嬉(うれ)しい 기쁘다'를 쓰면 자연스럽습니다.

정답 2

03 ぬるい

1 ぬるい なつです。

2 ケーキが ぬるく なりました。

3 きょうは ぬるい きもちです。

4 おふろが ぬるいです。

해석 미지근하다

1 미지근한 여름입니다.

2 케이크가 미지근하게 되었습니다.

3 미지근한 기분입니다.

4 목욕물이 미지근합니다.

해설 温(ぬる)い는 액체 등의 온도가 미지근한 상태를 나타내므로 'お風呂(ふろ)が温い 목욕물이 미지근하다'인 4번이 정답입니다. 1번은 여름이므로 '暑(あつ)い 더운'을, 2번은 케이크를 전부 먹어 'なく 없어'를, 3번은 'いい 좋은'을 쓰면 자연스럽습니다.

정답 4

04 よろしい

1 わたしが びじゅつかんを あんないしても よろしいですか。

2 きょうの あつまりに おくれても よろしいです。

3 しけんべんきょうを しなくても よろしいです。

4 ひとの おかねは かえさなくても よろしいです。

해석 괜찮다

1 제가 미술관을 안내해도 괜찮겠습니까?

2 오늘 모임에 늦어도 괜찮습니다.

3 시험공부는 하지 않아도 괜찮습니다.

4 남의 돈은 돌려주지 않아도 괜찮습니다.

해설 よろしい는 いい의 공손한 말로 주관적인 좋음을 나타내며 지장이 없거나 인정할 수 있는 상황을 나타내 므로 '私(わたし)がびじゅつかんの案内(あんない)をしてもよろしいですか 제가 미술관 안내를 해도 괜찮겠습니까'인 1번이 정답입니다. 2번 'おくれてはいけません 늦어서는 안됩니다', 3번 'しなければなりません 하지 않으면 안됩니다', 4번 'かえさなければなりません 갚지 않으면 안됩니다'가 되면 자연스럽습니다.

정답 1

시나공 05 な형용사 | 적중 예상 문제 ①

문제 1 ＿＿＿＿의 단어는 어떻게 읽습니까? 1·2·3·4 에서 가장 알맞은 것을 하나 고르세요.

01 大事な はなしですから よく きいて ください。

1 たいしな　2 だいしな

3 たいじな　4 だいじな

해석 중요한 이야기이니까 잘 들어 주세요.

정답 4

02 ほんやく というのは そんなに 簡単な ことでは ありません。

1 かんたんな　2 がんたんな

3 がんだんな　4 かんだんな

해석 번역이라는 것은 그렇게 간단한 일은 아닙니다.

정답 1

03 田舎の りょうしんが げんきなのか 心配です。

1 しっぱい　2 しんばい
3 しんぱい　4 しっぱい

해석 고향의 부모님이 건강한지 걱정입니다.
정답 3

04 ともだちと いっしょに りょこうに いけなくて 残念です。

1 さんねん　2 ざんねん
3 じゃんねん　4 ちゃんねん

해석 친구와 함께 여행을 가지 못해서 아쉽습니다.
정답 2

05 わたしは のみものの なかで コーヒーが いちばん 好きです。

1 ずぎ　2 すぎ
3 すき　4 ずき

해석 나는 음료수 중에서 커피를 제일 좋아합니다.
정답 3

06 らいしゅうの どようびの やくそくは 確かです。

1 あきらか　2 やわらか
3 にぎやか　4 たしか

해석 다음 주 토요일 약속은 확실합니다.
정답 4

07 ふたりの かんけいは とても 複雑です。

1 とうぜん　2 ふくざつ
3 ざんねん　4 ぶじ

해석 두 사람의 관계는 매우 복잡합니다.
정답 2

08 りょうしんが りょこうへ いって 自由になりました。

1 しゆう　2 じゆう
3 じゆ　4 しゆ

해석 부모님이 여행을 가서 자유로워졌습니다.
정답 2

문제 2 ______의 단어는 어떻게 씁니까? 1·2·3·4에서 가장 알맞은 것을 하나 고르세요.

01 こどもたちは あんぜんな ところに います。

1 安転　　2 安全
3 安田　　4 安前

해석 아이들은 안전한 곳에 있습니다.
정답 2

02 いま すんで いる ところは こうつうが ふべんです。

1 不便　　2 払便
3 不勉　　4 払勉

해석 지금 살고 있는 곳은 교통이 불편합니다.
정답 1

03 せんせいから ことばの いみを ていねいに せつめいして もらいました。

1 無理　　2 自由
3 丁寧　　4 簡単

해석 단어의 의미를 선생님이 친절하게 설명해 주었습니다.
정답 3

04 きょう ならった かんじを ぜんぶ おぼえるのは むりです。

1 無理　　2 勿理
3 無利　　4 勿理

해석 오늘 배운 한자를 전부 외우는 것은 무리입니다.
정답 1

05 なぜ かのじょと わかれたのか てきとうな きかいに はなします。

1 適当　　2 的堂
3 適堂　　4 的当

해석 왜 그녀와 헤어졌는지 적당한 기회에 이야기하겠습니다.
정답 1

06 セミナーに いくか いかないかは あなたの じゆうです。

1 事有　　2 事由
3 自有　　4 自由

해석 세미나에 갈지 안 갈지는 당신의 자유입니다.
정답 4

07 ことしの たんじょうびには とくべつな プレゼントを したい。

1 持別　　2 待別
3 特別　　4 侍別

해석 올 해 생일에는 특별한 선물을 하고 싶다.
정답 3

08 きのうから れいぞうこの おとが へんです。

1 辺　　2 夏
3 変　　4 返

해석 어제부터 냉장고 소리가 이상합니다.
정답 3

문제 3 (　　)에 무엇을 넣습니까? 1 · 2 · 3 · 4에서 가장 알맞은 것을 하나 고르세요.

01 これと（　　）かばんを つくって ください。

1 きけんな　　2 じゆうな
3 ねっしんな　　4 おなじ

해석 이것과 **(같은)** 가방을 만들어 주세요.
정답 4

02 この ちずは（　　）すぎて わかりにくい。

1 ねっしん　　2 きらい
3 ふくざつ　　4 さかん

해석 이 지도는 너무 **(복잡해서)** 알기어렵다.
정답 3

03 あなたなら えいぎょうの けいけんが あるから（　　）できます。

1 じゅうぶんに　　2 しゅっぷん
3 ひじょうに　　4 とても

해석 당신이라면 영업 경험이 있으니까 **(충분히)** 할 수 있습니다.
정답 1

04 この いすは おもったより（　　）では ありません。

1 かんたん　　2 めいわく
3 らく　　4 じゃま

해석 이 의자는 생각보다 **(편안)**하지 않습니다.
정답 3

05 かのじょは（　　）で、やさしいです。

1 ふくざつで　　2 しんせつで
3 むりで　　4 あんぜんで

해석 그녀는 **(친절하)**고 상냥합니다.
정답 2

06 こまった ことが あったら りょうしんに しらせる（　　）が あります。

1 しんせつ　　2 ひつよう
3 かんたん　　4 ざんねん

해석 곤란한 일이 있으면 부모님에게 알릴 **(필요)**가 있습니다.
정답 2

07 かのじょは いがくの ほうりつを
( )に しって いますか。

1 さかん 2 じょうず
3 すき 4 たしか

해석 그녀는 의학 법률을 **(확실)**히 알고 있습니까?

정답 4

---

08 としょかんに ある パソコンは ( )
に つかって ください。

1 じゆう 2 むり
3 まじめ 4 すぎ

해석 도서관에 있는 컴퓨터는 **(자유롭)**게 써 주세요.

정답 1

문제 4 ＿＿＿＿ 문장과 대체로 비슷한 의미의 문장이 있습니다. 1 · 2 · 3 · 4에서 가장 알맞은 것을 하나 고르세요.

01 <u>せいようじんにとって はしの つかいは ふべんです。</u>

1 せいようじんの はしの つかいは やすくありません。
2 せいようじんの はしの つかいは たかくありません。
3 せいようじんの はしの つかいは らくではありません。
4 せいようじんの はしの つかいは あんぜんではありません。

해석 서양인에게 있어서 젓가락 사용은 불편합니다.

해설 '不便(ふべん)だ 불편하다'를 다르게 표현한 것을 찾으면 되겠죠? '楽(らく)ではない 편하지 않다, 수월하지 않다'가 같은 뜻이므로 3번이 정답입니다.

정답 3

---

02 <u>これは ははの だいじな しゃしんです。</u>

1 これは ははの すきな しゃしんです。
2 これは ははの きらいな しゃしんです。
3 これは ははの いやな しゃしんです。
4 これは ははの たいせつな しゃしんです。

해석 이것은 엄마의 소중한 사진입니다.

해설 '大事(だいじ)なは 소중한, 중요한'이라는 뜻입니다. '소중한, 중요한'을 다르게 표현한 大切(たいせつ)な가 같은 뜻이므로 4번이 정답입니다.

정답 4

---

03 <u>ガスは きけんだから きを つけて ください。</u>

1 ガスは あぶないから きを つけて ください。
2 ガスは だいじょうぶだから きを つけて ください
3 ガスは あんぜんだから きを つけて ください
4 ガスは あんしんだから きを つけて ください

해석 가스는 위험하니까 조심하세요.

해설 '危険(きけん)だ 위험하다'를 다르게 표현한 것을 찾으면 되겠죠? い형용사 '危(あぶ)ない 위험하다'가 같은 뜻이므로 1번이 정답입니다.

정답 1

04 <u>きょうも ねっしんに はたらきます。</u>

1 きょうも ときどき はたらきます。

2 きょうも たいてい はたらきます。

3 きょうも いっしょうけんめい はたらきます。

4 きょうも ふつう はたらきます。

해석 오늘도 열심히 일합니다.

해설 '熱心(ねっしん)に 열심히'를 다르게 표현한 것을 찾으면 되겠죠? '一生懸命(いっしょうけんめい) 열심히'가 같은 뜻이므로 3번이 정답입니다.

정답 3

문제 5 다음 단어의 사용법으로 가장 알맞은 것을 하나 고르세요.

01 かんたんだ

1 きのうの やまのぼりは <u>かんたんでした</u>。

2 この カメラの つかいかたは <u>かんたんです</u>。

3 かんじを ひゃっこ おぼえるのは <u>かんたんです</u>。

4 えいごで せつめいするのは <u>かんたんです</u>。

해석 간단하다
1 어제의 등산은 간단했습니다.
2 이 카메라 사용법은 간단합니다.
3 한자를 100개 외우는 것은 간단합니다.
4 영어로 설명하는 것은 간단합니다.

해설 簡単(かんたん)だ는 수고가 들지 않고 간편하거나 손쉬움을 나타내므로 'この カメラの 使(つか)い方(かた)は 簡単だ 이 카메라 사용법은 간단하다'인 2번이 가장 어울리는 문장입니다. 1번 등산, 3번 한자를 100개 외우는 것은 일반적으로는 간단한 것이 아니라 힘이 드는 일이므로 '大変(たいへん)だ 힘들다'를, 4번 영어로 설명하는 것은 힘들거나 무리이므로 '大変だ 또는 無理(むり)だ 무리이다'를 쓰는 것이 자연스럽습니다.

정답 2

02 あんぜんだ

1 あの かわは およいでも <u>あんぜんです</u>。

2 よみちは <u>あんぜんです</u>。

3 ナイフは <u>あんぜんな</u> ものです。

4 うそを つくのは <u>あんぜんな</u> ことです。

해석 안전하다
1 저 강은 수영해도 안전합니다.
2 밤길은 안전합니다.
3 나이프는 안전한 것입니다.
4 거짓말 하는 것은 안전한 일입니다.

해설 安全(あんぜん)だ는 .안전하다'로 1번 '安全な仕事(しごと)だ 안전한 일이다'인가 정답입니다. 2번 밤길, 3번 나이프는 위험하므로 '危(あぶ)ない 위험하다'를, 4번 거짓말 하는 것은 나쁘므로 '悪(わる)い 나쁘다'를 쓰면 자연스럽습니다.

정답 1

03 むりだ

1 まいにち 3かい ごはんを たべるのは <u>むりです</u>。

2 こどもにも できる ことは わたしには <u>むりです</u>。

해석 무리이다
1 매일 3번 밥을 먹는 것은 무리입니다.
2 아이도 할 수 있는 것은 나에게는 무리입니다.
3 30페이지의 리포트를 1시간에 쓰는 것은 무리입니다.
4 물을 끓이는 것은 무리입니다.

해설 無理(むり)だ는 억지로 하거나, 상황이 곤란한 상태를 나타내므로 '30ページを1時間(じかん)で書(か)くの は無理だ 30페이지를 1시간에 쓰는 것은 무리다'인 3번이 정답입니다. 1번 매일 3번 밥을 먹는 것은 '当然(とうぜん)だ 당연하다', 2번 아이도 할 수 있으면 나도 할 수 있으므로 'できる

3 30ページの　レポートを　1じかんで　かくのは　むりです。

4 お湯を　わかすのは　むりです。

할 수 있다'를, 4번 물을 끓이는 것은 쉬우므로 '簡単(かんたん)だ 간단하다'를 쓰면 자연스럽습니다.

정답 3

---

04 めいわくだ

1 でんしゃの　なかで　さわぐのは　ひとに　めいわくに　なる　ことです。

2 ともだちと　りょこうするのは　めいわくです。

3 あかちゃんが　うまれるのは　めいわくです。

4 かぞくの　ひとりが　しんだら　めいわくです。

해석 폐 끼치다, 성가시다
1 전차 안에서 떠드는 것은 남에게 폐를 끼치는 일입니다.
2 친구들과 여행하는 것은 성가십니다.
3 아기가 태어나는 것은 폐를 끼칩니다.
4 가족 중의 한 사람이 죽으면 폐를 끼칩니다.

해설 迷惑(めいわく)는 남을 곤란하게 하는 상태를 나타내므로 '騒(さわ)ぐのは迷惑になることだ 떠드는 것은 폐를 끼치는 일이다'인 1번이 정답입니다. 2번 친구들과 여행하는 것은 즐거운 일이므로 '楽(たの)しい 즐겁다'를, 3번 아기가 태어나는 일은 경사이므로 '嬉(うれ)しい 기쁘다'를, 4번 가족의 죽음은 슬픈 일이므로 '悲(かな)しい 슬프다'를 쓰면 자연스럽습니다.

정답 1

시나공 05 な형용사 | 적중 예상 문제 ②

문제 1 ＿＿＿＿＿의 단어는 어떻게 읽습니까? 1 · 2 · 3 · 4 에서 가장 알맞은 것을 하나 고르세요.

01 さいきん　スポーツ　ダンスが　盛んです。

1 ざんねん　　2 あんせん
3 きけん　　4 さかん

해석 요즘 스포츠 댄스가 유행합니다.

정답 4

---

02 高い　山に　のぼるのは　こどもには　無理です。

1 しゃま　　2 むり
3 らく　　4 じゆう

해석 이번 업무 상담은 그다지 무리이지 않습니다.

정답 2

---

03 りょうりに　しおと　さとうは　適当に　いれて　ください。

1 てきとう　　2 べんとう
3 とうとう　　4 ふうとう

해석 요리에 소금과 설탕은 적당히 넣으세요.

정답 1

04 だれにも 確かな みらいは 見えない。

1 こまかな　2 あたたかな
3 たしかな　4 やわらかな

해석 친누구라도 확실한 미래는 안보인다.
정답 3

05 ぜんかいの ように にもつを 安全に おくりました。

1 あんぜん　2 かんたん
3 ふべん　4 かんぜん

해석 전번처럼 짐을 안전하게 보냈습니다.
정답 1

06 しゅじんは 急に しごとで でかけました。

1 へんに　2 らくに
3 きゅうに　4 だめに

해석 남편은 급하게 일로 외출했습니다.
정답 3

07 1じかん およいだから きょうの うんどうは これで 十分です。

1 かんたん　2 じゅうぶん
3 ざんねん　4 ねっしん

해석 1시간 수영했으니까 오늘 운동은 이것을 충분합니다.
정답 2

08 ひさしぶりに きょうは 暇でした。

1 ひま　2 さかん
3 しゆう　4 きけん

해석 오랜만에 오늘은 한가했습니다.
정답 1

문제 2 ________의 단어는 어떻게 씁니까? 1 · 2 · 3 · 4에서 가장 알맞은 것을 하나 고르세요.

01 きょうの おひるごはんは わたしが かんたんに 作れる ものに します。

1 複雑　2 大事
3 必要　4 簡単

해석 오늘 점심은 제가 간단하게 준비할 수 있는 것으로 하겠습니다.
정답 4

02 こんしゅうは とくべつな スケジュールは ありません。

1 特別　2 安全
3 迷惑　4 無理

해석 이번 주에는 특별한 스케줄은 없습니다.
정답 1

03 こんどの しゅっちょうに てきとうな ひとは だれですか。

1 丈夫　　2 立派
3 適当　　4 大切

해석 다음 번 출장에 적당한 사람은 누구입니까?
정답 3

04 これからの はなしを まじめに きいて ください。

1 大丈夫　　2 真面目
3 特別　　4 丁寧

해석 이제부터의 이야기를 진지하게 들어 주세요.
정답 2

05 じゅぎょうに ひつような テキストは じゅんびしてください。

1 必要　　2 残念
3 心配　　4 親切

해석 수업에 필요한 교재는 준비해주세요.
정답 1

06 うんてんは きけんな ことだから いつも きを つけて ください。

1 安全　　2 十分
3 迷惑　　4 危険

해석 운전은 위험한 것이니까 늘 조심하세요.
정답 4

07 この すうがくの もんだいは そんなに ふくざつじゃ ありません。

1 不便　　2 有名
3 複雑　　4 大変

해석 이 수학 문제는 그렇게 복잡하지 않습니다.
정답 3

08 がくせいたちは ねっしんに じゅぎょうを きいて います。

1 適当　　2 熱心
3 安全　　4 心配

해석 학생들은 열심히 수업을 듣고 있습니다.
정답 2

문제 3 (　　)에 무엇을 넣습니까? 1・2・3・4에서 가장 알맞은 것을 하나 고르세요.

01 (　　) せんぱいから れんらくが ありました。

1 ひさしぶりに　2 まじめに
3 たしかに　4 だいすきに

해석 **(오랜만에)** 선배로부터 연락이 있었습니다.
정답 1

02 こどもが べんきょうちゅうだから(　　) しては いけません。

1 めいわく　2 ふくざつ
3 しんぱい　4 じゃま

해석 아이가 공부중이니까 **(방해)**해서는 안 됩니다.
정답 4

03 この サンダルが (　　) で、デザインも かわいいです。

1 ふべん　2 きけん
3 らく　4 へん

해석 이 샌들이 **(편하)**고 디자인도 귀엽습니다.
정답 3

04 2かいの かいぎしつは (　　) に つかっても いいですか。

1 さかん　2 むり
3 じゃま　4 じゆう

해석 2층 회의실은 **(자유롭)**게 써도 됩니까?
정답 4

05 かいぎに (　　) な ものが あれば はなします。

1 とくべつ　2 ひつよう
3 たしか　4 じゅうぶん

해석 회의에 **(필요)**한 것이 있으면 이야기하겠습니다.
정답 2

06 (　　) な ことは かれに いわないで ください。

1 むり　2 らく
3 きゅう　4 しゃま

해석 **(무리)**인 것은 그에게 말하지 마세요.
정답 1

06 (　　　) な ことは かれに いわないで ください。

1 むり　　2 らく
3 きゅう　　4 しゃま

해석 (**무리**)인 것은 그에게 말하지 마세요.
정답 1

---

07 これは かりた カメラだから (　　　) に つかってください。

1 めいわく　　2 ていねい
3 かんたん　　4 ひつよう

해석 이것은 빌린 카메라이니까 (**조심스럽**)게 써 주세요.
정답 2

---

08 からだの ぐあいが よくないから (　　　) しないで ください。

1 むり　　2 ふべん
3 だめ　　4 きゅう

해석 몸 상태가 좋지 않으니까 (**무리**)하지 마세요.
정답 1

문제 4 ＿＿＿＿＿ 문장과 대체로 비슷한 의미의 문장이 있습니다. 1 · 2 · 3 · 4에서 가장 알맞은 것을 하나 고르세요.

01 ケーキを つくるのに 何が ひつようですか。

1 ケーキを つくるのに 何が いりますか。
2 ケーキを つくるのに 何が ありますか。
3 ケーキを つくるのに 何を いれますか。
4 ケーキを つくるのに 何が はいりますか。

해석 케이크를 만드는 데에 무엇이 필요합니까?
해설 '必要(ひつよう)だ는 필요하다'를 다르게 표현한 것을 찾으면 되겠죠? 동사 '要(い)る 필요하다'가 같은 뜻이므로 1번이 정답입니다. 要る는 예외 5단동사입니다.
정답 1

---

02 ふたりが けっこうするのは たしかです。

1 ふたりが けっこうするのは うそです。
2 ふたりが けっこうするのは ほんとうです。
3 ふたりが けっこうするのは まだです。
4 ふたりが けっこうするのは へんです。

해석 두 사람이 결혼하는 것은 확실합니다.
해설 '確(たし)かだ는 확실하다'를 다르게 표현한 것을 찾으면 되겠죠? '本当(ほんとう)だ 정말이다, 사실이다'가 같은 뜻이므로 2번이 정답입니다.
정답 2

---

03 だれも いない じむしょに はいっては だめです。

1 だれも いない じむしょに はいらなければ いけません。

해석 아무도 없는 사무소에 들어와서는 안 됩니다.
해설 'だめだ 안 된다'를 다르게 표현한 것을 찾으면 되겠죠? '~てはいけない ~해서는 안 된다'가 같은 뜻이므로 4번이 정답입니다.
정답 4

2 だれも いない じむしょに はいらなければ なりません。

3 だれも いない じむしょに はいっても いいです。

4 だれも いない じむしょに はいっては いけません。

04 この カメラの つかいかたは ふくざつです。

1 この カメラの つかいかたは ふつうです。

2 この カメラの つかいかたは むずかしいです。

3 この カメラの つかいかたは やさしいです。

4 この カメラの つかいかたは かんたんです。

해석 이 카메라 사용법은 복잡합니다.

해설 '複雑(ふくざつ)だ는 복잡하다'를 다르게 표현한 것을 찾으면 되겠죠? '難(むずか)しい 어렵다'가 같은 뜻이므로 2번이 정답입니다.

정답 2

문제 5 다음 단어의 사용법으로 가장 알맞은 것을 하나 고르세요.

01 しんぱいだ

1 まいにち しょくじが しんぱいです。

2 しあいに かつのは しんぱいです。

3 かぞくの ことを しんぱいして ください。

4 りょうしんは 私の ことを しんぱいして います。

해석 걱정이다

1 매일 식사가 걱정입니다.

2 시합에 이기는 것은 걱정입니다.

3 가족 일을 걱정해 주세요.

4 부모님은 나를 걱정하고 있습니다.

해설 心配(しんぱい)だ는 마음을 쓰거나 불안하게 생각하는 상태를 나타내므로 '私(わたし)のことを心配している 나를 걱정하고 있다'인 4번이 정답입니다. 1번 식사시간은 즐거우므로 '楽(たの)しい 즐겁다'를, 2번 시합에서 이겨야 좋으므로 '嬉(うれ)しい 기쁘다'를, 3번 가족의 일을 걱정하라는 부탁은 없는 일이므로 '安心(あんしん)してください 안심하세요'를 쓰면 자연스럽습니다.

정답 4

02 ねっしんだ

1 むすめは ピアノの れんしゅうに ねっしんです。

2 かれは ねる ことに ねっしんです。

3 こどもたちは ねっしんに あそんで いる。

4 やくそくの じかんに ねっしんです。

해석 열심이다

1 딸은 피아노 연습에 열심입니다.

2 그는 자는 일에 열심입니다.

3 아이들은 열심히 놀고 있습니다.

4 약속시간에 열심입니다.

해설 熱心(ねっしん))だ는 열정을 가지고 매사를 처리하는 상태를 나타내므로 '練習(れんしゅう)に熱心だ 연습에 열심이다'인 1번이 정답입니다. 2번 자는 일에 '열심이다'는 맞지 않으므로 '寝(ね)るのが趣味(しゅみ)だ 자는 것이 취미이다'를, 3번 또한 '열심히'라는 표현은 어울리지 않으므로 '楽(たの)しそうに 즐거운 듯이'를, 4번 '약속시간에 열심이다'도 어울리지 않으므로 '遅(おく)れないようにする 늦지 않도록 한다'를 쓰면 자연스럽습니다.

정답 1

03 おなじだ

1 にほんと ちゅうごくは ことばが おなじです。

2 ともだちと おなじ かばんを かいました。

3 ねだんが おなじなので かいませんでした。

4 ふたりは としは おなじなので、かのじょの ほうが あね みたいです。

해석 같다

1 일본과 중국은 언어가 같습니다.

2 친구와 같은 가방을 샀습니다.

3 값이 같아서 사지 않았습니다.

4 두 사람은 나이가 같아서 그녀가 더 언니 같습니다.

해설 同(おな)じだ는 성질, 상태, 정도 등이 동일한 상태를 나타내므로 '同じかばんを買(か)った 같은 가방을 샀다'인 2번이 정답입니다. 1번 일본과 중국은 각각의 언어를 쓰고 있으므로 '違(ちが)う 다르다'를, 3번은 가격이 같으므로 '買(か)った 샀다'를, 4번은 'おなじなので 같아서'가 아니라 두 사람 다 나이는 같지만 그녀가 더 언니 같다라는 부연설명인 'おなじですが 같지만'을 쓰면 자연스럽습니다.

정답 2

04 てきとうだ

1 りょうしんにも てきとうに れんらくして います。

2 べんきょうも てきとうに したいです。

3 この しごとに てきとうな ひとは やまださんです。

4 しごとも てきとうに します。

해석 적당하다, 알맞다

1 부모님에게도 적당히 연락하고 있습니다.

2 공부도 적당히 하고 싶습니다.

3 이 일에 알맞은 사람은 야마다 씨입니다.

4 일도 적당히 합니다.

해설 適当(てきとう)だ는 어떤 상태나 목적 등에 알맞게 들어맞음을 상태를 나타내므로 업무에 적답하다는 의미인 3번이 정답입니다. 1번은 부모님에게는 자주 연락해야 하므로 'よく 자주'를, 2번 공부도 열심히 해야 하므로 '一生懸命(いっしょうけんめい) 열심히'를, 일도 열심히 또는 성실히 해야 하므로 '一生懸命(いっしょうけんめい)' 또는 'まじめに 성실히'를 쓰면 자연스럽습니다.

정답 3

시나공 06 동사 | 적중 예상 문제 ①

문제 1 ＿＿＿＿의 단어는 어떻게 읽습니까? 1·2·3·4 에서 가장 알맞은 것을 하나 고르세요.

01 あにが じてんしゃを 直して くれました。

1 かえして　　2 はなして

3 ながして　　4 なおして

해석 형이 자전거를 고쳐 주었습니다.

정답 4

02 三人で にもつを 運んで います。

1 あそんで　　2 はこんで

3 のんで　　4 よんで

해석 셋이서 짐을 옮기고 있습니다.

정답 2

03 バスが こんで やくそくの じかんに 遅れ ました。

1 ぬれ　2 おれ
3 おくれ　4 わかれ

해석 버스가 붐벼서 약속 시간에 늦었습니다.
정답 3

04 きのうは かいしゃに 残って しごとを かたづけました。

1 ひっこして　2 のこって
3 おくって　4 とおって

해석 어제는 회사에 남아서 업무를 정리했습니다.
정답 2

05 きゅうに 車が 動かないように なりました。

1 はたらか　2 うごか
3 あるか　4 なか

해석 갑자기 차가 움직이지 않게 되었습니다.
정답 2

06 １じに ともだちの けっこんしきが 行われます。

1 あわれ　2 かわれ
3 いわれ　4 おこなわれ

해석 1시에 친구의 결혼식이 거행됩니다.
정답 4

07 １０ねんも つかったら れいぞうこが 壊れて しまいました。

1 こわれて　2 さわれ
3 つれて　4 ひかれ

해석 10년이나 썼더니 냉장고가 망가져 버렸습니다.
정답 1

08 バスの なかで 赤ちゃんに 泣かれて こまりました。

1 ぬすまれ　2 なかれて
3 はらわれ　4 やめられて

해석 버스 안에서 아기가 울어 곤란했습니다.
정답 2

문제 2 ______의 단어는 어떻게 씁니까? 1 · 2 · 3 · 4에서 가장 알맞은 것을 하나 고르세요.

01 じかんが ないから いそがなければ なりません。

1 怒が　2 急が
3 思が　4 怠が

해석 시간이 없으니까 서두르지 않으면 안 됩니다.
정답 2

---

02 ひかりで かみの いろが　きいろに かわりました。

1 代わり　2 備わり
3 加わり　4 変わり

해석 빛으로 종이 색깔이 노랑으로 변했습니다.
정답 4

---

03 かいものは いちまんえん あれば たります。

1 足り　2 借り
3 下り　4 降り

해석 쇼핑은 만 엔 있으면 충분합니다.
정답 1

---

04 まいねん じどうしゃの ゆにゅうが ふえて います。

1 代えて　2 増えて
3 変えて　4 換えて

해석 매년 자동차 수입이 증가하고 있습니다.
정답 2

---

05 わたしの こえが 後ろの ひとは きこえますか。

1 聞こえ　2 門こえ
3 問こえ　4 間こえ

해석 제 목소리가 뒷사람은 들립니까?
정답 1

---

06 ふたりの けっこんは まだ しらせて いないです。

1 書かせて　2 買わせて
3 知らせて　4 拾わせて

해석 두 사람의 결혼은 아직 알리지 않았습니다.
정답 3

---

07 バスの なかで 足を ふまれました。

1 踏まれ　2 呼ばれ
3 止まれ　4 読まれ

해석 버스 안에서 발을 밟혔습니다.
정답 1

08 くうこうゆきは バスから でんしゃに のりかえて ください。

1 乗り替えて　2 取り換えて
3 乗り換えて　4 取り替えて

해석 공항행은 버스에서 전차로 갈아타세요.
정답 3

문제 3 (　　)에 무엇을 넣습니까? 1·2·3·4에서 가장 알맞은 것을 하나 고르세요.

01 せんしゅう アメリカから (　　) スミスと もうします。

1 やくに たった　2 わかれた
3 いった　4 まいりました

해석 지난 주 미국에서 **(온)** 스미스라고 합니다.
정답 4

02 しゅくだいを (　　) まま がっこうに いきました。

1 なれた　2 つかれた
3 わすれた　4 つれた

해석 숙제를 **(잊은)** 채로 학교에 갔습니다.
정답 3

03 らいげつ かんじの しけんを (　　) よていです。

1 おくる　2 うつる
3 うける　4 とる

해석 다음 달 한자 시험을 **(볼)** 예정입니다.
정답 3

04 はじめて にほんの おさけを (　　) ました。

1 いただき　2 たべ
3 かよい　4 かんがえ

해석 처음으로 일본 술을 **(마셨)**습니다.
정답 1

05 きょねんと (　　) ことしが もっと あついです。

1 こわして　2 はなして
1 きいて　4 くらべて

해석 작년과 **(비교해서)** 올해가 더 덥습니다.
정답 4

06 コップが テーブルから（　　　）ました。

1 かみ　　2 おち

3 あげ　　4 おくり

해석 컵이 테이블에서 **(떨어졌)**습니다.

정답 2

---

07 みなさん つぎの ページを（　　　）ください。

1 ごらんになって　　2 いただいて

3 もうしあげて　　4 めしあげて

해석 여러분 다음 페이지를 **(봐)** 주세요.

정답 1

---

08 くすりを のんでも ねつが（　　　）ません。

1 すべり　　2 のぼり

3 つり　　4 さがり

해석 약을 먹어도 열이 **(내리지)** 않습니다.

정답 4

문제 4 ＿＿＿＿＿ 문장과 대체로 비슷한 의미의 문장이 있습니다. 1・2・3・4에서 가장 알맞은 것을 하나 고르세요.

01 さき えいごの しゅくだいは すみました。

1 さき えいごの しゅくだいは おわりました。

2 さき えいごの しゅくだいは はじめました。

3 さき えいごの しゅくだいは まだです。

4 さき えいごの しゅくだいは して います。

해석 아까 영어 숙제는 끝났습니다.

해설 '済(す)む 끝나다'를 다르게 표현한 것을 찾으면 되겠죠? '宿題(しゅくだい)は終(お)わった 숙제는 끝났다'가 같은 뜻이므로 1번이 정답입니다.

정답 1

---

02 おじいさんが ははに でんわを しました。

1 おじいさんが ははに でんわを あげました。

2 おじいさんが ははに でんわを かけました。

3 おじいさんが ははに でんわを もらいました。

4 おじいさんが ははに でんわを くれました。

해석 할아버지가 엄마에게 전화를 했습니다.

해설 '電話(でんわ)をする 전화를 하다'를 다르게 표현한 것을 찾으면 되겠죠? '電話をかける 전화를 걸다'가 같은 뜻이므로 2번이 정답입니다.

정답 2

---

03 家を おおさかから なごやに ひっこします。

1 家を おおさかから なごやに かいます。

2 家を おおさかから なごやに うつします。

3 家を おおさかから なごやに つくります。

4 家を おおさかから なごやに うります。

해석 집을 오사카에서 나고야로 이사합니다.

해설 '引(ひ)っ越(こ)す 이사하다'를 다르게 표현한 것을 찾으면 되겠죠? '移(うつ)す 옮기다'가 같은 뜻이므로 2번이 정답입니다.

정답 2

04 やいた ばかりの この ステーキを めしあがって ください。

1 やいた ばかりの この ステーキを いれて ください。

2 やいた ばかりの この ステーキを かして ください。

3 やいた ばかりの この ステーキを かって ください。

4 やいた ばかりの この ステーキを たべて ください。

해석 막 구운 이 스테이크를 드세요.

해설 'めじあがる 드시다'를 다르게 표현한 것을 찾으면 되겠죠? '食(た)べる 먹다'가 같은 뜻이므로 4번이 정답입니다.

정답 4

문제 5 다음 단어의 사용법으로 가장 알맞은 것을 하나 고르세요.

01 しらべる

1 じどうしゃの じこの げんいんを しらべます。

2 くるまを カーセンターで しらべます。

3 あしたの しょくじの じゅんびを しらべます。

4 あにの らいげつの けっこんを しらべます。

해석 조사하다

1 자동차 사고 원인을 조사합니다.

2 차를 카센터에서 조사합니다.

3 내일 식사 준비를 조사합니다.

4 형의 다음 달 결혼을 조사합니다.

해설 調(しら)べる는 이것저것 비교해 보며 생각하는 상태를 나타내므로 '原因(げんいん)を調(しら)べる 원인을 조사하다'인 1번이 정답입니다. 2번은 카센터에서 고친다는 修理(しゅうり)する 고치다를, 3번은 식사 준비하다와 4번 결혼을 하다는 동사 'する 하다'를 사용하면 자연스럽습니다.

정답 1

02 こむ

1 へやが おもちゃで こんで います。

2 人が いっぱいで でんしゃが こんで います。

3 かばんの なかが ほんで こんで います。

4 ほんだなに ほんが こんでいます。

해석 붐비다

1 방이 장난감으로 붐빕니다.

2 사람이 많아서 전철이 붐빕니다.

3 가방 안이 책으로 붐빕니다.

4 책장에 책이 붐빕니다.

해설 込(こ)む는 혼잡한 상태를 나타내므로 '電車(でんしゃ)が込(こ)む 전철이 붐비다'인 2번이 정답입니다. 1번은 장난감으로, 3번은 가방 안이 책으로, 4번은 책장에 책이 가득한 것이므로 'いっぱいだ 가득하다, 가득 이다'를 쓰면 자연스럽습니다.

정답 2

03 かまう

1 そとでは たばこを すっても かまいません。

2 としょかんで さわいでも かまいません。

3 じゅぎょうちゅうに ねても かまいません。

4 こどもも おさけを のんでも かまいません。

해석 상관있다

1 밖에서는 담배를 피워도 상관없습니다.

2 도서관에서 떠들어도 상관없습니다.

3 수업 중에 자도 상관없습니다.

4 아이도 술을 마셔도 상관없습니다.

해설 かまう는 '관계되다, 관여하다'라는 뜻으로 주로 부정형으로 쓰입니다. 상황에 따른 '관계없다, 관여하지 않는다'라는 상태를 나타내므로 '吸(す)ってもかまわない 피워도 상관없다'인 1번이 정답입니다. 2번은 도서관에서는 떠들면 안 되므로 '騒(さわ)いではいけない 떠들면 안 된다'를, 3번은 수업 중에는 자면 안 되므로 '寝(ね)てはいけない 자면 안 된다'를, 4번은 아이들은 술을 마셔서는 안되므로 '飲(の)んではいけない 마시면 안 된다'를 쓰면 자연스럽습니다.

정답 1

04 ほめる

1 友だちと けんかして ほめられました。
2 べんきょうしないと ほめられます。
3 えいごの はつおんが いいと ほめられました。
4 いぬを いじめて ほめられました。

해석 칭찬하다
1 친구와 싸워서 칭찬받았습니다.
2 공부하지 않으면 칭찬 받습니다.
3 영어 발음이 좋다고 칭찬받았습니다.
4 개를 괴롭혀 칭찬받았습니다.

해설 ほめる는 어떤 일을 평가하여 좋다고 인정하는 상태를 나타내므로 '発音(はつおん)がいいと誉(ほ)められた 발음이 좋다고 칭찬받았다'인 3번이 정답입니다. 1번은 친구와 싸우면, 2번은 공부 안하면, 4번은 동물을 괴롭히면 혼나므로 '叱(しか)られた 혼났다'를 쓰면 자연스럽습니다.

정답 3

시나공 06 동사 | 적중 예상 문제 ②

문제 1 ＿＿＿＿의 단어는 어떻게 읽습니까? 1・2・3・4 에서 가장 알맞은 것을 하나 고르세요.

01 なつやすみの りょこうの けいかくを 立てます。

1 たて　　2 あわて
3 みて　　4 あけ

해석 여름휴가 여행 계획을 세웁니다.

정답 1

02 むすこに ズボンは 合って ますか。

1 よって　　2 なって
3 しって　　4 あって

해석 아들에게 바지는 맞습니까?

정답 4

03 べんきょうしなくて 母に 怒られました。

1 なぐられ　　2 つくられ
3 おこられ　　4 おられ

해석 공부하지 않아서 엄마한테 혼났습니다.

정답 3

04 かのじょは スーパーで やすくて いい くだものを 選びました。

1 はこび　2 えらび
3 よび　4 とび

해석 그녀는 슈퍼마켓에서 싸고 좋은 과일을 골랐습니다.
정답 2

05 あなたの しっぱいじゃないので 謝らなくても いいです。

1 はじま　2 すすま
3 あやま　4 きま

해석 당신 실수가 아니니까 사과하지 않아도 됩니다.
정답 3

06 しょうらいに たいして ふかく 考えて みて ください。

1 かんがえ　2 つたえ
3 きこえ　4 のりかえ

해석 장래에 대해서 깊게 생각해 보세요.
정답 1

07 かのじょと 別れてから 10ねんに なりました。

1 こわれ　2 わすれ
3 たおれ　4 わかれ

해석 여자 친구와 헤어지고 나서 10년이 되었습니다.
정답 4

08 らいげつ ひっこしする いえが 建てられる よていです。

1 まて　2 たて
3 かて　4 すて

해석 다음 달 이사 할 집이 지어질 예정입니다.
정답 2

문제 2 ＿＿＿＿의 단어는 어떻게 씁니까? 1 · 2 · 3 · 4에서 가장 알맞은 것을 하나 고르세요.

01 きかいが 急に とまりました。

1 始まり　2 留まり
3 泊まり　4 止まり

해석 기계가 갑자기 멈추었습니다.
정답 4

02 はこの なかの おかしが なくなりました。

1 鳴くなり　2 無くなり
3 亡くなり　4 泣くなり

해석 상자 안의 과자가 없어졌습니다.
정답 2

03 からだの ぐあいが わるかったので 今回の しあいは まけました。

1 負け　2 背け
3 貸け　4 買け

해석 몸 상태가 나빠서 이번 시합은 졌습니다.
정답 1

04 やすみの とき まんがを よむのが たのしみます。

1 楽しみ　2 薬しみ
3 案しみ　4 柔しみ

해석 휴일에 만화를 읽는 것이 즐거움(낙)입니다.
정답 1

05 きょうは むすこに そうじを てつだって もらいました。

1 手伝って　2 手耘って
3 手紜って　4 手転って

해석 오늘은 아들이 청소를 도와주었습니다.
정답 1

06 りょうしんは あかるくて ひろい いえを さがして います。

1 写して　2 壊して
3 沸かして　4 探して

해석 부모님은 밝고 넓은 집을 찾고 있습니다.
정답 4

07 とおくから ひかって いる のは なんですか。

1 戻って　2 光って
3 治って　4 送って

해석 멀리서 빛나고 있는 것은 무엇입니까?
정답 2

08 プレゼントで もらった さいふを おとして しまいました。

1 落して　2 起こして
3 探して　4 無くして

해석 선물로 받은 지갑을 잃어버리고 말았습니다.
정답 1

문제 3 (　　)에 무엇을 넣습니까? 1 · 2 · 3 · 4에서 가장 알맞은 것을 하나 고르세요.

01 かれは バスケットボールゴールネットに じょうずに ボールを（　　）。

1 なげます　2 はらいます
3 えらびます　4 きめます

해석 그는 농구골대에 능숙하게 공을 **(던집니다)**.
정답 1

---

02 みせに まだ でんきが（　　）います。

1 ついて　2 つけて
3 とまって　4 とめて

해석 가게에 아직 전기가 **(켜져)** 있습니다.
정답 1

---

03 ひろった さいふを けいさつしょに（　　）ました。

1 とどき　2 しらせ
3 とどけ　4 しり

해석 주운 지갑을 경찰서에 **(신고)**했습니다.
정답 3

---

04 デパートは １０じから（　　）ます。

1 あるき　2 ひらき
3 さき　4 うごき

해석 백화점은 10시부터 **(엽)**니다.
정답 2

---

05 とけいの デザインを（　　）て みたら おなじでした。

1 とめ　2 すすめ
3 くらべ　4 やけ

해석 시계 디자인을 **(비교)**해 보니 같았습니다.
정답 3

---

06 ごしゅじんは きょうの あつまりに なんじに（　　）ますか。

1 なれ　2 おどろき
3 かまい　4 おいでになり

해석 남편 분은 오늘 모임에 몇 시에 (오)십니까?
정답 4

---

07 せんぱいが ちゅうしゃじょうまで（　　）に きて くれました。

1 さがしに　2 むかえ
3 すて　4 おどり

해석 선배가 주차장까지 **(마중)**하러 와 주었습니다.
정답 2

08 あしたの かいぎは よていどおり（　　　）ことに しました。

1 よごれる　　2 まちがえる
3 すすめる　　4 おこる

해석 내일 회의는 예정대로 **(진행)**하기로 했습니다.

정답 3

문제 4 ＿＿＿＿ 문장과 대체로 비슷한 의미의 문장이 있습니다. 1・2・3・4에서 가장 알맞은 것을 하나 고르세요.

01 あめが やっと やみました。

1 あめは まだ ふって います。
2 あめは だんだん ふりそうです。
3 あめは ふりません。
4 あめは ふりはじめました。

해석 비가 겨우 그쳤습니다.

해설 '止(や)む 그치다'를 다르게 표현한 것을 찾으면 되겠죠? '降(ふ)らない 내리지 않는다'가 같은 뜻이므로 3번이 정답입니다.

정답 3

02 ひきだしの 中の ものを かたづけて ください。

1 ひきだしの 中の ものを すてて ください。
2 ひきだしの 中の ものを だして ください。
3 ひきだしの 中に ものを いれて ください。
4 ひきだしの 中の ものを きれいに して ください

해석 서랍 안의 물건을 정리해 주세요.

해설 '片付(かたづ)ける 정리하다'를 다르게 표현한 것을 찾으면 되겠죠? 'きれいにする 깨끗이 하다'가 같은 뜻이므로 4번이 정답입니다.

정답 4

03 先生から こんかいの セミナーに ついて おはなしを うかがいました。

1 先生から こんかいの セミナーに ついて はなしを ききました。
2 先生に こんかいの セミナーに ついて はなしを しました。
3 先生が こんかいの セミナーに ついて はなしを わすれました。
4 先生に こんかいの セミナーに ついて はなしを いいました。

해석 선생님에게 이번 세미나에 대해서 말씀을 들었습니다.

해설 '伺(うかが)う 듣다, 여쭙다'를 다르게 표현한 것을 찾으면 되겠죠? '聞(き)く 듣다, 묻다'가 같은 뜻이므로 1번이 정답입니다.

정답 1

04 テーブルの うえに はなが かざって あります。

1 テーブルの うえに はなを おかれて います。

2 テーブルの うえに はなが おいて あります。

3 テーブルの うえに はなを おいて います。

4 テーブルの うえに はなを おいて あります。

해석 테이블 위에 꽃이 장식되어 있습니다.

해설 '飾(かざ)る 장식하다'를 다르게 표현한 것을 찾으면 되겠죠? '花(はな)が置(お)いてある 꽃이 놓여있다'가 같은 뜻이므로 2번이 정답입니다.

정답 2

문제 5 다음 단어의 사용법으로 가장 알맞은 것을 하나 고르세요.

01 いのる

1 こどもが いえに かえらないのを いのります。

2 あした しあいが あるので いい 天気に なるのを いのります。

3 かれが かいしゃを やめるのを いのります。

4 けんこうの ために しゅじんが うんどうしないのを いのります。

해석 바라다, 기원하다, 기도하다, 빌다
1 아이가 집에 돌아오지 않기를 바랍니다.
2 내일 시합이 있어서 좋은 날씨가 되기를 바랍니다.
3 남자친구가 회사를 그만두기를 바랍니다.
4 건강을 위해 남편이 운동하지 않기를 바랍니다.

해설 祈(いの)る는 마음으로 바라거나 희망하는 상태를 나타내므로 'いい天気(てんき)になるのを祈(いの)る 좋은 날씨가 되기를 바라다'인 2번이 정답입니다. 1번, 3번, 4번은 '心配(しんぱい)する 걱정하다'를 쓰면 자연스럽습니다.

정답 2

02 おどろく

1 かれが まだ 来なくて おどろきました。

2 だんなから たばこを やめると いわれて おどろきました。

3 まいにち あさごはんを たべて おどろきました。

4 こどもは がっこうへ いって おどろきました。

해석 놀라다
1 그가 아직 오지 않아서 놀랐습니다.
2 남편에게 담배를 끊는다는 말을 듣고 놀랐습니다.
3 매일 아침을 먹어서 놀랐습니다.
4 아이는 학교에 가서 놀랐습니다.

해설 驚(おどろ)く는 의외인 일에 있어서 마음이 술렁이거나 두근거리는 상태를 나타내므로 'たばこを止(や)めると言(い)われて驚(おどろ)いた 담배를 끊는다는 말을 듣고 놀랐다'인 2번이 정답입니다. 1번은 그가 아직 오지 않았으므로 '心配(しんぱい)だ 걱정이다'를, 3번은 매일 아침밥을 먹으면 건강에 좋으므로 '体(からだ)にいい 몸에 좋다'를, 4번은 학교에 갔기 때문에 지금 없다는 뜻인 '今(いま)いない 지금 없다'를 쓰면 자연스럽습니다.

정답 2

03 さわる

1 たべものを きたない てで さわらないで ください。

2 びじゅつかんの えを さわっても いいです。

3 あつい おゆを さわっても いいです。

4 ぬったばかりの かべを さわっても かまいません。

해석 만지다, 손대다
1 음식물을 더러운 손으로 만지지 마세요.
2 미술관의 그림을 만져도 됩니다.
3 뜨거운 죽을 만져도 좋습니다.
4 막 바른 벽을 만져도 상관없습니다.

해석 만지다, 손대다

해설 触(さわ)る는 손으로 접촉하거나 닿는 상태를 나타내므로 '触(さわ)らないでください 만지지 마세요'인 1번이 정답입니다. 2번 미술관의 그림은 만져서는 안 되며, 3번 뜨거운 죽과,

4번 막 바른 벽을 만져서는 안 되므로 '触(さわ)ってはいけない 만져서는 안 된다'를 쓰면 자연스럽습니다.

정답 1

---

04 せわを する

1 わたしは ねこの せわを して くれます。

2 わたしは あかちゃんに せわを して もらいます。

3 おとうとは じてんしゃの せわを します。

4 かのじょは びょうにんの せわを します。

해석 돌보다

1 저는 고양이를 돌봐 줍니다.

2 아기가 나를 돌봐 줍니다.

3 남동생은 자전거를 돌봅니다.

4 그녀는 환자를 돌봅니다.

해설 世話(せわ)をするは 사람을 위해 도와주거나 보살피는 상태를 나타내므로 '世話をする 돌보다'인 4번이 정답입니다. 1번은 내가 고양이를 돌봐주므로 '~てあげる ~해주다'를, 2번은 아기가 나를 돌봐줄 수 없으므로 赤ちゃん 대신에 'おばあさん 할머니' 등을, 3번은 사람이나 동물에 쓰이는 표현이므로 '子供(こども) 아이, 病人(びょうにん) 병자, 환자' 등을 쓰면 자연스럽습니다.

정답 4

시나공 07 명사 | 적중 예상 문제 ①

문제 1 ＿＿＿＿＿의 단어는 어떻게 읽습니까? 1・2・3・4 에서 가장 알맞은 것을 하나 고르세요.

01 あには しごとで 急行に のって おおさかに いきました。

1 ぎゅうこう　2 きゅうごう

3 きゅうこう　4 ぎゅうごう

해석 형은 일로 급행을 타고 오사카에 갔습니다.

정답 3

---

02 ふゆには とくに 火事に きを つけましょう。

1 かじ　2 がじ

3 がし　4 かし

해석 겨울에는 특히 화재에 주의합시다.

정답 1

---

03 たなかさんが すきな 季節は なんですか。

1 ぎぜつ　2 きぜつ

3 ぎせつ　4 きせつ

해석 다나카 씨가 좋아하는 계절은 무엇입니까?

정답 4

---

04 あねは こわくて 運転が できません。

1 おんてん　2 うんてん

3 おんでん　4 うんでん

해석 언니는 무서워서 운전을 못합니다.

정답 2

05 しんじゅくは しゅうまつには いつも 交通が こみます。

1 ごうづう　2 こうづう
3 ごうつう　4 こうつう

해석 신주쿠는 주말에는 언제나 교통이 붐빕니다.
정답 4

06 いもうとは 人形あそびが だいすきです。

1 にんぎょう　2 にんぎょ
3 にんきょう　4 にんきょ

해석 여동생은 인형 놀이를 아주 좋아합니다.
정답 1

07 りょこうは いつも 楽しみです。

1 かなしみ　2 さびしみ
3 たのしみ　4 うれしみ

해석 여행은 언제나 기대됩니다.
정답 3

08 いつ かぜの 注射を して もらう よていですか。

1 ちゅうしゃ　2 じゅうしゃ
3 ちゅうさ　4 じゅうさ

해석 언제 감기 주사를 맞을 예정입니까?
정답 1

문제 2 ＿＿＿＿의 단어는 어떻게 씁니까? 1 · 2 · 3 · 4에서 가장 알맞은 것을 하나 고르세요.

01 しょうがっこうの ともだちと おもいでが たくさん あります。

1 恩い出　2 思い出
3 思い抽　4 恩抽

해석 초등학교 친구들과 추억이 많이 있습니다.
정답 2

02 りょうしんは きょういくの しごとを して います。

1 教育　2 孝育
3 孝郁　4 教郁

해석 부모님은 교육**(과 관련된)** 일을 하고 있습니다.
정답 1

03 そぼは れきしの ドラマを よく みます。

1 暦使　2 歴史
3 歴使　4 暦史

해석 할머니는 역사 드라마를 잘 봅니다.
정답 2

04 なぜ しあいに しっぱいしたか げんいん を さがして みましょう。

1 原困　　2 源因
3 原因　　4 源困

해석 왜 시합에 실수했는지 원인을 찾아봅시다.
정답 3

05 ぎゅうにゅうは ふつう その ねだんで かえます。

1 普通　　2 譜踊
3 譜通　　4 普踊

해석 우유는 보통 그 가격으로 살 수 있습니다.
정답 1

06 としょかんの りよう じかんは なんじか らですか。

1 俐冊　　2 利用
3 俐用　　4 利冊

해석 도서관 이용 시간은 몇 시부터입니까?
정답 2

07 友だちの いえに いきましたが、るすでした。

1 留寸　　2 瑠寸
3 瑠守　　4 留守

해석 친구 집에 갔는데 부재중이었습니다.
정답 4

08 いなかの せいかつは たのしいです。

1 星舌　　2 生舌
3 生活　　4 星活

해석 시골 생활은 즐겁습니다.
정답 3

문제 3 (　　)에 무엇을 넣습니까? 1・2・3・4에서 가장 알맞은 것을 하나 고르세요.

01 (　　　) には おおせいの ひとが あつま ります。

1 けしき　　2 おまつり
3 ゆにゅう　　4 さんせい

해석 **(축제)**에는 많은 사람이 모입니다.
정답 2

02 あなたの へやには (　　　) が ありますか。

1 おしいれ　　2 じだい
3 とかい　　4 しょうせつ

해석 당신 방에는 **(벽장)**이 있습니까?
정답 1

03 にちようびに（　　　）の しけんが あります。

1 もり　　2 ふね
3 むし　　4 こうむいん

해석 일요일에 **(공무원)** 시험이 있습니다.
정답 4

---

04 こうえんの（　　　）に いぬが います。

1 ひきだし　　2 りょう ほう
3 まんなか　　4 れいぼう

해석 공원 **(한 가운데)**에 개가 있습니다.
정답 3

---

05 おもったより（　　　）だいと でんきだいは たかく ありませんでした。

1 すいどう　　2 わすれもの
3 ちゅうし　　4 せんもん

해석 생각보다 **(수도)**요금과 전기요금은 비싸지 않았습니다.
정답 1

---

06 きょねんの ふゆに つかった（　　　）が ちいさく なりました。

1 せかい　　2 こくさい
3 てぶくろ　　4 おくじょう

해석 작년 겨울에 사용한 **(장갑)**이 작아졌습니다.
정답 3

---

07 ははは（　　　）の せんたくを して います。

1 おと　　2 ふとん
3 みまい　　4 かがく

해석 엄마는 **(이불)** 빨래를 하고 있습니다.
정답 2

---

08 （　　　）は なんがいに ありますか。

1 かべ　　2 こうぎ
3 さか　　4 けんきゅうしつ

해석 **(연구실)**은 몇 층에 있습니까?
정답 4

문제 4 ＿＿＿＿＿문장과 대체로 비슷한 의미의 문장이 있습니다. 1 · 2 · 3 · 4에서 가장 알맞은 것을 하나 고르세요.

01 けさ みちで じこが ありました。

1 みちで ひとが あつまって おどって いました。
2 みちで ひとが うたって いました。
3 みちで ひとが じてんしゃと ぶつかって たおれて いました。
4 みちで ひとが ピアノを ひいて いました。

해석 오늘 아침 길에서 사고가 있었습니다.
해설 事故(じこ)는 '사고'라는 뜻입니다. '사고'와 관련된 다르게 표현한 것을 찾으면 되겠죠? 人(ひと)が自転車(じてんしゃ)とぶつかって倒(たお)れている(사람이 자전거와 부딪혀 쓰러져 있다)가 같은 뜻이므로 3번이 정답입니다.
정답 3

02 かのじょと しゅうまつに はなみに いきます。

1 かのじょと しゅうまつに サッカーを みに いきます。
2 かのじょと しゅうまつに サクラを みに いきます。
3 かのじょと しゅうまつに コンサートを みに いきます。
4 かのじょと しゅうまつに ペットを みに いきます。

해석 여자 친구와 주말에 꽃구경하러 갑니다.
해설 花見(はなみ)는 '꽃구경'이라는 뜻입니다. '꽃구경'과 관련된 다르게 표현한 것을 찾으면 되겠죠? サクラ(벚꽃)가 같은 뜻이므로 2번이 정답입니다.
정답 2

03 しゅうまつに えいごの テキストを かいに いきました。

1 しゅうまつに えいごの ほんを かいに いきました。
2 しゅうまつに えいごの ざっしを かいに いきました。
3 しゅうまつに えいごの じてんを かいに いきました。
4 しゅうまつに えいごの しんぶんを かいに いきました。

해석 주말에 영어 텍스트를 사러 갔습니다.
해설 テキスト는 '텍스트'라는 뜻입니다. '텍스트'과 관련된 다르게 표현한 것을 찾으면 되겠죠? 本(ほん)(책)이 같은 뜻이므로 1번이 정답입니다.
정답 1

04 むすめは ことし 4がつに だいがくせいに なります。

1 むすめは ことし 4がつに けっこんしきが あります。
2 むすめは ことし 4がつに にゅうしゃしきが あります。
3 むすめは ことし 4がつに にゅうがくしきが あります。
4 むすめは ことし 4がつに そつぎょうしきが あります。

해석 딸은 올 4월에 대학생이 됩니다.
해설 大学生(だいがくせい)になる '대학생이 되다'라는 뜻입니다. '대학생이 되다'와 관련된 다르게 표현한 것을 찾으면 되겠죠? 入学式(にゅうがくしき)(입학식)가 같은 뜻이므로 3번이 정답입니다.
정답 3

문제 5 다음 단어의 사용법으로 가장 알맞은 것을 하나 고르세요.

01 ちゅうし

1 おなかが すいて いるので ちゅうししました。
2 えいがが みたいから ちゅうししましょう。
3 レストランに いきましたが、ちゅうしに なりました。
4 たいふうで コンサートは ちゅうしに なりました。

해석 중지

해설 中止(ちゅうし)는 '중지'라는 뜻으로 台風(たいふう)でコンサートは中止(ちゅうし)になる(태풍으로 콘서트는 중지가 되다)인 4번이 정답입니다. 1번 ご飯(はん)を食(た)べました(밥을 먹었습니다). 2번 予約(よやく)しました(예약했습니다), 3번 休(やす)みでした(휴일이었습니다)를 쓰면 자연스럽습니다.

정답 4

02 ちり

1 かんこくと にほんは ちりてきに ちかいです。
2 あたまが いたかったので、ちりに いきました。
3 あしたまでに ちりを だして ください。
4 きこえないので、おおきな ちりで はなして ください。

해석 지리

해설 地理(ちり)는 '지리'라는 뜻으로 韓国(かんこく)と日本(にほん)は地理的(ちりてき)に近(ちか)いです{한국과 일본은 지리적으로 가깝다)인 1번이 정답입니다. 2번 病院(びょういん) '병원', 3번 レポート '리포트', 4번 声(こえ) '소리'를 쓰면 자연스럽습니다.

정답 1

03 よしゅう

1 あめが ふりはじめたので かさを よしゅうします。
2 あねは ともだちと きっさてんで よしゅうして います。
3 あした ならう ところを よしゅうします。
4 にちようびに かぞくと しょくじ しに よしゅうします。

해석 예습

해설 予習(よしゅう)는 '예습'이라는 뜻으로 明日(あした)習(なら)うところを予習(よしゅう)する '내일 배울 곳을 예습한다'인 3번이 정답입니다. 1번 傘(かさ)をさす '우산을 쓰다', 2번 話(はな)している '이야기하고 있다,' 4번 出(で)かける '외출한다'를 쓰면 자연스럽습니다.

정답 3

04 こうじょう

1 あには こうじょうで くるまを つくって います。
2 ラジオが こわれて こうじょうを しました。
3 かいしゃの しょくどうで こうじょうを たべました。
4 やまの けしきを こうじょうで とりました。

해석 공장

해설 工場(こうじょう)은 '공장'이라는 뜻이므로 兄(あに)は工場(こうじょう)で車(くるま)を作(つく)っている'형은 공장에서 자동차를 만들고 있다'인 1번이 정답입니다. 2번 直(なお)す'고치다. 3번 お昼(ひる)を食(た)べる '점심을 먹다', 4번 'カメラ 카메라'를 쓰면 자연스럽습니다.

정답 1

시나공 07 명사 | 적중 예상 문제 ②

문제 1 ________의 단어는 어떻게 읽습니까? 1 · 2 · 3 · 4 에서 가장 알맞은 것을 하나 고르세요.

01 さいきん なんの 番組を みて いますか。

1 ばんくみ　2 はんくみ
3 ばんぐみ　4 はんぐみ

해석 요즘 무슨 프로그램을 보고 있습니까?
정답 3

02 都合が いい とき はなして ください。

1 つごう　2 つうこう
3 つうご　4 つこう

해석 형편이 좋을 때 이야기 하세요.
정답 1

03 あさ おきたら みずを のむのが 習慣に なりました。

1 しゅかん　2 しゅうかん
3 じゅうかん　4 じゅかん

해석 아침에 일어나면 물을 마시는 것이 습관이 되었습니다.
정답 2

04 あした しけんなので いま あそんでいる 場合じゃ ありません。

1 じょうあい　2 しょうあい
3 はあい　4 ばあい

해석 내일 시험이어서 지금 놀고 있을 때가 아닙니다.
정답 4

05 あねは せんげつ 髪を きりました。

1 かみ　2 かべ
3 かり　4 かた

해석 언니는 지난 달 머리(카락)을 잘랐습니다.
정답 1

06 用事が あって いまから でかけなければ なりません。

1 よじ　2 ようじ
3 ようし　4 よし

해석 볼일이 있어서 지금부터 나가야 합니다.
정답 2

07 やまださんに たのんだら いけない 理由は なんですか。

1 りゆ　2 いゆ
3 りゆう　4 いゆう

해석 야마다 씨에게 부탁하면 안 되는 이유는 무엇입니까?
정답 3

08 ちゅうもんした 品物は きょうじゅうに はいります。

1 しなもの　2 ひんぶつ
3 ひんもの　4 しなぶつ

해석 주문한 물건은 오늘 중으로 들어옵니다.
정답 1

문제 2 ______의 단어는 어떻게 씁니까? 1 · 2 · 3 · 4에서 가장 알맞은 것을 하나 고르세요.

01 せんしゅう けがした あしくびは なおりましたか。

1 手首　2 足指
3 手指　4 足首

해석 지난 주 다친 발목은 나았습니까?
정답 4

02 えいがかんは えきの ひがしがわに あります。

1 東側　2 南側
3 西側　4 北側

해석 영화관은 역 동쪽에 있습니다.
정답 1

03 さむく なったので ふとんを とりかえました。

1 市困　2 布団
3 市団　4 布困

해석 추워져서 이불을 바꾸었습니다.
정답 2

04 いなかには りょうしんが すんで います。

1 田舎　2 由吉
3 由舎　4 田吉

해석 시골에는 부모님이 살고 있습니다.
정답 1

05 しないから こうがいまでは なんぷん ぐらい かかりますか。

1 校外　2 郊外
3 交外　4 効外

해석 시내에서 교외까지는 몇 분 정도 걸립니까?
정답 2

06 びじゅつかんの まえで ともだちと あう ことに しました。

1 映画館　2 図書館
3 博物館　4 美術館

해석 미술관 앞에서 친구와 만나기로 했습니다.
정답 4

07 かべに あたらしい カレンダーを かけました。

1 傘 2 港
3 壁 4 糸

해석 벽에 새 달력을 걸었습니다.
정답 3

08 きんじょに こうえんが つくられる そうです。

1 講義 2 警察
3 近所 4 技術

해석 근처에 공원이 만들어진다고 합니다.
정답 3

문제 3 ( )에 무엇을 넣습니까? 1 · 2 · 3 · 4에서 가장 알맞은 것을 하나 고르세요.

01 せんせんしゅう アメリカ たいしかんを ( ) しました。

1 ふくしゅう 2 れんらく
3 すうがく 4 けんがく

해석 지지난 주 미국 대사관을 **(견학)**했습니다.
정답 4

02 やまださんと あしたの ( ) に あおうと おもいます。

1 こうどう 2 ひるま
3 ぶんぽう 4 よしゅう

해석 야마다 씨와 내일 **(낮)**에 만나려고 생각합니다.
정답 2

03 いもうとは だいがくで ( ) がくを べんきょうして います。

1 いじょう 2 ねだん
3 せいよう 4 ようい

해석 여동생은 대학에서 **(서양)**학을 공부하고 있습니다.
정답 3

04 わたしは いちねんまえから ( ) を かきはじめました。

1 りょかん 2 うけつけ
3 にっき 4 じだい

해석 저는 1년 전부터 **(일기)**를 쓰기 시작했습니다.
정답 3

05 ひだりと みぎ、（　　　）を みながら あるきましょう。

1 おもちゃ　　2 どうぐ
3 すいえい　　4 りょうほう

해석 왼쪽과 오른쪽, **(양쪽)**을 보면서 걸읍시다.
정답 4

06 がっこうで どんな（　　　）を ならいたいですか。

1 ぎじゅつ　　2 しあい
3 みずうみ　　4 おつり

해석 학교에서 어떤 **(기술)**을 배우고 싶습니까?
정답 1

07 あなたの くにでは なにを（　　　）して いますか。

1 けんぶつ　　2 ゆにゅう
3 すな　　4 とっきゅう

해석 당신 나라에서는 무엇을 **(수입)**하고 있습니까?
정답 2

08 ほんやで（　　　）を 4さつ かいました。

1 しょうせつ　　2 きしゃ
3 ふね　　4 だんぼう

해석 서점에서 **(소설책)**을 4권 샀습니다.
정답 1

문제 4 ＿＿＿＿＿ 문장과 대체로 비슷한 의미의 문장이 있습니다. 1 · 2 · 3 · 4에서 가장 알맞은 것을 하나 고르세요.

01 <u>としょかんで かんじの ふくしゅうを しました</u>。

1 としょかんで　ならう かんじの べんきょうを しました。
2 としょかんで　ならった かんじの べんきょうを しました。
3 としょかんで　おしえる かんじの ほんを かりました。
4 としょかんで　おしえた かんじの ほんを かえしました。

해석 도서관에서 한자 복습을 했습니다.
해설 復習(ふくしゅう)는 '복습'이라는 뜻입니다. '복습'과 관련된 다르게 표현한 것을 찾으면 되겠죠? 習(なら)った漢字(かんじ)の勉強(べんきょう)をした(배운 한자 공부를 했다)가 같은 뜻이므로 2번이 정답입니다.
정답 2

02 あねの しごとは かんごふです。

1 あねは くうこうで はたらいて います。

2 あねは ぎんこうで はたらいて います。

3 あねは えいがかんで はたらいて います。

4 あねは びょういんで はたらいて います。

해석 누나의 일(직업)은 간호사입니다.

해설 看護婦(かんごふ)는 '간호사'라는 뜻입니다. '간호사'와 관련된 다르게 표현한 것을 찾으면 되겠죠? 病院(びょういん)で働(はたら)く(병원에서 일하다)가 같은 뜻이므로 4번이 정답입니다.

정답 4

03 しょくじの したくは まだですか。

1 しょくじの りょうりは まだですか。

2 しょくじの あじは まだですか。

3 しょくじの じゅんびは まだですか。

4 しょくじの いけんは まだですか。

해석 식사 준비는 아직 입니까?

해설 支度(したく)는 '준비'라는 뜻입니다. '준비'와 관련된 다르게 표현한 것을 찾으면 되겠죠? 準備(じゅんび)(준비)가 같은 뜻이므로 3번이 정답입니다.

정답 3

04 せんせいと しょうらいの ことを はなしました。

1 せんせいと そつぎょうごの ことを はなしました。

2 せんせいと にゅうがくごの ことを はなしました。

3 せんせいと けんきゅうごの ことを はなしました。

4 せんせいと かいぎごの ことを はなしました。

해석 선생님과 장래의 일을 이야기했습니다.

해설 将来(しょうらい)のこと는 '장래의 일'이라는 뜻입니다. '장래의 일'과 관련된 다르게 표현한 것을 찾으면 되겠죠? 卒業後(そつぎょうご)のこと(졸업 후의 일)이 같은 뜻이므로 1번이 정답입니다.

정답 1

문제 5 다음 단어의 사용법으로 가장 알맞은 것을 하나 고르세요.

01 きそく

1 さいきん いそがしくて かえりが きそくに なります。

2 しゃかいの せいかつで きそくを まもらなければ なりません。

3 そふは まわりの ひとたちに とても きそくです。

4 この くすりは きそくで のみにくいです。

해석 규칙

해설 規則(きそく)는 '규칙'이라는 뜻이므로 社会(しゃかい)の生活(せいかつ)で規則(きそく)を守(まも)らなければならない '사회 생활에서 규칙을 지켜야 한다'인 2번이 정답입니다. 1번 遅(おそ)くなる '늦어지다', 3번 親切(しんせつ)だ '친절하다', 4번 苦(にが)くて '써서'를 쓰면 자연스럽습니다.

정답 2

02 ほんやく

1 かぜを ひいたので ほんやくしました。

2 コンビニで パンと ぎゅうにゅうを ほんやく しました。

3 その デパートは あさって ほんやくします。

4 にほんごを かんこくごに ほんやくして います。

해석 번역

해설 翻訳(ほんやく)は는 '번역'이라는 뜻이므로 日本語(にほんご)を韓国語(かんこくご)で翻訳(ほんやく)する(일본어를 한국어로 번역하다)인 4번이 정답입니다. 1번 薬(くすり)を飲(の)む '약을 먹다', 2번 買(か)う '사다'를, 3번 休(やす)む '쉬다'를 쓰면 자연스럽습니다.

정답 4

---

03 ゆめ

1 れんらくが ゆめして すみませんでした。

2 かがみを おとして、ゆめして しましました。

3 こどもの ときの ゆめは せいじかでした。

4 かいぎに ゆめして すみません。

해석 꿈

해설 夢(ゆめ)는 '꿈'이라는 뜻이므로 子供(こども)の時(とき)の夢(ゆめ)は政治家(せいじか)だった(어렸을 때 꿈은 정치가였다)인 3번이 정답입니다. 1번 遅(おそ)くなって '늦어져서', 2번 割(わ)れて '깨져서, 4번 遅刻(ちこく)して '지각해서'를 쓰면 자연스럽습니다.

정답 3

---

04 せんたく

1 まいにち きょうしつを せんたくします。

2 カレーに はいる やさいを せんたくします。

3 きのう かった ふくを せんたくします。

4 ねる まえに はを せんたくします。

해석 세탁

해설 洗濯(せんたく)는 '세탁'이라는 뜻으로 '昨日(きのう)買(か)った服(ふく)を洗濯(せんたく)します(어제 산 옷을 세탁합니다)'인 3번이 정답입니다. 1번 掃除(そうじ)します '청소합니다', 2번 洗(あら)います '씻습니다', 4번 磨(みが)きます '닦습니다'를 쓰면 자연스럽습니다.

정답 3

시나공 08 기타 | 적중 예상 문제 ①

문제 1 ＿＿＿＿＿의 단어는 어떻게 읽습니까? 1・2・3・4 에서 가장 알맞은 것을 하나 고르세요.

01 かれは しゅうまつに 必ず れんらくする と いいました。

1 かならず　　2 まず

3 かず　　4 はず

해석 그는 주말에 반드시 연락한다고 말했습니다.

정답 1

---

02 わたしは じてんしゃには 全然 のれません。

1 たまに　　2 かならず

3 ぜんぜん　　4 しばらく

해석 저는 자전거는 전혀 못 탑니다.

정답 3

03 バスが 急に とまりました。

1 わりあいに　2 いそぎに
3 きゅうに　4 そんなに

해석 버스가 갑자기 멈추었습니다.
정답 3

04 それは 非常に たいせつな はなしです。

1 はっきりに　2 べつに
3 しずかに　4 ひじょうに

해석 그것은 매우 중요한 이야기입니다.
정답 4

05 ともだちは はなしちゅうに 突然 でかけました。

1 たま　2 とつぜん
3 それ　4 とく

해석 친구는 이야기 중에 갑자기 나갔습니다.
정답 2

06 この まちには 特に たかい ビルが おおいです。

1 そんな　2 とく
3 おなじ　4 たいへん

해석 이 동네에는 특히 높은 빌딩이 많습니다.
정답 2

07 せんぱいの しょうかいで オートバイを 割合に やすく かう ことが できました。

1 まにあい　2 しりあい
3 のりあい　4 わりあい

해석 선배 소개로 오토바이를 비교적 싸게 살 수 있었습니다.
정답 4

08 れいぞうこは 別に へんでは ありませんでした。

1 べつ　2 いや
3 へん　4 むり

해석 냉장고는 별로 이상하지 않았습니다.
정답 1

문제 2 ________의 단어는 어떻게 씁니까? 1 · 2 · 3 · 4에서 가장 알맞은 것을 하나 고르세요.

01 かのじょは このあいだまで この まちに すんで いました。

1 聞　2 間
3 問　4 門

해석 그녀는 요전까지 이 마을에 살았습니다.
정답 2

02 こんかいの しょくじだいは 私が はらいます。

1 食事代　　2 食事大
3 食事台　　4 食事太

해석 이번 식사비는 제가 지불하겠습니다.
정답 1

03 たとえば パンや カメラなどを がいらいごと いいます。

1 殆えば　　2 列えば
3 例えば　　4 礼えば

해석 예를 들면 방이나 카메라 등을 외래어라고 합니다.
정답 3

04 この 漫画は よみはじめて 25さつめです。

1 直　　2 県
3 相　　4 目

해석 이 만화는 읽기 시작해서 25권 째입니다.
정답 4

05 せんしゅうの すうがくの しゅくだいは わりあいに かんたんだった。

1 割会　　2 害合
3 害会　　4 割合

해석 지난 주 수학 숙제는 비교적 간단했다.
정답 4

06 アルバイトだいで ほんを だいぶ かいました。

1 大分　　2 大部
3 大夫　　4 大生

해석 아르바이트비로 책을 꽤 샀습니다.
정답 1

07 だんなは さいきん ぜんぜん うんどうしていません。

1 金然　　2 余然
3 全然　　4 今然

해석 남편은 최근 전혀 운동하고 있지 않습니다.
정답 3

08 たのまれたのは べつに たいした しごとじゃ ありませんでした。

1 特　　2 急
3 楽　　4 別

해석 부탁받은 것은 별로 중요한 업무가 아니었습니다.
정답 4

문제 3 (　　)에 무엇을 넣습니까? 1・2・3・4에서 가장 알맞은 것을 하나 고르세요.

01 (　　) おそくても 5時には つくでしょう。

1 いくつ　　2 どうも
3 そんなに　　4 いくら

해석 **(아무리)** 늦어도 5시에는 도착하겠지요.
정답 4

02 せんしゅうより 体の ぐあいが (　　) よく なりました。

1 まず　　2 なるほど
3 だいぶ　　4 なかなか

해석 지난주보다 몸 상태가 **(꽤)** 좋아졌습니다.
정답 3

03 やくそくの ばしょに (　　) はやく ついて ください。

1 なるべく　　2 さき
3 ときどき　　4 または

해석 약속 장소에 **(되도록)** 빨리 도착해 주세요.
정답 1

04 とおくて 字か (　　) みえません。

1 すっかり　　2 しきりに
3 はっきり　　4 しっかり

해석 멀어서 글씨가 **(확실히)** 보이지 않습니다.
정답 3

05 なつやすみには (　　) りょこうを したいです。

1 だい　　2 けん
3 ぜひ　　4 たて

해석 여름방학에는 **(꼭)** 여행을 하고 싶습니다.
정답 3

06 (　　) の ひとが その えいがを みて なきました。

1 しっかり　　2 ずっと
3 このあいだ　　4 ほとんど

해석 **(대부분)**의 사람이 그 영화를 보고 울었습니다.
정답 4

07 ニュースに (　　) こんしゅう たいふうが くる そうです。

1 ついて　　2 よると
3 たいして　　4 おいて

해석 뉴스에 **(의하면)** 이번 주 태풍이 온다고 합니다.
정답 2

08 ふゆやすみには（　　　）いえに いました。

1 ずっと　2 けっして
3 きゅうに　4 ばかり

해석 겨울방학에는 **(쭉)** 집에 있었습니다.

정답 1

문제 4 ________문장과 대체로 비슷한 의미의 문장이 있습니다. 1·2·3·4에서 가장 알맞은 것을 하나 고르세요.

01 バスが 15分 おきに きます。

1 バスは いちじかんに 4かい いじょう きます。
2 バスは いちじかんに 4かい きます。
3 バスは いちじかんに 4かい いか きます。
4 バスは いちじかんに 4かいも きません。

해석 버스는 15분 간격으로 옵니다.

해설 '15分 おきに 15분 간격으로'를 다르게 표현한 것을 찾으면 되겠죠? 'いちじかんに 4かい 1시간에 4번'이 같은 뜻이므로 2번이 정답입니다.

정답 2

02 こどもの ときから 英語の べんきょうを ずっと して きました。

1 こどもの ときから 英語の べんきょうを いままで して きました。
2 こどもの ときから 英語の べんきょうを きのうまで して きました。
3 こどもの ときから 英語の べんきょうを せんしゅうまで して きました。
4 こどもの ときから 英語の べんきょうを せんげつまで して きました。

해석 어렸을 때부터 영어 공부를 쭉 해 왔습니다.

해설 'ずっと 쭉, 줄곧'을 다르게 표현한 것을 찾으면 되겠죠? 'いままで 지금까지'가 같은 뜻이므로 1번이 정답입니다.

정답 1

03 それに かれは 頭も いいです。

1 かれは やさしく ないですが、頭は いいです。
2 かれは やさしいですし、頭は いいです。
3 かれは やさしく ないですし、す頭も いいです。
4 かれは やさしいですし、頭も いいです。

해석 게다가 그는 머리도 좋습니다.

해설 それに는 '게다가'라는 첨가의 뜻입니다. '게다가'를 다르게 표현한 것을 찾으면 되겠죠? 'やさしいですし、頭もいい 상냥하고 머리도 좋다'가 같은 뜻이므로 4번이 정답입니다.

정답 4

04 窓を あいたまま ねました。

1 窓を しめなくて ねました。
2 窓を しめないで ねました。
3 窓を あけないで ねました。
4 窓を あけなくて ねました。

해석 창문을 연 채로 잤습니다.

해설 ~ままは '~한 채'라는 어떤 동작이나 상태가 유지된 상황에서 다른 동작이 이루어진다는 뜻입니다. '~まま'를 다르게 표현한 것을 찾으면 되겠죠? 'しめないで 닫지 않고'가 같은 뜻이므로 2번이 정답입니다.

정답 2

문제 5 다음 단어의 사용법으로 가장 알맞은 것을 하나 고르세요.

01 まず

1 たべる まえに 手を まず あらって ください。
2 まず また でんわします。
3 しょくじの まず てを あらいましょう。
4 やくそくが あって まず しつれいします。

해석 우선, 먼저
1 먹기 전에 손을 먼저 씻으세요.
2 내일 우선 또 전화하겠습니다.
3 식사 우선 손을 씻읍시다.
4 약속이 있어서 우선 실례하겠습니다.

해설 まず는 '최초로, 맨 처음으로'를 나타내므로 '一番目(いちばんめ)に洗(あら)ってください 첫 번째로 씻으세요'인 1번이 정답입니다. 2번은 나중에 또 전화하겠다는 표현이 되어야 자연스러우므로 '後(あと)で 나중에'를, 3번은 식사하기 전에 손을 씻어야 하므로 '前(まえ)に 전에'를, 4번은 '먼저 실례하겠습니다'는 お先(さき)にしつれいします를 쓰면 자연스럽습니다.

정답 1

02 によると

1 かれの 話によると はやく かえりたいです。
2 ニュースによると たいふうが くるそうです。
3 しんぶんによると その りゆうは わかりません。
4 てんきよほうによると たかい そうです。

해석 ~에 의하면
1 그의 이야기에 의하면 빨리 돌아가고 싶습니다.
2 뉴스에 의하면 태풍이 온다고 합니다.
3 신문에 의하면 그 이유는 모르겠습니다.
4 원인에 의하면 그것은 화재입니다.

해설 ~によると는 전문을 나타내므로 '台風(たいふう)が来(く)るそうだ 태풍이 온다고 한다'인 2번이 정답입니다. 1번은 제3자의 희망을 전하는 표현이므로 '早(はや)く帰(かえ)りたいそうだ 빨리 돌아가고 싶다고 한다'를, 3번은 '理由(りゆう)はわからないそうだ 이유는 모른다고 한다'를, 4번은 '明日(あした)晴(は)れだそうです 내일 맑다고 합니다'를 쓰면 자연스럽습니다.

정답 2

03 たいてい

1 私は たいてい しごとを して います。
2 おとうとと まいにち たいてい うんどうします。
3 私は たいてい 6じはんに おきます。
4 がくせいなので たいてい べんきょうしません。

해석 대체로
1 저는 대체로 일을 하고 있습니다.
2 남동생과 매일 대체로 운동합니다.
3 저는 대체로 6시 반에 일어납니다.
4 학생이어서 대체로 공부하지 않습니다.

해설 たいてい는 빈도나 확률이 높음을 나타내므로 'たいてい6時半(じはん)に起(お)きる 대체로 6시 반에 일어난다'인 3번이 정답입니다. 1번은 일이므로 'まじめに 성실히'를, 2번은 '一生懸命(いっしょうけんめい)に運動(うんどう)する 열심히 운동한다'를, 4번은 학생이므로 '一生懸命(いっしょうけんめい)勉強(べんきょう)します 열심히 공부합니다'를 쓰면 자연스럽습니다.

정답 3

04 もうすぐ

1 もうすぐ ジャムは つくりません。
2 もうすぐ かいぎが 始まります。

해석 이제 곧
1 이제 곧 잼은 만들지 않습니다.
2 이제 곧 회의가 시작됩니다.
3 이제 곧 밥을 먹었습니까?
4 이제 곧 수업은 끝나지 않았습니다.

3 もうすぐ ごはんを たべましたか。

4 もうすぐ じゅぎょうは 終わってません。

해설 もうすぐ는 '이제 곧'을 나타내므로 'もうすぐ会議(かいぎ)が始(はじ)まる 이제 곧 회의가 시작된다'인 2번이 정답입니다. 1번은 잼은 더 이상 만들지 않는다는 표현인 'これ以上(いじょう) 이 이상'을, 3번은 과거 의문문이므로 'もう 벌써'를, 4번은 끝났지 않았으므로 'まだ 아직'을 쓰면 자연스럽습니다.

정답 2

시나공 08 기타 | 적중 예상 문제 ②

문제 1 ＿＿＿＿＿의 단어는 어떻게 읽습니까? 1·2·3·4 에서 가장 알맞은 것을 하나 고르세요.

01 かのじょは だれよりも 一生懸命 はたらいて います。

1 いっしょけんめい

2 いっしょうけんめい

3 いっしょうげんめい

4 いっしょげんめい

해석 그녀는 누구보다도 열심히 일하고 있습니다.

정답 2

02 やまのぼりの とき 決して あぶない ところは いきません。

1 やくして　　2 とおして

3 たいして　　4 けっして

해석 등산 할 때 결코 위험한 곳은 안 가겠습니다.

정답 4

03 さいきん アメリカ製の パソコンが よく うれて いる そうです。

1 ぜい　　2 さい

3 せい　　4 ざい

해석 최근 미국제 컴퓨터가 잘 팔리고 있다고 합니다.

정답 3

04 例えば くるま、ひこうきは のりものです。

1 たとえば　　2 あらえば

3 まにあえば　　4 しまえば

해석 예를 들면 차, 비행기는 탈 것입니다.

정답 1

05 えいごの しけんは 特に むずかしく ありませんでしたか。

1 べつ　　2 とく

3 きゅう　　4 それ

해석 영어 시험은 특별히 어렵지 않았습니까?

정답 2

06 きのうの かいぎは 中々 おわりませんでした。

1 なかなか　2 ときどき
3 ひとびと　4 いろいろ

해석 어제 회의는 좀처럼 끝나지 않았습니다.
정답 1

07 こんかいの テストは この まえの テストより 大分 かんたんでした。

1 たいぶ　2 だいふ
3 たいふ　4 だいぶ

해석 이번 시험은 지난번 시험보다 훨씬 쉬웠습니다.
정답 4

08 にほん りょうりは 全然 からく ありません。

1 せんせん　2 せんぜん
3 ぜんせん　4 ぜんぜん

해석 일본 요리는 전혀 맵지 않습니다.
정답 4

문제 2 ＿＿＿＿의 단어는 어떻게 씁니까? 1 · 2 · 3 · 4에서 가장 알맞은 것을 하나 고르세요.

01 あねと あには こうむいんです。

1 円　2 員
3 院　4 園

해석 언니와 오빠는 공무원입니다.
정답 2

02 このあいだは ともだちと いろいろ はなしが できて たのしかったです。

1 間　2 門
3 問　4 聞

해석 요전에는 친구와 여러 가지 이야기를 할 수 있어서 즐거웠습니다.
정답 1

03 きゅうに あめが ふりだしました。

1 楽　2 急
3 変　4 暇

해석 갑자기 비가 내리기 시작했습니다.
정답 2

04 ひとたちは その えいがを みて ぜんぜん こわがりませんでしたか。

1 金熱　2 全熱
3 金然　4 全然

해석 사람들은 그 영화를 보고 전혀 무서워하지 않았습니까?
정답 4

05 かのじょと わかれて ひじょうに かなしいです。

1 非常　2 俳堂
3 非堂　4 俳常

해석 여자 친구와 헤어져서 매우 슬픕니다.
정답 1

06 バスが なかなか こないです。

1 人々　2 時々
3 中々　4 色々

해석 버스가 좀처럼 오지 않습니다.
정답 3

07 このあいだの パーティーの ときは おせわに なりました。

1 都　2 時
3 寺　4 者

해석 요전 파티 때에는 신세를 졌습니다.
정답 2

08 こんしゅうは とくに ようじは ありません。

1 持　2 待
3 特　4 侍

해석 이번 주는 특별히 볼일은 없습니다.
정답 3

문제 3 (　　)에 무엇을 넣습니까? 1 · 2 · 3 · 4에서 가장 알맞은 것을 하나 고르세요.

01 ふつか（　　）に スポーツ センターに かよって います。

1 いくら　2 おき
3 ずっと　4 だいぶ

해석 이틀 **(간격)**으로 스포츠센터에 다니고 있습니다.
정답 2

02 しゅじんは ゆうごはんを たべてから（　　）でかけました。

1 おおぜい　2 はっきり
3 やっと　4 しばらく

해석 남편은 저녁을 먹고 나서 **(잠시)** 외출했습니다.
정답 4

03 かれは としょかんに（　　）きます。

1 そんなに　2 すると
3 たまに　4 それほど

해석 그는 도서관에 **(가끔)** 옵니다.
정답 3

04 らいしゅうの かいぎは（　　　）しんぱい する ことでは ありません。

1 それほど　　2 ぜひ

3 とうとう　　4 なるべく

해석 다음 주 회의는 **(그렇게)** 걱정할 일이 아닙니다.

정답 1

05 いまからは かれが くる のを まつ（　　　）です。

1 ひさしぶり　　2 だけ

3 とくに　　4 どんどん

해석 지금부터는 그가 오는 것을 기다릴 **(뿐)**입니다.

정답 2

06 やくそくの じかんに なったから（　　　）でかけよう。

1 なるほど　　2 ついて

3 ちっとも　　4 そろそろ

해석 약속 시간이 되었으니까 **(슬슬)** 나가보자.

정답 4

07 けんこうの ためには たばこは（　　　）、おさけも だめです。

1 はっきり　　2 まず

3 もちろん　　4 あんな

해석 건강을 위해서는 담배는 **(물론)** 술도 안 됩니다.

정답 3

08 でんきを つけた（　　　）ねて しまいました。

1 まま　　2 ぜんぜん

3 だいぶ　　4 たまに

해석 전기를 켜 **(채로)** 자 버렸습니다.

정답 1

문제 4 ＿＿＿＿＿ 문장과 대체로 비슷한 의미의 문장이 있습니다. 1 · 2 · 3 · 4에서 가장 알맞은 것을 하나 고르세요.

01 できるだけ はやく かいぎを すすめましょう。

1 しばらく はやく かいぎを すすめましょう。

2 ひさしぶりに はやく かいぎを すすめましょう。

3 もちろん かいぎを すすめましょう。

4 なるべく はやく かいぎを すすめましょう。

해석 가능한 한 빨리 회의를 진행합시다.

해설 できるだけ는 '가능한 한'이라는 뜻입니다. '가능한 한'을 다르게 표현한 것을 찾으면 되겠죠? なるべく(되도록)가 같은 뜻이므로 4번이 정답입니다.

정답 4

02 ゆうめいな しょうせつだが わたしには ちっとも おもしろく ありません。

1 ゆうめいな しょうせつだが わたしには たまに おもしろく ありません。

2 ゆうめいな しょうせつだが わたしには ぜんぜん おもしろく ありません。

3 ゆうめいな しょうせつだが わたしには どんどん おもしろく ありません。

4 ゆうめいな しょうせつだが わたしには やっと おもしろく ありません。

해석 유명한 소설이지만 나에게는 조금도 재미있지 않습니다.

해설 ちっとも는 '조금도'라는 뜻입니다. '조금도'를 다르게 표현한 것을 찾으면 되겠죠? ぜんぜん(전혀)가 같은 뜻이므로 2번이 정답입니다.

정답 2

03 おもうとは こうこうせいに なって いっしょうけんめい べんきょうします。

1 おもうとは こうこうせいに なって ねっしんに べんきょうします。

2 おもうとは こうこうせいに なって たいてい べんきょうします。

3 おもうとは こうこうせいに なって とくに べんきょうします。

4 おもうとは こうこうせいに なって きゅうに べんきょうします。

해석 남동생은 고등학생이 되어서 열심히 공부합니다.

해설 一生懸命(いっしょうけんめい)는 '열심히'라는 뜻입니다. '열심히'를 다르게 표현한 것을 찾으면 되겠죠? 熱心(ねっしん)に(열심히)가 같은 뜻이므로 2번이 정답입니다.

정답 1

04 かれは としは とって いる けれども、かんがえかたは わかいです。

1 かれは としは とって いるし、かんがえかたは わかいです。

2 かれは としは とって いるので、かんがえかたは わかいです。

3 かれは としは とって いるが、かんがえかたは わかいです。

4 かれは としは とって いるから、かんがえかたは わかいです。

해석 그는 나이는 먹었지만 사고방식은 젊습니다.

해설 けれども는 '~지만'이라는 뜻입니다. '~지만'을 다르게 표현한 것을 찾으면 되겠죠? ~が(~지만)가 같은 뜻이므로 3번이 정답입니다.

정답 3

문제 5 다음 단어의 사용법으로 가장 알맞은 것을 하나 고르세요.

01 ぜひ

1 ぜひ むずかしい もんだいじゃ ありません。
2 こんどの しあいは ぜひ かって ほしいです。
3 ぜひ たのしい りょこうでした。
4 その はなしは ぜひ しりませんでした。

해석 다음 시합은 꼭 이기기를 바랍니다.

해설 ぜひ는 '꼭' 이라는 뜻이므로 '今度(こんど)の試合(しあい)はぜひ勝(か)ってほしい 다음 번 시합은 꼭 이기기를 바랍니다.' 인 2번이 정답입니다. 1번 'そんなに難(むずか)しい問題(もんだい)じゃありません 그렇게 어려운 문제가 아닙니다.' 3번 '本当(ほんとう)に楽(たの)しい旅行(りょこう)でした 정말로 즐거운 여행이었습니다.' 4번'その話(はなし)は全然(ぜんぜん)知(し)りませんでした 그 이야기는 전혀 몰랐습니다.'를 쓰면 자연스럽습니다.

정답 2

02 たいてい

1 たいてい いけんを はなして ください。
2 かのじょは たいてい パーティーに きませんでした。
3 やすみの ひは たいてい ともだちに あいます。
4 かれは たいてい わたしも いきます。

해석 쉬는 날은 대체로 친구를 만납니다.

해설 たいてい는 '대체로'라는 뜻이므로 '休(やす)みの日(ひ)はたいてい友達(ともだち)にあいます 쉬는 날은 대체로 친구를 만납니다.'인 2번이 정답입니다. 1번 'しっかり意見(いけん)を話(はな)してください 확실하게 의견을 말해 주세요.' 2번 '彼女(かのじょ)はやはり パーティーに来(き)ませんでした 그녀는 역시 파티에 오지 않았습니다.' 4번 '彼(かれ)はもちろん私(わたし)も生(い)きます 그는 물론 저도 갑니다.'를 쓰면 자연스럽습니다.

정답 3

03 もうすぐ

1 こんかいの パーティーは もうすぐ たのしかったです。
2 いっしゅうかん もうすぐ しゅっちょうに いく よていです。
3 もうすぐ はるが くるでしょう。
4 もうすぐ ねむく なりました。

해석 이제 곧 봄이 오겠지요.

해설 もうすぐ는 '이제 곧'이라는 뜻이므로 'もうすぐ春(はる)が来(く)るでしょう 이제 곧 봄이 오겠지요..' 인 3번이 정답입니다. 1번 '今回(こんかい)のパーティーは割合(わりあい)に楽(たの)しかったです 이번 파티는 비교적 즐거웠습니다.' 2번 '一週間(いっしゅうかん)ほど出張(しゅっちょう)に行(い)く予定(よてい)です 일주일 정도 출장 갈 예정입니다.' 4번 '急(きゅう)に眠(ねむ)くなりました 갑자기 졸립니다.'를 쓰면 자연스럽습니다.

정답 3

04 それほど

1 あめも ふって それほど かぜも つよいです。
2 その ひととは それほど あいます。
3 はなしても それほど きいて くれません。
4 かぜで うって もらった ちゅうしゃは それほど いたく なかったです。

해석 감기로 맞은 주사는 그렇게 아프지 않았습니다.

해설 それほど는 '그렇게'라는 뜻이므로 '注射(ちゅうしゃ)はそれほど痛(いた)くなかったです 주사는 그렇게 아프지 않았습니다.'인 4번이 정답입니다. 1번 '雨(あめ)も降(ふ)って、それに風(かぜ)も強(つよ)いです 비도 내리고 게다가 바람도 강합니다.' 2번 'その人(ひと)とはたまに会(あ)います 그 사람과는 가끔 만납니다.' 3번 '話(はな)しても中々(なかなか)聞(き)いてくれません 이야기해도 좀처럼 들어주지 않습니다.'를 쓰면 자연스럽습니다.

정답 4

실전 모의고사
정답과 해설

:: 시나공 문법·문자·어휘 ::

정답 한눈에 보기

실전 모의고사 1회

문자·어휘

문제 1	01 3	02 2	03 3	04 4	05 1	06 3	07 2	08 1	09 4	10 4
문제 2	11 1	12 4	13 2	14 3	15 4	16 1				
문제 3	17 4	18 1	19 3	20 2	21 4	22 1	23 3	24 1	25 4	26 3
문제 4	27 4	28 2	29 3	30 2	31 1					
문제 5	32 3	33 1	34 1	35 2	36 4					

문법

문제 1	01 3	02 2	03 1	04 1	05 3	06 2	07 4	08 1	09 2	10 4
	11 1	12 2	13 4	14 1	15 2					
문제 2	16 2	17 1	18 2	19 4	20 3					
문제 3	21 3	22 1	23 4	24 2	25 1					

실전 모의고사 2회

문자·어휘

문제 1	01 2	02 1	03 3	04 4	05 3	06 1	07 4	08 3	09 1	10 1
문제 2	11 4	12 2	13 1	14 3	15 1	16 1				
문제 3	17 3	18 3	19 2	20 4	21 1	22 2	23 2	24 4	25 4	26 1
문제 4	27 2	28 3	29 2	30 1	31 3					
문제 5	32 1	33 2	34 3	35 1	36 4					

문법

문제 1	01 4	02 4	03 1	04 4	05 1	06 4	07 3	08 1	09 3	10 1
	11 3	12 4	13 3	14 1	15 3					
문제 2	16 2	17 3	18 1	19 4	20 2					
문제 3	21 2	22 1	23 3	24 3	25 2					

정답 및 해설

실전 모의고사 | 1회

문자 · 어휘

문제 1 ＿＿＿＿의 단어는 어떻게 읽습니까? 1・2・3・4에서 가장 알맞은 것을 하나 고르세요.

01 むすこは かいしゃでも 真面目に しごとを して います。

1 きけん　　2 だいじ
3 まじめ　　4 じゆう

해석 아들은 회사에서도 성실하게 일을 하고 있습니다.
정답 3

02 かぞくに お土産を あげました。

1 みやけ　　2 みやげ
3 みあげ　　4 みあけ

해석 가족에게 선물을 주었습니다.
정답 2

03 しゅうまつの 都合は どうですか。

1 つこう　　2 つご
3 つごう　　4 つこ

해석 주말의 사정은 어떻습니까?
정답 3

04 スーツケースが おもかったら、いっしょに 運びましょうか。

1 よび　　2 よろこび
3 えらぶ　　4 はこび

해석 양복 케이스가 무거우면 함께 옮길까요?
정답 4

05 将来 なにを したいと おもって いますか。

1 しょうらい　　2 けいかく
3 りょうほう　　4 じんじゃ

해석 장래에 무엇을 하고 싶다고 생각하고 있습니까?
정답 1

06 ゆうべ じしんの ニュースを きいて 驚きました。

1 つづき　　2 ひらき
3 おどろき　　4 うごき

해석 어젯밤 지진 뉴스를 듣고 놀랐습니다.
정답 3

07 かぞくは みそ味の ラーメンが すきです。

1 いろ　2 あじ
3 せき　4 そら

해석 가족은 된장 맛 라면을 좋아합니다.
정답 2

08 えいごの せんせいは せいとたちに 厳しいです。

1 きびしい　2 さびしい
3 かなしい　4 うつくしい

해석 영어 선생님은 학생들에게 엄하십니다.
정답 1

09 こんしゅうの きんようびは 特別な ばんぐみを ほうそうする そうです。

1 どくへつ　2 とくへつ
3 どくべつ　4 とくべつ

해석 이번 주 금요일은 특별한 프로그램을 방송한다고 합니다.
정답 4

10 この まちは 安全だと ききました。

1 あんでん　2 あんてん
3 あんせん　4 あんぜん

해석 이 마을은 안전하다고 들었습니다.
정답 4

문제 2 ＿＿＿＿의 단어는 어떻게 씁니까? 1 · 2 · 3 · 4에서 가장 알맞은 것을 하나 고르세요.

11 この むらは じんこうが だんだん 少なく なります。

1 人口　2 人工
3 入口　4 入工

해석 이 마을은 인구가 점점 적어집니다.
정답 1

12 友達と じんじゃと おてらを けんぶつしました。

1 貝牲　2 見牲
3 貝物　4 見物

해석 친구와 신사와 절을 구경했습니다.
정답 4

13 父は しんぶんしゃに つとめて います。

1 親門社　2 新聞社

3 新問社　4 親間社

해석 아빠는 신문사에 근무하고 있습니다.

정답 2

14 家が せまくて ひっこししたいです。

1 引っ超し　2 引っ起し

3 引っ越し　4 引っ趣し

해석 집이 좁아서 이사하고 싶습니다.

정답 3

15 ひつような のは 紙に かいて だして ください。

1 必票　2 心要

3 心票　4 必要

해석 필요한 것은 종이에 써서 제출해 주세요.

정답 4

16 アイスクリーム こうじょうの けんがくは きんようびです。

1 工場　2 公長

3 工張　4 公丈

해석 아이스크림 공장 견학은 금요일입니다.

정답 1

문제 3 ( )에 무엇을 넣습니까? 1 · 2 · 3 · 4에서 가장 알맞은 것을 하나 고르세요.

17 友達と ノートを （　　） ました。

1 のりかえ　2 かんがえ

3 たずね　4 とりかえ

해석 친구와 노트를 교환했습니다.

해설 '바꾸다, 교환하다'는 取(と)り替(か)える입니다. 1번은 '갈아탔습니다', 2번은 '생각했습니다', 3번은 '방문했습니다'이므로 오답입니다.

정답 4

18 友達の 家に いきました。（　　） だれも いませんでした。

1 けれども　2 そして

3 それで　4 それとも

해석 친구 집에 갔습니다. 그렇지만 아무도 없었습니다.

해설 '그렇지만'은 けれども입니다. 2번은 '그리고', 3번은 '그래서', 4번은 '그렇지 않으면'이므로 오답입니다.

정답 1

19 あなたの 会社の ビルは なんがい ( ) ですか。

1 けん 2 おき

3 だて 4 め

해석 당신 회사 빌딩은 몇 층 건물입니까?

해설 1번은 '~채', 2번은 '~간격', 4번은 '~째'이므로 오답입니다.

정답 3

20 がくせいたちは せんせいの はなしを ( ) 聞いて います。

1 きゅうに 2 いっしょうけんめい

3 しばらく 4 ちっとも

해석 학생들은 선생님의 이야기를 열심히 듣고 있습니다.

해설 '열심히'는 一生懸命(いっしょうけんめい)입니다. 1번은 '급히', 3번은 '잠시', 4번은 '조금도'이므로 오답입니다.

정답 2

21 きっさてんの いすが ( ) 楽じゃありませんでした。

1 すばらしくて 2 ひどくて

3 こまかくて 4 かたくて

해석 찻집 의자가 딱딱해서 편하지 않았습니다.

해설 '딱딱하다'는 かたい입니다. 1번은 '멋져서, 2번은 '심해서', 3번은 '잘아서'이므로 오답입니다.

정답 4

22 もうすぐ おきゃくさんが 来るから はやく ( ) ましょう。

1 かたづけ 2 のこし

3 そだて 4 にげ

해석 이제 곧 손님이 오니까 빨리 정리합시다.

해설 '정리하다'는 片付(かたづ)ける입니다. 2번은 '남깁시다', 3번은 '키웁시다', 4번은 '도망칩시다'이므로 오답입니다.

정답 1

23 デパートに 行く とき バスから でんしゃに ( ) ました。

1 おくれ 2 とどけ

3 のりかえ 4 まけ

해석 백화점에 갈 때 버스에서 전차로 갈아탔습니다.

해설 ''갈아타다'는 乗(の)り換(か)える입니다. 1번은 '늦었습니다', 2번은 '신고했습니다', 4번은 '졌습니다'이므로 오답입니다.

정답 3

24 けいかんに 道を ( ) あんないして もらいました。

1 ていねいに 2 めいわくに

3 てきとうに 4 ざんねんに

해석 경관이 길을 친절하게 안내해 주었습니다.

해설 '친절하게'는 ていねいに입니다. 2번은 '성가시게', 3번은 '적당히', 4번은 '아쉽게'이므로 오답입니다.

정답 1

25 かいしゃの むこうに 新しい コーヒー （　　　）が できました。

1 きょうそう　　2 かんけい
3 ねだん　　4 うりば

해석 회사 건너편에 새 커피 매장이 생겼습니다.

해설 '매장'은 売(う)り場(ば)입니다. 1번은 '경쟁', 2번은 '관계', 3번은 '값'이므로 오답입니다.

정답 4

26 自転車を ドアの よこに おくと （　　　）に なります。

1 じゅうぶん　　2 むり
3 じゃま　　4 ねっしん

해석 자전거를 문 옆에 두면 방해가 됩니다.

해설 '방해'는 じゃま입니다. '방해가 되다'는 じゃまになる라고 합니다. 1번은 '충분', 2번은 '무리', 4번은 '열심'이므로 오답입니다.

정답 3

문제 4 ＿＿＿＿＿ 문장과 대체로 비슷한 의미의 문장이 있습니다. 1・2・3・4에서 가장 알맞은 것을 하나 고르세요.

27 あしたは おとうとの たんじょうびです。

1 あしたは おとうとが そつぎょうした ひです。
2 あしたは おとうとが りゅうがくした ひです。
3 あしたは おとうとが にゅうがくした ひです。
4 あしたは おとうとが うまれた ひです。

해석 내일은 남동생 생일입니다.

해설 誕生日(たんじょうび)는 '생일'이라는 뜻입니다. '生(う)まれた日(ひ)'가 같은 뜻이므로 4번이 정답입니다.

정답 4

28 あねは りょうりが うまいです。

1 あねは りょうりが へたです。
2 あねは りょうりが じょうずです。
3 あねは りょうりが いやです。
4 あねは りょうりが きらいです。

해석 언니는 요리를 잘합니다.

해설 うまい는 '잘하다'라는 뜻입니다. '잘하다'를 다르게 표현한 것을 찾으면 되겠죠? '上手(じょうず)だ 능숙하다'가 같은 뜻이므로 2번이 정답입니다.

정답 2

29 その くには いろいろな くにに ガスを ゆしゅつして います。

1 その くには いろいろな くにに ガスを かって います。
2 その くには いろいろな くにに ガスを みて います。
3 その くには いろいろな くにに ガスを うって います。
4 その くには いろいろな くにに ガスを さがして います。

해석 그 나라는 여러 나라에 가스를 수출하고 있습니다.

해설 輸出(ゆしゅつ)する는 '수출하다'라는 뜻입니다. '수출하다'를 다르게 표현한 것을 찾으면 됩니다. '売(う)っている 팔고 있다'가 같은 뜻이므로 3번이 정답입니다.

정답 3

30 でんしゃは つきましたか。

1 でんしゃは しゅっぱつしましたか。

2 でんしゃは とうちゃくしましたか。

3 でんしゃは こわれましたか。

4 でんしゃは できましたか。

해석 전차는 도착했습니까?

해설 着(つ)く는 '도착하다'라는 뜻입니다. '到着(とうちゃく)する 도착하다'가 같은 뜻이므로 2번이 정답입니다.

정답 2

31 わたしは こうむいんです。

1 わたしは しやくしょで はたらいで います。

2 わたしは こうじょうで はたらいで います。

3 わたしは くうこうで はたらいで います。

4 わたしは きっさてんで はたらいで います。

해석 나는 공무원입니다.

해설 公務員(こうむいん)는 '공무원'이라는 뜻입니다. '공무원'과 관련된 다르게 표현한 것을 찾으면 되겠죠? '市役所(しやくしょ)で働(はたら)く 시청에서 일하다'가 같은 뜻이므로 1번이 정답입니다.

정답 1

문제 5 다음 단어의 사용법으로 가장 알맞은 것을 하나 고르세요.

32 おくじょう

1 おくじょうも おいしいから 飲んで みて ください。

2 おくじょうは いつも 10時 ぐらいに ねます。

3 おくじょうに おおきな テーブルが おいて あります。

4 おくじょうが 来て いるから はやく いきましょう。

해석 옥상

해설 屋上(おくじょう)는 '옥상'이라는 뜻으로 '屋上に大(おお)きなテーブルが置(お)いてあります 옥상에 큰 테이블이 놓여 있습니다'인 3번이 정답입니다. 1번은 'りんごジュースもおいしいから飲(の)んでみてください 사과주스도 맛있으니까 마셔 보세요' 2번 '妹(いもうと)はいつも10時(じ)ぐらいに寝(ね)ます 여동생은 언제나 10시쯤 잡니다' 4번 'バスがきているから速(はや)く行(い)きましょう 버스가 왔으니까 빨리 갑시다' 등으로 고치면 자연스럽습니다.

정답 3

33 じゅうぶん

1 この 椅子は まだ じゅうぶんに つかえます。

2 かぜを ひいたので びょういんに じゅうぶんでした。

3 せんぱいの 家に いったら じゅうぶんでした。

4 さいきん 二人は じゅうぶんした そうです。

해석 충분

해설 十分(じゅうぶん)은 '충분'이라는 뜻으로 'この椅子(いす)はまだ十分に使(つか)えます 이 의자는 아직 충분히 쓸 수 있습니다'인 1번이 정답입니다. 2번 '風邪(かぜ)を引(ひ)いたので病院(びょういん)に行(い)きました 감기에 걸려서 병원에 갔습니다' 3번 '先輩(せんぱい)の家(いえ)に行(い)ったら留守(るす)でした 선배 집에 갔더니 부재중이었습니다' 4번 '最近(さいきん)二人(ふたり)は結婚(けっこん)したそうです 최근 두 사람은 결혼했다고 합니다' 등으로 고쳐 쓰면 자연스럽습니다.

정답 1

34 けんがくする

1 せんげつ　自動車　こうじょうを　けんがくしました。

2 じてんしゃが　こわれて　けんがくしました。

3 先生に　しけんの　ことを　けんがくして　もらいました。

4 くるまの　中で　ニュースを　けんがくして　います。

해석 견학하다

해설 見学(けんがく)する는 '견학하다'라는 뜻으로 '先月(せんげつ)自動車(じどうしゃ)工場(こうじょう)を見学しました 지난달 자동차 공장을 견학했습니다'인 1번이 정답입니다. 2번 '自転車(じてんしゃ)が壊(こわ)れて直(なお)しました 자전거가 고장 나서 고쳤습니다' 3번 '先生(せんせい)に試験(しけん)のことを説明(せつめい)してもらいました 선생님이 시험에 관한 것을 설명해 주었습니다' 4번 '車(くるま)の中(なか)でニュースを聞(き)いています 차 안에서 뉴스를 듣고 있습니다' 등으로 고치면 자연스럽습니다.

정답 1

35 よろしい

1 部屋に　エアコンが　なくて　夏は　よろしいです。

2 おねがいが　ありますが、今　時間　よろしいですか。

3 いみが　わからなければ　辞書を　よろしくてもいいですか。

4 あの　レストランは　おいしくて　値段と　よろしいです。

해석 괜찮다

해설 よろしい는 '좋다, 괜찮다'라는 뜻으로 'お願(ねが)いがありますが、今(いま)時間(じかん)よろしいですか 부탁이 있는데 지금 시간 괜찮으십니까?'인 2번이 정답입니다. 1번 '部屋(へや)にエアコンがなくて夏(なつ)は暑(あつ)いです 방에 에어컨이 없어서 여름은 덥습니다' 3번 '意味(いみ)がわからなければ辞書(じしょ)を調(しら)べてもいいですか 의미를 모르면 사전을 찾아봐도 됩니까?' 4번 'あのレストランは美味(おい)しくて値段(ねだん)も安(やす)いです 저 레스토랑은 맛있고 값도 쌉니다' 등으로 고치면 자연스럽습니다.

정답 2

36 せわする

1 まいにち 運動して いると きいて せわしました。

2 くだものは　きれいに　せわして　食べます。

3 きのうは　せわして　会社に　ちこくしました。

4 あねは　犬と　ねこを　せわして　います。

해석 돌보다

해설 世話(せわ)する는 '돌보다'라는 뜻으로 '姉(あね)は犬(いぬ)と猫(ねこ)を世話(せわ)しています 누나는 개와 고양이를 돌보고 있습니다'인 4번이 정답입니다. 1번 '毎日(まいにち)運動(うんどう)していると聞(き)いて驚(おどろ)きました 매일 운동하고 있다고 들어서 놀랐습니다' 2번 '果物(くだもの)は綺麗(きれい)に洗(あら)って食(た)べます 과일은 깨끗하게 씻어 먹습니다' 3번 '昨日(きのう)は朝寝坊(あさねぼう)して会社に遅刻(ちこく)しました 어제는 늦잠을 자서 회사에 지각했습니다' 등으로 고치면 자연스럽습니다.

정답 4

문법

문제 1 (　　) 안에 무엇을 넣습니까? 1·2·3·4 에서 가장 알맞은 것을 하나 고르세요.

01 それは き(　　　)つくられた にんぎょうです。

1 の　　2 も
3 で　　4 や

해석 그것은 나무로 만들어진 인형입니다.

해설 소재를 나타낼 때 쓰는 조사는 '～で'이므로 2번이 정답입니다. 1번 '나무의', 2번 '나무도', 4번 '나무랑'이므로 오답입니다.

정답 3

---

02 A「これは あたらしい コンピューターですか。」
B「はい、(　　　)の コンピューターです。」

1 かってだけ　　2 かったばかり
3 かったりしか　　4 かってほど

해석 A: 이것은 새 컴퓨터입니까?
B: 네, 산 지 얼마 안 된 컴퓨터입니다.

해설 買(か)うは 5단 활용을 하는 동사로 買う의 た형은 買った입니다. 買った+～たばかり(~한 지 얼마 안 되다)가 접속된 2번 買ったかったばかり '산 지 얼마 안 된'이 정답입니다.

정답 2

---

03 となりの テレビの おとが(　　　)ねることが できませんでした。

1 おおきすぎて　　2 おおきく なくて
3 おおきいのに　　4 おおきいかどうか

해석 옆집 텔레비전 소리가 너무 커서 잘 수 없었습니다.

해설 공란 뒤의 내용이 '잘 수 없습니다'이므로 행동이나 상태가 지나친 표현인 ～すぎる(너무 ～하다)가 大(おお)きい에 접속된 1번 '大きいすぎて 너무 커서'가 정답입니다.

정답 1

---

04 あの レストランは(　　　)わかりません。

1 ゆうめいかどうか　　2 ゆうめいなら
3 ゆうめいでなくて　　4 ゆうめいでないで

해석 저 레스토랑은 유명한지 어떤지 모르겠습니다.

정답 찾기 有名だ는 な형용동사로 有名だ의 어간은 有名(ゆうめい)입니다. 有名(ゆうめい)+불확실함을 나타내는 표현인 ～かどうか(~한지 어떤지)가 접속된 1번 '有名かどうか 유명한지 어떤지'가 정답입니다. 2번 가정형 '유명하면', 3번 부정형의 원인 이유 '유명하지 않아서', 4번 접속 형태가 틀리므로 오답입니다.

정답 1

---

05 (　　　)きて いない ふくが たくさん あります。

1 かったとおり　　2 かうまえに
3 かったまま　　4 かうために

해석 산 채로 입지 않은 옷이 많이 있습니다.

해설 買(か)う에 접속된 각 선택지의 표현을 해석해 보면, 1번 본대로 들은 대로 행동을 할 때의 표현이므로 '買ったとおり 산 대로', 2번 행동 전의 표현이므로 '買うまえに 사기 전에', 3번 지속적인 상태의 표현으로 '買ったまま 산 채로', 4번 목적 표현이므로 '買うために 가기 위해'가 되는데 문맥상 가장 어울리는 표현은 3번으로 買った+～たままが 접속된 3번 買ったままが 정답입니다.

정답 3

06 いくら 忙しくても まいにち（　　）ように して います。

1 うんどうし　2 うんどうする
3 うんどうすれ　4 うんどうしろ

해석 아무리 바빠도 매일 운동하도록 하고 있습니다.

해설 공란 뒤에 ～ようにする(~하도록 하다)가 있으므로 공란에는 동사 기본형이 와야 함을 알 수 있습니다. 따라서 2번 기본형인 運動(うんどう)するが 정답입니다.

정답 2

07 道に ごみを（　　）ください。

1 くらべないで　2 たてないで
3 はこばないで　4 すてないで

해석 길에 쓰레기를 버리지 말아 주세요.

해설 선택지에 공통으로 있는 ～ないで와 공란 뒤의 ください를 통해서 금지 표현인 ～ないでください(~하지 말아 주세요) 표현임을 알 수 있습니다. 공란 앞의 단어가 'ごみを 쓰레기를'이므로 어울리는 동사는 '捨(す)てる 버리다'임을 알 수 있습니다. ～ないでください는 동사 ない형에 접속하므로 4번 捨てないで가 정답입니다. 1번 '비교하지 말아', 2번 '짓지 말아' 3번 '옮기지 말아'이므로 오답입니다.

정답 4

08 あには うたも え（　　）じょうずです。

1 も　2 が
3 や　4 に

해석 오빠는 노래도 그림도 능숙합니다.

해설 'A도 B도 어떠하다'라는 표현은 조사 '～も ~도'를 수반합니다. 그러므로 1번이 정답입니다. 2번 '그림이', 3번 '그림이랑', 4번 '그림에'이므로 오답입니다.

정답 1

09 ニュースに よると 今週は（　　）。

1 あつかったです　2 あついそうです
3 あついです　4 あつくなってきます

해석 뉴스에 의하면 이번 주는 덥다고 합니다.

해설 전문을 나타내는 표현은 'い형용사 기본형+～そうだ'이므로 여기에 맞는 형태를 찾으면 됩니다. 따라서 2번 暑(あつ)いそうですが 정답입니다. 1번 과거형 '더웠습니다', 3번 '현재형 '덥습니다', 4번 변화 '더워집니다'이므로 오답입니다.

정답 2

10 ちゅうごくの りゅうがくを かんがえているから ちゅうごくごを（　　）と 思います。

1 ならい　2 ならえる
3 ならう　4 ならおう

해석 중국 유학을 생각하고 있기 때문에 중국어를 배우려고 생각합니다.

정답 찾기 동작의 의지 표현은 '동사 의지형+～(よ)うと思(おも)う'이므로 여기에 맞는 형태를 찾으면 됩니다. 習(なら)う의 의지형은 習おう이고 と思います를 접속시킨 4번이 정답입니다.

정답 4

11 バスを はんたいのほうから のって 会議に（　　）しまいました。

1 おくれて　2 おくれば
3 おくれ　4 おくれよう

해석 버스를 반대편에서 타서 회의에 늦고 말았습니다.

해설 유감의 기분 표현은 '동사 て형+～しまう'이므로 여기에 맞는 형태를 찾으면 됩니다. 그러므로 '遅(おく)れてしまいました '늦고 말았습니다'인 1번이 정답입니다.

정답 1

12 どこから ベルの おとが（　　　）。

1 あります　　2 します

3 なります　　4 できます

해석 어디서 벨 소리가 납니다.

해설 소리 등 어떤 사태의 발생을 나타내는 표현은 '～がする(～가 나다)'인데 벨 소리가 나는 것이므로 '音(おと)がする'가 됩니다. 그러므로 2번이 정답입니다.

정답 2

13 ねて いる（　　　）かぞくは でかけました。

1 まえに　　2 まま

3 とおりに　　4 あいだに

해석 자고 있는 동안에 가족은 외출했습니다.

해설 공간적, 시간적인 간격을 나타내는 표현인 '～間(あいだ)に(～하는 동안에)' 관련 문제입니다. 4번 '자고 있는 동안에'가 정답입니다. 1번 '자고 있기 전에', 2번 '자고 있는 채로', 3번 '자고 있는 대로'이므로 오답입니다.

정답 4

14 A「しつれいします。しゃちょう、いらっしゃいますか。」

B「しゃちょうは でかけて いますが、4じ（　　　）もどる よていです。」

1 までには　　2 までの

3 までにも　　4 までも

해석 A: 실례합니다. 사장님 계십니까?

B :사장님은 외출했습니다만 4시까지는 돌아올 예정입니다.

해설 정해진 시간 안에 행동이 이루어지는 표현은 '～までに (～까지, ～안에)'이므로 여기에 맞는 형태를 찾으면 됩니다. 그러므로 1번 '4時(じ)までには 4시까지는'이 정답입니다. 2번 '4시까지의', 3번 '4시까지에도' 4번 '4시까지도'이므로 오답입니다.

정답 1

15 明日は てんきが はれそうな（　　　）が します。

1 あじ　　2 き

3 におい　　4 おと

해석 내일은 날씨가 갤 것 같은 기분이 듭니다.

해설 '기분, 느낌이 들다'라는 표현은 '気(き)がする'이므로 여기에 맞는 형태를 찾으면 됩니다. 그러므로 2번이 정답입니다. 1번 '맛이 나다', 3번 '냄새가 나다', 4번 '소리가 나다'이므로 오답입니다.

정답 2

문제 2 ＿★＿ 안에 어떤 것이 들어갑니까? 1・2・3・4 에서 가장 알맞은 것을 하나 고르세요.

16 しけんべんきょうを ＿＿ ＿★＿ ＿＿ ＿＿ ました。

1 おもい　　2 がんばれば

3 もうちょっと　　4 よかったと

문장 배열 試験勉強(しけんべんきょう)を もうちょっと(3) 頑張(がんば)れば(2) よったと(4) 思(おも)い(1) ました。

해석 시험공부를 좀 더 분발했으면 좋았다고 생각했습니다.

해설 선택지를 통해 후회나 아쉬움을 나타내는 표현인 ～ばよかった(～하면 좋았다)를 중심으로 문장을 나열해 보면 2번과 4번을 묶을 수 있으므로 頑張(がんば)ればよったとが 됩니다. 또한 よったとは 기능어 ～と思(おも)うか 있으므로 1번 思いか 접속하는 것을 알 수 있습니다. 나머지 もうちょっと는 試験勉強(しけんべんきょう)を에 연결되는 것을 알 수 있습니다. 전체적으로 나열하면 3-2-4-1이 되어 정답은 2번입니다.

정답 2

17 りょうしんに ＿＿ ＿＿ ＿★＿ ＿＿ です。

1 する　　2 つもり
3 おんがくを　　4 はんたいされても

문장 배열 両親(りょうしん)に 反対(はんたい)されても(4) 音楽(おんがく)を(3) する(1) つもり(2) です。

해석 부모님이 반대해도 음악을 할 생각입니다.

해설 선택지를 통해 계획, 결심을 나타내는 표현인 ～つもりだ(～할 생각이다)를 중심으로 문장을 나열해 보면 ～つもりだ는 '동사 기본형+～つもりだ' 형태가 되므로 する+つもり가 됩니다. 또한 音楽(おんがく)をする가 되므로 3-1-2 순이 됩니다. 나머지는 両親(りょうしん)に에 연결되는 것을 찾으면 反対(はんたい)されても이므로 4-3-1-2가 됩니다.

정답 1

18 こんかいの ＿＿ ＿＿ ＿★＿ ＿＿ ました。

1 あり　　2 のも
3 やさしい　　4 かんじテストは

문장 배열 今回(こんかい)の 漢字(かんじ)テストは(4) 易(やさ)しい(3) のも(2) あり(1) ました。

해석 이번 한자 시험은 쉬운 것도 있었습니다.

해설 먼저 今回(こんかい)の에 연결되는 것을 찾으면 漢字(かんじ)テストは입니다. 나머지 선택지를 보면 3번과 2번을 묶을 수 있으므로 易(やさ)しいのも가 됩니다. ました는 ます형에 접속하므로 あり에 연결되는 것을 알 수 있습니다.

정답 2

19 かぞく ＿＿ ＿＿ ＿★＿ ＿＿ です。

1 ほしい　　2 げんきに
3 が　　4 いて

문장 배열 家族(かぞく) が(3) 元気(げんき)に(2) いて(4) ほしい(1) です。

해석 가족이 건강하게 있길 바랍니다.

해설 먼저 家族(かぞく)에 연결되는 것을 찾으면 조사 が입니다. 나머지 선택지를 보면 2번과 4번을 묶을 수 있으므로 元気(げんき)にいて가 됩니다. 또한 いて는 기능어 '～てほしい(～해 주길 바라다)' 형태가 되므로 ほしい가 접속하는 것을 알 수 있습니다. 전체적으로 나열하면 3-2-4-1이 되므로 정답은 4번입니다.

정답 4

20 あしたは ＿＿ ＿＿ ＿＿ ＿★＿ わかりません。

1 だいじな　　2 あるので
3 いけるかどうか　　4 やくそくが

문장 배열 明日(あした)は 大事(だいじ)な(1) 約束(やくそく)が(4) あるので(2) 行(い)けるかどうか(3) わかりません。

해석 내일은 중요한 약속이 있어서 갈 수 있을지 어떨지 모르겠습니다.

해설 선택지 3번의 '～かどうか(～할지 어떨지)' 표현을 중심으로 문장을 완성해 나가도록 합니다. 문말에 있는 わかりません은 ～かどうかわからない(～할지 어떨지 모르다)가 되므로 3번이 마지막 칸에 들어가는 것을 알 수 있습니다. 나머지 선택지를 보면 大事(だいじ)な는 명사 約束(やくそく)을 수식하므로 1-4 '大事な約束が 중요한 약속이'가 되며 約束が는 あるので와 함께 4-2 '約束があるので 약속이 있기 때문에'가 되므로 1-4-2-3 순이 됩니다.

정답 3

문제 3 [21] 부터 [25] 안에 어떤 것이 들어갑니까? 1 · 2 · 3 · 4 에서 가장 알맞은 것을 하나 고르세요.

私は 医学を 勉強して います。1年後に 医者の 試験を 受けます。医者に なる [21] 1ヶ月前から 病院に 出て 見学を して います。病院では お医者さんと [22] います。その 時は 本当に 医者になった ような 気が します。

せんせんしゅうは 子供が けがして 入院しました。最初には [23]、けがを みたら 思ったより ひどく [24] よかったと 思いました。子供は 入院して いる [25] 薬も よく 飲んで、注射も よく 打って もらいました。早く 元気になって 退院すれば いいと 思いました。

해석 저는 의학을 공부하고 있습니다. 1년 후에 의사 시험을 봅니다. 의사가 되기 [21 위해] 한 달 전부터 병원에 나가서 견학을 하고 있습니다. 병원에서는 선생님이라고 [22 불리고] 있습니다. 그때는 정말 의사 선생님이 된 것 같은 기분이 듭니다.

지지난주에는 아이가 다쳐서 입원했습니다. 처음에는 [23 걱정했지만] 상처를 보니 생각보다 심하지 [24 않아서] 다행이라고 생각했습니다. 아이는 입원해 있는 [25 동안에] 약도 잘 먹고 주사도 잘 맞았습니다. 빨리 건강해져서 퇴원하면 좋겠다고 생각했습니다.

어휘 医学(いがく) 의학 | 医者(いしゃ) 의사 | 試験(しけん)を受(う)ける 시험을 치다 | 病院(びょういん) 병원 | 見学(けんがく) 견학 | 入院(にゅういん)する 입원하다 最初(さいしょ) 처음 | 薬(くすり) 약 | 注射(ちゅうしゃ) 주사 | 退院(たいいん)する 퇴원하다

21

1 つもりで　　2 ので

3 ために　　4 か

해설 의학 공부를 하고 있고 1년 후 의사 시험도 보고 의사가 되기 전에 병원에서의 견학도 있으므로 의사가 되기 위한 목적 표현이 와야 하므로 'なるために 되기 위해'인 3번이 정답입니다. 1번 의지 표현인 '될 생각으로', 2번 원인 이유인 '되므로', 4번 추측 표현인 '될지'이므로 오답입니다.

정답 3

22

1 呼ばれて　　2 呼び

3 呼べば　　4 呼ぼう

해설 견학을 하고 있는 병원에서 사람들이 의사 선생님이라고 부르고 있으므로 수동 표현인 'よばれて 불리고'인 1번이 정답입니다.

정답 1

23

1 心配したから　　2 心配したので

3 心配したくて　　4 心配したけれども

해설 지지난 주에 다친 아이가 입원해서 걱정했고 다행히 상처는 심하지 않다고 했으므로 역접 표현 '心配(しんぱい)したけれども, 걱정했지만'인 4번이 정답입니다. 1번 순접 '걱정했기 때문에',2번 순접 '걱정했으므로, 걱정해서' 3번 '걱정하고 싶어서'이므로 오답입니다.

정답 4

24

1 ひどくなって　　2 ひどくなくて

3 ひどくして　　4 ひどくないで

해설 다쳐서 입원한 아이를 걱정했지만 상처를 보고 나서 안심했으므로 심하지 않다가 와야 하므로 'ひどくなくて 심하지 않아서'인 2번이 정답입니다. 1번 변화 표현 '심해져서' 3번 '심하게 해서', 4번은 접속이 틀리므로 오답입니다.

정답 2

25

1 間に　　2 ことに

3 はずで　　4 前に

해설 아이는 입원해서 약도 잘 먹고 주사도 잘 맞았다고 했으므로 입원해 있는 그 기간 내에 행해지는 표현 '間(あいだ)に 동안에'인 1번이 정답입니다. 2번 '입원해 있는 것으로', 3번 당연성인 '입원해 있을 터이고', 4번 동작 전인 표현 '입원해 있기 전에'이므로 오답입니다.

정답 1

실전 모의고사 | 2회

문자 · 어휘

문제 1 ＿＿＿＿＿의 단어는 어떻게 읽습니까? 1 · 2 · 3 · 4에서 가장 알맞은 것을 하나 고르세요.

01 でんしゃの 中で 財布を ぬすまれました。

1 いす　　2 さいふ

3 えんぴつ　　4 じしょ

해석 전철 안에서 지갑을 도둑맞았습니다.

정답 2

---

02 きの 後ろに いけが あります。

1 うしろ　　2 むしろ

3 かえろ　　4 あいろ

해석 나무 뒤에 연못이 있습니다.

정답 1

---

03 びょういんで 注射を してもらったが、熱が さがりません。

1 じゅうさ　　2 じゅうしゃ

3 ちゅうしゃ　　4 ちゅうさ

해석 병원에서 주사를 맞았지만 열이 내리지 않습니다.

정답 3

---

04 にほんには たくさんの お祭りが あります。

1 つくり　　2 すり

3 ますり　　4 まつり

해석 일본에는 많은 축제가 있습니다.

정답 4

---

05 いなかに いる そぼから 連絡が ありました。

1 れんぞく　　2 れんどう

3 れんらく　　4 れんりつ

해석 시골에 있는 할머니에게서 연락이 있었습니다.

정답 3

---

06 コンピューターは こちらを 利用して ください。

1 りよう　　2 いよう

3 りよ　　4 いよ

해석 컴퓨터는 이쪽을 이용해 주세요.

정답 1

07 じこで 車が こわれました。

1 ぐろま　2 ぐるま
3 くろま　4 くるま

해석 사고로 차가 고장 났습니다.
정답 4

08 おとうとの しょうらいの 夢は いしゃです。

1 さめ　2 かめ
3 ゆめ　4 あめ

해석 남동생 장래의 꿈은 의사입니다.
정답 3

09 ごみは ここに 捨てて ください。

1 すてて　2 たてて
3 まてて　4 かてて

해석 쓰레기는 여기에 버려 주세요.
정답 1

10 むすめが そうじを 手伝って くれました。

1 てつだって　2 てづたって
3 てつたって　4 でつたって

해석 딸이 청소를 도와줬습니다.
정답 1

문제 2 ＿＿＿＿의 단어는 어떻게 씁니까? 1 · 2 · 3 · 4에서 가장 알맞은 것을 하나 고르세요.

11 わたしは 中国の ぶんかと れきしを べんきょうして います。

1 暦事　2 歴事
3 暦史　4 歴史

해석 저는 중국의 문화와 역사를 공부하고 있습니다.
정답 4

12 カメラを ひろって こうばんに とどけました。

1 居け　2 届け
3 屈け　4 屋け

해석 카메라를 주워서 파출소에 신고했습니다.
정답 2

13 友だちを くうこうまで むかえに いきました。

1 迎え　2 送え
3 迂え　4 迄え

해석 친구를 공항까지 마중하러 갔습니다.
정답 1

14 この 町は こうつうが ふべんです。

1 郊通　　2 校通
3 交通　　4 教通

해석 이 동네는 교통이 불편합니다.
정답 3

15 両親が けっこんを はんたいする りゆうが わかりません。

1 反対　　2 返大
3 反大　　4 返対

해석 부모님이 결혼을 반대하는 이유를 모르겠습니다.
정답 1

16 その うたは 学生の あいだで よく しられて います。

1 間　　2 問
3 聞　　4 門

해석 그 노래는 학생 사이에서 잘 알려져 있습니다.
정답 1

문제 3 (　　)에 무엇을 넣습니까? 1 · 2 · 3 · 4에서 가장 알맞은 것을 하나 고르세요.

17 A「わたしは 日本に 3年ほど りゅうがく しました。」
B「(　　) 日本語が 上手ですね。」

1 でも　　2 そのうえ
3 それで　　4 そして

해석 A: 저는 일본에 3년 정도 유학했습니다.
B: 그래서 일본어를 잘하는군요.
해설 1번은 '그러나, 하지만', 2번은 '게다가', 4번은 '그리고'이므로 오답입니다.
정답 3

18 この あたらしい (　　) は 病院です。

1 ビール　　2 ナイフ
3 ビル　　4 テスト

해석 이 새로운 빌딩은 병원입니다.
해설 1번은 '맥주', 2번은 '나이프', 4번은 '테스트'이므로 오답입니다.
정답 3

19 この 池は (　　) です。

1 やすい　　2 あさい
3 すずしい　　4 はやい

해석 이 연못은 얕습니다.
해설 1번은 '싸다', 3번은 '선선하다', 4번은 '빠르다'이므로 오답입니다.
정답 2

20 昨日からの 雨が やっと（　　　）。

1 おわりました　　2 おえました

3 すみました　　4 やみました

해석 어제부터 내린 비가 겨우 그쳤습니다.
해설 '비가 그치다'라는 표현은 雨(あめ)がやむ입니다.
정답 4

21 家族は おじいさんの 病気が（　　　）です。

1 しんぱい　　2 しつれい

3 しつもん　　4 しっぱい

해석 가족은 할아버지의 병환이 걱정입니다.
해설 2번은 '실례', 3번은 '질문', 4번은 '실패'이므로 오답입니다.
정답 1

22 兄の（　　　）は れきしです。

1 うんどう　　2 せんもん

3 がっこう　　4 いえ

해석 형의 전문은 역사입니다.
해설 1번은 '운동', 3번은 '학교', 4번은 '집'이므로 오답입니다.
정답 2

23 家の（　　　）に 庭を つくりました。

1 れいぞうこ　　2 おくじょう

3 ひきだし　　4 へや

해석 집 옥상에 정원을 만들었습니다.
해설 1번은 '냉장고', 3번은 '서랍', 4번은 '방'이므로 오답입니다.
정답 2

24 あねは 病院の（　　　）で はたらいて います。

1 いけん　　2 せつめい

3 けんきゅう　　4 うけつけ

해석 언니는 병원 접수처에서 일하고 있습니다.
해설 1번은 '의견', 2번은 '설명', 3번은 '연구'이므로 오답입니다.
정답 4

25（　　　）やくそくの ばしょが かわりました。

1 けっして　　2 それほど

3 だいぶ　　4 きゅうに

해석 갑자기 약속 장소가 바뀌었습니다.
해설 1번은 '결코', 2번은 '그만큼', 3번은 '꽤'이므로 오답입니다.
정답 4

26 にもつは 船で（　　　）ください。

1 おくって　　2 つくって

3 かよって　　4 あつまって

해석 짐은 배로 보내 주세요.
해설 2번은 '만들어', 3번은 '다녀', 4번은 '모여'이므로 오답입니다.
정답 1

문제 4 ________ 문장과 대체로 비슷한 의미의 문장이 있습니다. 1 · 2 · 3 · 4에서 가장 알맞은 것을 하나 고르세요.

27 おとうとは いっしょうけんめい べんきょうして います。

1 おとうとは すこし べんきょうして います。
2 おとうとは ねっしんに べんきょうして います。
3 おとうとは ときどき べんきょうして います。
4 おとうとは たまに べんきょうして います。

해석 남동생은 열심히 공부하고 있습니다.

해설 '一生懸命(いっしょうけんめい) 열심히'와 같은 뜻을 나타내는 표현을 고르면 되겠죠? '熱心(ねっしん)に 열심히'가 같은 뜻이므로 2번이 정답입니다.

정답 2

28 ここは ひこうじょうです。

1 ひこうきを ゆにゅうしたり、ゆしゅつしたり する ところです。
2 ひこうきを うったり、かったり する ところです。
3 ひこうきに のったり、おりたり する ところです。
4 ひこうきを つくったり、おいたり する ところです。

해석 여기는 비행장입니다.

해설 '飛行機(ひこうき)に乗(の)ったり、降(お)りたりするところです 비행기를 타거나 내리거나 하는 곳입니다'가 '飛行場(ひこうじょう) 비행장'을 다르게 표현한 것이므로 3번이 정답입니다.

정답 3

29 この ケーキを ぜんぶ たべるのは むりです。

1 この ケーキを すこし たべるのは むりです。
2 この ケーキを ぜんぶ たべられません。
3 この ケーキを ぜんぶ たべる ことが できます。
4 この ケーキを すこし たべる ことが できます。

해석 이 케이크를 전부 먹는 것은 무리입니다.

해설 '全部(ぜんぶ)食(た)べるのは無理(むり)だ 전부 먹는 것은 무리다'를 다르게 표현한 것을 찾으면 되겠죠? 全部食べられない가 같은 뜻이므로 2번이 정답입니다.

정답 2

30 きのうは はれで あめも ふらなかったし、かぜも ふきませんでした。

1 きのうは いい てんき でした。
2 きのうは よく ない てんき でした。
3 きのうは くもりでした。
4 きのうは はれて いませんでした。

해석 어제는 맑고 비도 오지 않았고 바람도 불지 않았습니다.

해설 'きのうは晴(は)れで、雨(あめ)も降(ふ)らなかったし、風(かぜ)もふきませんでした 어제는 맑고 비도 오지 않았고 바람도 불지 않았습니다'는 날씨가 좋았다는 의미이므로 'いい天気(てんき)でした 좋은 날씨였습니다'가 같은 뜻이므로 1번이 정답입니다.

정답 1

31 A「田中くんは なにに する。」
B「わたしは コーヒーを いただきます。」

1 ぼくは コーヒーを あげます
2 ぼくは コーヒーを たべます。
3 ぼくは コーヒーを のみます。
4 ぼくは コーヒーを くれます。

해석 A: 다나카 군은 무엇으로 할래?
B: 저는 커피를 마시겠습니다.

해설 いただく는 겸양어 '마시다'는 뜻입니다. '마시다'를 다르게 표현한 것을 찾으면 되겠죠? '飲(の)みます'가 같은 뜻이므로 3번이 정답입니다.

정답 3

문제 5 다음 단어의 사용법으로 가장 알맞은 것을 하나 고르세요.

32 おきに

1 この はなは みっか おきに みずを やります。
2 えいがを みて いる おきに ねました。
3 ケーキを はんぶん おきに たべます。
4 おきる おきに コーヒーを のみます。

해석 간격으로

해설 おき는 시간이나 거리를 나타내는 말에 붙어 '간격으로'라는 뜻으로 'この花(はな)は三日(みっか)おきに水(みず)をやります 이 꽃은 3일 간격으로 물을 줍니다'인 1번이 정답입니다. 2번은 '映画(えいが)を見(み)ている間(あいだ)に寝(ね)てしまいました 영화를 보고 있는 사이에 자버렸습니다.'를, 3번은 'ケーキを半分(はんぶん)も食(た)べました 케이크를 반이나 먹었습니다'를, 4번은 '起(お)きるとすぐコーヒーを飲(の)みます 일어나면 곧 커피를 마십니다'를 쓰면 자연스럽습니다.

정답 1

33 こむ

1 かばんの なかに ものが こんで います。
2 みちが こんで かいしゃに 遅れて しまいました。
3 としょかんに ほんが こんで います。
4 せつめいが こんで いますので わかりません。

해석 붐비다

해설 込(こ)む는 혼잡함을 나타내므로 '道(みち)が込(こ)んで会社(かいしゃ)に遅(おく)れてしまいました 길이 붐벼서 회사에 늦고 말았습니다'인 2번이 정답입니다. 1번은 'かばんの中(なか)に物(もの)が入(はい)っています 가방 안에 물건이 들어 있습니다'를, 3번은 '図書館(としょかん)に本(ほん)がいっぱいです 도서관에 책이 가득입니다'를, 4번은 '説明(せつめい)が難(むずか)しくてわかりません 설명이 어려워서 모르겠습니다'를 쓰면 자연스럽습니다.

정답 2

34 かんたんだ

1 かんたんな かばんですか。
2 うちの こどもは かんたんです。
3 この ドローンの 使いかたは とても かんたんですね。
4 かんたんな コーヒーは ありません。

해석 간단하다

해설 簡単(かんたん)だ는 사물이 복잡하지 않거나 어렵지 않음을 나타내므로 'このドローンの使(つか)かたはとても簡単(かんたん)ですね 이 드론의 사용법은 매우 간단하네요'인 3번이 정답입니다. 1번은 '新(あたら)しいかばんですか 새 가방입니까?'를, 2번은 'うちの子供(こども)は元気'(げんき)です 우리 아이는 건강합니다'를, 4번은 'アイスコーヒーはありません 찬 커피는 없습니다'를 쓰면 자연스럽습니다.

정답 3

35 おみまい

1 おみまいに ジュースと はなを かって いきます。

2 まいあさ こうえんに おみまいに いきます。

3 ともだちに りょこうで かってきた おみまい を あげました。

4 おかねを かして くれた ひとに おみまいを いいました。

해석 병문안

해설 お見舞(みま)い는 '병문안'이므로 'お見舞(みま)いにジュースと花(はな)を買(か)って行(い)きます 병문안에(할 때) 주스와 꽃을 사 갑니다'인 1번이 정답입니다. 2번은 '毎朝(まいあさ)公園(こうえん)に運動(うんどう)しに行(い)きます 매일 아침 공원에 운동하러 갑니다'를, 3번은 '友(とも)だちに旅行(りょこう)で買(か)ってきたお土産(みやげ)をあげました'를, 4번은 'お金(かね)を貸(か)してくれた人(ひと)にお礼(れい)を言(い)いました 돈을 빌려 준 사람에게 감사의 말을 했습니다'를 쓰면 자연스럽습니다.

정답 1

36 ざんねんだ

1 ひさしぶりに お会いできて とても ざんねんでした。

2 しあいに かって ざんねんです。

3 かれは だれにでも ざんねんだ。

4 やまのぼりに いっしょに いけなくて ざんねんです。

해석 유감, 아쉬움

해설 残念(ざんねん)だ는 유감스러움, 아쉬움을 나타내는 감정이므로 '山登(やまのぼ)りに一緒(いっしょ)に行(い)けなくて残念(ざんねん)です 등산을 함께 갈 수 없어서 아쉽습니다'인 4번이 정답입니다. 1번은 '久(ひさ)しぶりにお会(あ)いできてとても嬉(うれ)しかったです 오랜만에 뵈어서 너무 기뻤습니다'를, 2번은 '試合(しあい)に勝(か)って嬉(うれ)しいです 시합에 이겨서 기쁩니다'를, 3번은 '彼(かれ)は誰(だれ)にでも優(やさ)しい 그는 누구에게나 상냥하다'를 쓰면 자연스럽습니다.

정답 4

문법

문제 1 (　　) 안에 무엇을 넣습니까? 1・2・3・4 에서 가장 알맞은 것을 하나 고르세요.

01 日本語は 先週から ならい（　　　）ました。

1 あい　　2 にくい

3 やすい　　4 はじめ

해석 일본어는 지난주부터 배우기 시작했습니다.

해설 'ます형+はじめる(~하기 시작하다)' 용법 문제로, 1번은 '서로 배우다', 2번은 '배우기 어렵다', 3번은 '배우기 쉽다'로 い형용사이므로 ます에 접속될 수 없으므로 오답입니다.

정답 4

02 わたしは 将来 かがくしゃに（　　　）と おもって います。

1 なり　　2 なろ

3 なろよう　　4 なろう

해석 저는 장래 과학자가 되려고 생각하고 있습니다.

해설 동작의 의지 표현은 '동사 의지형+~(よ)うと思(おも)う'이므로 여기에 맞는 형태를 찾으면 됩니다. なる의 의지형은 なろう이므로 と思っています가 접속된 4번이 정답입니다.

정답 4

03 たんじょうび パーティーに 彼女も
( ) です。

1 きてほしい　2 こようほしい
3 くればほしい　4 こいほしい

해석 생일 파티에 그녀도 와 주기를 바랍니다.

해설 제3자에 대한 희망 표현은 ～てほしい(~해 주기를 바라다) 입니다. 동사 て형+～てほしい 형태가 되므로 来(く)る의 て형을 찾으면 됩니다. 来る는 불규칙 활용을 하는 동사로 て형은 来(き)て입니다. 따라서 1번 来てほしい가 정답입니다.

정답 1

---

04 ゆうべ おさけを ( )、頭が いたい です。

1 のむすぎて　2 のんですぎて
3 のんだすぎて　4 のみすぎて

해석 어젯밤 술을 너무 마셔서 머리가 아픕니다.

해설 공란 뒤의 내용이 '머리가 아프다'이므로 공란 안에는 '너무 마셔서, 지나치게 마셔서'등이 들어가는 것이 자연스럽습니다. 따라서 행동이나 상태가 지나침을 나타내는 표현인 ～すぎる(너무 ~하다)가 飲(の)む에 접속한 형태를 찾으면 됩니다. '동사 ます형+～すぎる' 형태로 접속합니다. 飲む의 ます형은 飲みます이고 ～ます 대신에 ～すぎる가 접속된 4번 飲みすぎて가 정답입니다.

정답 4

---

05 今度の しあいは ( ) ように します。

1 まけない　2 まける
3 まけ　4 まければ

해석 다음번 시합은 지지 않도록 하겠습니다.

해설 '지지 않도록 하다'는 負(ま)ける의 부정형인 負けない에 ～ようにする(~하도록 하다)가 접속된 負けないようにする입니다. 따라서 1번이 정답입니다.

정답 1

---

06 この コップは ( ) ですから，気を つけて ください。

1 わるやすい　2 わりやすい
3 われるやすい　4 われやすい

해석 이 컵은 깨지기 쉬우므로 주의해 주세요.

해설 われる는 1단 활용을 하는 동사로 ます형은 われます입니다. ~하기 쉽다는 표현인 ～やすい는 '동사 ます형+～やすい' 형태이므로 4번 'われやすい 깨지기 쉽다'가 정답입니다.

정답 4

---

07 中国語は ( ) わかりませんから、はなせません。

1 よく　2 すこし
3 ぜんぜん　4 たまに

해석 중국어는 전혀 몰라서 (중국)말을 못합니다.

해설 부사를 찾는 문제로 공란 뒤의 내용이 'わかりません 모릅니다'이므로 부정문과 함께 쓰이는 부사를 찾으면 됩니다. 'ぜんぜん+부정문'이므로 3번이 정답입니다.

정답 3

---

08 友達に 田舎へ ( ) もらいました。

1 つれて いって　2 つれて いった
3 つれて いったり　4 つれて いっても

해석 친구가 시골집에 데리고 갔습니다.

해설 連(つ)れていく는 5단 활용을 하는 동사로 連れていく의 て형은 連れていって입니다. 連れていって+～てもらう(~해 주다)가 접속된 1번 連れていってもらいました가 정답입니다.

정답 1

09 友達は りょうしんと アメリカに（　　　）そうです。

1 いってきたら　　2 いってきたり

3 いってきた　　4 いってきて

해석 친구는 부모님과 미국에 갔다 왔다고 합니다.

해설 전문을 나타내는 표현은 '동사 보통형+～そうだ(～라고 한다)'이므로 여기에 맞는 형태를 찾으면 됩니다. 그러므로 行(い)ってきたそうです'갔다 왔다고 합니다'를 접속시킨 3번이 정답입니다.

정답 3

10 きしゃは よていの（　　　）出発する はずです。

1 とおりに　　2 まえに

3 あとで　　4 まま

해석 기차는 예정대로 출발할 것입니다.

해설 명사+の+본대로 들은 대로의 행동을 나타내는 표현인 ～とおりに(～대로)가 접속된 1번 '予定(よてい)のとおりに 예정대로'가 정답입니다.

정답 1

11 田中さんは さいきん（　　　）ようです。

1 ひま　　2 ひまで

3 ひまな　　4 ひまだ

해석 다나카 씨는 요즘 한가한 것 같습니다.

해설 불확실한 추측 표현 ～ようだ(～한 것 같다)가 な형용사 暇だ에 접속하는 경우 'な형용사 어간+な'형태로 접속하므로 暇ひま)な가 됩니다. 따라서 3번 '暇(ひま)なようです 한가한 것 같습니다'가 정답입니다.

정답 3

12 コーヒーは（　　　）おわりました。

1 のも　　2 のめ

3 のむ　　4 のみ

해석 커피는 다 마셨습니다.

해설 동작이 끝난 표현 '～終(おわ)る(다 ～하다)'는 동사 ます형에 접속하므로 飲(の)む의 ます형인 4번에 접속합니다.

정답 4

13 テレビを（　　　）まま、でかけました。

1 しめた　　2 ひいた

3 つけた　　4 はいた

해석 텔레비전을 켠 채로 외출했습니다.

해설 지속적인 상태의 표현 '～たまま(～한 채로)'는 동사 た형에 접속하므로 つける의 た형에 접속한 3번 'つけたまま 켠 채로'가 정답입니다.

정답 3

14 いもうとは かいしゃに（　　　）ばかりです。

1 はいった　　2 はいって

3 はいったり　　4 はいったら

해석 여동생은 회사에 들어간 지 얼마 안 됩니다.

해설 '～たばかり(～한 지 얼마 안 되다)'는 동사 た형에 접속하므로 入(はい)る의 た형인 1번 '入(はい)ったばかり'가 정답입니다.

정답 1

15 花子さんは 彼と わかれて（　　　）います。

1 かなし　　2 かなしがり

3 かなしがって　　4 かなしかったり

해석 하나코씨는 남자친구와 헤어져 슬퍼하고 있습니다.

해설 3인칭의 생각, 느낌을 나타내는 표현은 'い형용사 어간+～がる(～하다, ～해 하다)'이므로 여기에 맞는 형태를 찾으면 됩니다. 그러므로 '悲(かな)しがっています 슬퍼하고 있습니다'인 3번이 정답입니다.

정답 3

문제 2 ＿★＿ 안에 어떤 것이 들어갑니까? 1 · 2 · 3 · 4 에서 가장 알맞은 것을 하나 고르세요.

16 冬休みの ＿★＿ ＿＿ ＿＿ ました。

1 スキーじょうで　2 あいだに
3 し　4 アルバイトを

문장 배열 冬休(ふゆやす)みの 間(あいだ)に(2) スキー場(じょう)で(1) アルバイトを(4) し(3) ました。

해석 겨울방학 동안에 스키장에서 아르바이트를 했습니다.

해설 선택지에 있는 間(あいだ)に(~동안에)를 중심으로 문장을 완성해 보면, '명사+の+間に' 형태가 되므로 冬休(ふゆやす)みの間にが 됩니다. 나머지 선택지를 보면 1번과 4번, 3번을 묶을 수 있으므로 スキー場(じょう)でアルバイトをし가 됩니다. 또한 ました는 ます형에 접속하므로 し에 연결되는 것을 알 수 있습니다. 2-1-4-3 순서가 되므로 정답은 2번입니다.

정답 2

17 むすこは　宿題は ＿★＿ ＿＿ ＿＿ ＿＿ います。

1 みて　2 テレビ
3 しないで　4 ばかり

문장 배열 むすこは 宿題(しゅくだい)は しないで(3) テレビ(2) ばかり(4) 見(み)て(1) います。

해석 아들은 숙제는 하지 않고 텔레비전만 보고 있습니다.

해설 선택지에 있는 ～しないで(~하지 않고)를 중심으로 문장을 완성해 보면, 宿題(しゅくだい)はしないで가 되고 나머지 선택지 2번과 4번을 묶을 수 있으므로 テレビばかり가 됩니다. います는 て형에 접속하므로 見(み)て에 연결되는 것을 알 수 있습니다. 3-2-4-1 순서가 되므로 정답은 3번입니다.

정답 3

18 彼女 ＿＿ ＿＿ ＿＿ ＿★＿ です。

1 らしい　2 だいすき
3 は　4 サラダが

문장 배열 彼女(かのじょ) は(3) サラダが(4) 大好(だいす)き(2) らしい(1) です。

해석 그녀는 샐러드를 아주 좋아하는 것 같습니다.

해설 먼저 彼女(かのじょ)에 연결되는 것을 찾으면 조사 は입니다. 이어서 2번 大好(だいす)き의 목적어인 サラダが가 2번 앞쪽으로 들어가서 サラダが大好き가 됩니다. 추량 표현인 ～らしい(~하는 것 같다)는 'な형용사 어간+～らしい' 형태가 가능하므로 마지막 칸에 들어갑니다. 3-4-2-1 순서가 되므로 정답은 1번입니다.

정답 1

19 会議 ＿＿ ＿＿ ＿★＿ ＿＿ わかりません。

1 いつ　2 が
3 まだ　4 終わるか

문장 배열 会議(かいぎ) が(2) いつ(1) 終(お)わるか(4) まだ(3) わかりません。

해석 회의가 언제 끝날지 아직 모르겠습니다.

해설 먼저 会議(かいぎ)에 연결되는 것을 찾으면 が입니다. 나머지 선택지를 보면 1번 선택지에 의문사 いつ가 보이고 3번 선택지에 불확실성을 나타내는 용법 '～か(~할지)'가 보이므로 1번과 4번을 묶어서 いつ終(お)わるか 순이 됩니다. 또한 동사 わかりません은 앞에 부사가 올 수 있으므로 まだ에 연결되는 것을 알 수 있습니다. 2-1-4-3 순서가 되어 정답은 4번입니다.

정답 4

20 かれは ＿＿ ★ ＿＿ ＿＿ ＿＿ ありません。

1 おかねは　　2 はたらいているのに
3 あまり　　4 いっしょうけんめい

문장 배열 彼(かれ)は 一生懸命(いっしょうけんめい)(4) 働(はたら)いているのに(2) お金(かね)は(1) あまり(3) ありません。

해석 그는 열심히 일하는데 돈은 별로 없습니다.

해설 선택지에 있는 ～のに(~하는데도, ~인데도)를 단서로 ～のに를 중심으로 역접이 되는 문장을 완성해 나갑니다. 4번 '一生懸命(いっしょうけんめい) 열심히' 뒤에 2번 '働(はたら)いているのに 일하는데도'가 되고 2번 뒤쪽에는 1번 'お金(かね)は 돈은'과 3번 'あまり 별로'가 들어가면 됩니다. 4-2-1-3 순서가 되어 정답은 2번입니다.

정답 2

문제 3　21 부터 25 안에 어떤 것이 들어갑니까? 1・2・3・4 에서 가장 알맞은 것을 하나 고르세요.

最近、携帯電話は 生活で [21] ものに なりました。携帯が 身近にありますので、いつでも 使えるから とても 便利です。急ぐ ことが ある ときとか、事故などが 起きた [22] 、すぐ 連絡できますから いいです。[23] 、これは 使う 人によって 人に 迷惑を かける ことも あります。バスとか 電車の 中で 周りの 人は 考え [24] 、大きな 声で 話す 人たちが います。本当に うるさいです。また、運転中に 電話を かけたら、交通事故に なる ことも ありますから ともて 危ないです。ですから、運転する ときは 電話 [25] と 思います。

해석　요즘 휴대전화는 생활에서 [21 없으면 안 되는] 것이 되었습니다. 휴대전화가 가까이에 있으니까 언제라도 사용할 수 있기 때문에 매우 편리합니다. 급한 일이 있을 때라든가 사고 등이 일어났을 [22 경우], 곧 연락 할 수 있기 때문에 좋습니다. [23 하지만] 이것을 사용하는 사람에 따라서 남에게 폐를 끼치는 일도 있습니다. 버스나 전철 안에서 주위 사람은 생각하지 [24 않고] 큰 목소리로 이야기하는 사람들이 있습니다. 정말로 시끄럽습니다. 또한 운전 중에 전화를 걸면 교통사고가 될 수도 있으니까 매우 위험합니다. 그렇기 때문에 운전할 때는 전화 [25 해서는 안 된다] 고 생각합니다.

어휘 最近(さいきん) 최근, 요즘 | 携帯電話(けいたいでんわ) 휴대전화 | 生活(せいかつ) 생활 | 身近(みぢか) 가까이 | いつも 언제나 | 使(つか)う 사용하다 | 急(いそ)ぐ 급하다 | 事故(じこ) 사고 | など 등 | 起(お)きる 일어나다 | 場合(ばあい) 경우 | すぐ 곧 | 連絡(れんらく) 연락 | でも 하지만 | ～によって ~에 의해 | 迷惑(めいわく)をかける 폐를 끼치다 | バス 버스 | 電車(でんしゃ) 전차 | 周(まわ)り 주위 | 考(かんが)える 생각하다 | ～ないで ~하지 않고 | 大(おお)きな 큰 | 声(こえ) 목소리 | 話(はな)す 이야기하다 | うるさい 시끄럽다 | 運転中(うんてんちゅう) 운전중 | 電話(でんわ)をかける 전화를 걸다 | 交通(こうつう) 교통 | 危(あぶ)ない 위험하다 | ですから 그렇기 때문에 | ～てはいけない ~해서는 안 되다

21

1 なくてもいい　　2 なければならない
3 なくなる　　4 ないことになる

해설 요즘 현대 생활에서는 휴대전화는 필요한 물건이므로 なければならない' 없어서는 안되는'이 와야 하므로 2번이 정답입니다. 1번 '없어도 좋은', 3번 '없어지는', 4번 '없는 일로 하는'이므로 오답입니다.

정답 2

22

1 ばあい　　2 の
3 こと　　4 もの

해설 급한 일이 있을 때라든가 사고 등이 일어났을 때의 만일의 경우에 연락해야 하므로 場合(ばあい) '경우'인 1번이 정답입니다. 2번 '~의', 3번 '일, 것', 4번 '것, 물건'이므로 오답입니다.

정답 1

23

1 それで　　2 そして
3 でも　　4 それに

해설 만일의 경우에 연락할 수 있기 때문에 좋지만 사용하는 사람에 따라서 남에게 폐를 끼치는 일도 있다고 했으므로 역접인 でも '그러나, 하지만' 4번이 정답입니다.

오답 분석 1번 순접 '그래서', 2번 순접 '그리고', 4번 첨가 표현인 '게다가'이므로 오답입니다.

정답 3

24

1 なくて　　2 ないから
3 ないで　　4 ないので

해설 버스나 전철 안에서 주위 사람은 아랑곳하지 않고 큰 목소리로 이야기하는 사람들이 있다고 했으므로 'A는 상관 않고 B를 한다'라는 '考(かんが)えないで 생각하지 않고'인 3번이 정답입니다. 1번 '생각하지 않아서', 2번 '생각하지 않기 때문에', 4번 '생각하지 않아서'이므로 오답입니다.

정답 3

25

1 してもいい　　2 してはいけない
3 してもかまわない　　4 してほしい

해설 운전 중에 전화를 하면 교통사고와 직결될 수 있으므로 운전 중에는 휴대전화를 사용해서는 안 된다는 금지 표현인 'してはいけない 해서는 안 된다'인 2번이 정답입니다. 1번 '해도 좋다', 3번 '해도 상관없다', 4번 '해 주기 바란다'이므로 오답입니다.

정답 2

N4 문법 일람표

- 이 책에 실린 N4 문법 항목을 오십음도 순으로 정리했습니다. 색인이나 총정리용으로 활용하세요.

な행

は행

ま행

や행

ら행

JPT, JLPT, EJU 빈출 순위별로 완벽하게 정리했다!

시나공 일본어 VOCA 15000

JPT초고수위원회 지음 | 816쪽 | 20,000원

일본어 중고급자의 어휘 정복, 시나공으로 한번에 끝낸다 !

시험에 많이 나오는 어휘를 **1순위에서 5순위까지 체계적으로 정리**했다.
관용어, 속담, 사자성어 등 **일본어 중고급 어휘까지 총망라!**

난이도 첫걸음 | 초급 | 중급 | 고급

기간 50일

대상 어휘력을 늘리고 싶은 일본어 중고급자, 일본어 시험을 준비하는 중급 수준의 수험자

목표 각종 시험에 나오는 중고급 어휘 마스터하기